Roberto Pérez & Kerensa Luciano

MULTINIVEL

LAS NUEVE LEYES

COMO PROSPECTAR Y DUPLICAR
MASIVAMENTE

www.RobertoPerez.com

Copyright ©2015 por Roberto Pérez
Todos los derechos reservados.

Este libro tiene derechos de autor. Ninguna parte de esta publicación, incluyendo el diseño de la portada y logos puede ser publicados en ningún sitio web, reproducida, almacenada, transmitida o utilizada en manera alguna por ningún medio, ya sea electrónico, químico, mecánico, óptico, de grabación, electro gráfico.

Está totalmente prohibido sacar copias al libro o cualquiera de sus partes, sin el previo consentimiento escrito de los autores.

Teléfonos: 1.787.299.5374 / 1.787.568.5988
Skype: robertoperez3
www.RobertoPerez.com
www.RedDeMercadeo.com
www.Facebook.com/RobertoPerezMLM
www.YouTube.com/MultinivelAlDia
www.Twitter.com/RedDeMercadeo

Edición Impresa – 2015

ISBN 978-0-9833044-5-6
Editores: Kerensa Luciano
           Germán González
Colaboradora: Albadelis Reboyras
Fotografía: Diane X. Pérez

Este libro pertenece a:

Nombre: _____

Dirección: _____

Ciudad: _____

País: _____

Teléfonos: Fijo: (_____) _____

   Celular: (_____) _____

E-Mail: _____

Nombre de su Patrocinador Inmediato:_____

Teléfono (_____) _____

E-Mail: _____

Línea de Auspicio Ascendente (Up-Lines):

_____..._____..._____

_____..._____..._____

_____..._____..._____

*"No hay que elegir entre seguridad y libertad.
Puedes tener ambas"*

Dedicatoria

Te dedicamos este libro a ti y a tu futuro, porque te has atrevido a salir de tu zona de comodidad para construir y vivir la vida de tus sueños.

A ti, por haber tomado la decisión de comenzar a utilizar este Sistema Educativo para Prospectar y crear Duplicación Masiva

A ti, porque sabemos que puedes lograr grandes cosas cuando reemplazas la palabra "Tratar" por la palabra preferida que usan los grandes ganadores, "HACER".

A cada Networker que nos animó a poner nuestros esfuerzos y conocimientos adquiridos en esta obra para el beneficio de todos.

Muchas personas miran las redes de mercadeo como su "Plan B" para tener un ingreso adicional. Eso no está mal. El que lo quiera trabajar y hacer como su "Plan B", está muy bien. Adelante. Tienes todo nuestro apoyo.

Sin embargo, a las personas no les gusta trabajar para recibir una "B". A las personas les gusta trabajar y recibir la "A". Trabajar por ser el primero, por dar lo mejor, por ser mejor, por ser reconocido, por sentirse que invierten bien su tiempo para dejar un legado a los demás. Para eso hace falta visualizar y trabajar desde el principio por un "Plan A".

Ningún competidor desea llegar en segunda posición. Por eso queremos lo mejor para ti. Queremos que tengas éxitos en grande. Queremos que el esfuerzo que vas a poner para ti, valga la pena. Enfoca tus energías para ganar rápido con un "Plan A", porque sino, a la larga sentirás que el "Plan B" va más lento y apesta.

¡Celebramos por tu comienzo!

Ocho Formas Para Usar Este Libro

1. Lee este libro varias veces.
2. No esperes leerlo todo para aplicarlo todo.
3. Ve aplicando cada paso a las vez que vas leyendo.
4. Subraya con un marcador de color lo que es importante para ti.
5. Repasa lo que hayas subrayado, eso te ayudará a memorizar más rápidamente.
6. Haz anotaciones de ideas que te surjan al margen del libro.
7. Pon inmediatamente en práctica Las 9 Leyes. Eso te ayudará a entender cada paso, crear hábitos productivos y duplicarás tu negocio más rápido.
8. Dale prioridad a lo que necesites aprender.

La información aquí contenida es para los que les gusta que les digan la verdad y sin lugar a dudas, este libro te ayudará a conseguir a través de Red de Mercadeo lo que deseas.

Esta información no se reduce a la típica forma de hacer Red de Mercadeo ejerciendo presión ni aplicando técnicas de convencimiento que has escuchado hasta el cansancio a través de los años. Te mostraremos los cimientos y los fundamentos de cómo construir una Red, así como también las técnicas más elegantes que influencian a las personas a tomar decisiones.

CONTENIDO

Sobre los Autores | 12
Introducción | 14
Qué Significa la Palabra "TRABAJO" para un Networker Profesional vs. para la Persona Promedio | 18
Qué Vas a Necesitar para Empezar | 19
El Propósito de un Equipo en Red | 22
Introducción a las Redes de Mercadeo | 23
Entendiendo la Progresión de los Números | 27
Beneficios que Ofrecen las Redes de Mercadeo | 30
Identificando los Desafíos Más Comunes | 31
Introducción a Las 9 Leyes | 32
Cómo Duplicar MASIVAMENTE con Las 9 Leyes | 34

Ley #1 - Inscribirte, Consumir los Productos, Re-Compra y Desarrollar Madurez Emocional | 36

    Consumir los Productos y/o Servicios | 37
    Establece tu Re-Compra Automática Mensual | 37
    Desarrolla Madurez Emocional | 38
    Eres un Empresario Independiente | 40
    Dónde Invertir Tu Tiempo Productivo | 41
    Características de los Grandes Líderes del Equipo | 42
    Cómo Funciona Mejor el Equipo en Red de Mercadeo | 43
    Código de Honor | 43
    Ocho Ingredientes para Crecer un Equipo Ganador | 45
    Cuidado en Enfocar en la Estrategia Equivocada | 48

Ley # 2 - Adquirir Herramientas de Trabajo | 50

    ¿Qué Significa Conectarse 100% al Sistema? | 51
    Razones para No Sacar Copias a las Herramientas | 52
    Conectarte a la Tecnología va a Maximizar tu Tiempo | 54

Ley # 3 - Lanzamiento del Negocio | 56

   Lanzamiento del Negocio y
      Entrevista al Nuevo Distribuidor | 58
   Encuentra Tu ¿Por qué? | 60
   Encuentra tu Propósito en la Vida | 62
   Desarrolla Tu Visión Personal | 63
   Los Sueños | 64
   Las Metas | 66
   La Integración de la Visión, Misión y Metas | 67
   Desarrolla Hábitos Adecuados | 69
   En tu Lista de Prospectos Está la Fortuna | 71
   ¿A Quién Conoces? | 74
   Crea Tu Historia Personal | 76
   Entendiendo la Regla del 5/1 | 78

Ley #4 - La Invitación | 79

   Dos Tipos de Invitaciones | 80
   ¿Dónde Debemos Enfocar la Invitación? | 83
   Cómo Invitar Irresistiblemente | 87
   Qué Hacer Cuando te Reúnas con tu Prospecto | 99
   Cómo Invitar Haciendo un Cumplido | 101
   Cómo Mantener el Control y Tu Postura | 104
   Cómo Invitar por Mensajes de Texto | 109
   Prospectando en Frío | 115
   Qué Incluir en tu Tarjeta de Presentación | 119
   Cómo Prospectar en Lugares Donde te Ofrecen Servicio | 120
   Cómo Dar una Presentación en Un Minuto | 122
   Cómo y Cuándo Confirmar la Asistencia a la Presentación | 131
   Experiencias con el Mercado Frío | 132
   No Podemos Ser la Piedra en Nuestro Zapato | 133
   Mi Experiencia Haciendo Anuncios y Propaganda | 134
   La Práctica Hace al Networker Profesional | 135

Ley # 5 - Presentaciones en las Casas o Individuales | 136

   Cuáles son los Tres Propósitos de las Presentaciones | 137
   Cómo Realizar una Presentación Exitosa | 138
   Qué Hacer Antes de Comenzar la Presentación | 139
   Cómo Comenzar la Presentación | 140
   Dónde Dar Énfasis en la Presentación | 142
   Cómo Hacer el Cierre de la Presentación | 145
   ¡Atrévete y Lánzate! | 150
   No Caigas en la Tentación de Regalar | 151
   Que Nada te Detenga | 151
   Usa Vocabulario Entendible | 152
   Nadie es Perfecto | 153
   Cómo Hacer Conexión al Dar Presentaciones | 155
   El Arte de Hacer Preguntas para Crear Conexión | 159
   Manejando Inteligentemente las Objeciones | 160
   Las Apariencias Nos Pueden Engañar | 163
   Cuál Será la Actitud que te Salvará | 164
   Tres Simples Pasos para Manejar las Objeciones | 164
   Todo Está en Creer | 169

Ley # 6 - La Importancia de la Reunión Central | 170

   La Imagen Adecuada de Negocio | 172
   ¿Qué Hace que una Red Crezca o se Caiga? | 173
   Reglas de Etiqueta para Crear el Ambiente de Exito | 175
   Los Equipos de Apoyo al Finalizar | 176
   Hablar en Público Frente a Tu Equipo es una Buena Meta | 178
   Cuándo Comenzar una Reunión en una Nueva Ciudad | 179

Ley # 7 - Seguimiento, Capacitación, Seminarios y Convenciones | 180

   La Importancia del Seguimiento | 180
   Cómo Hacer una Llamada entre Tres | 181
   El Propósito de las Conferencias Grupales Telefónicas | 182
   Capacitaciones o Transmisiones en Línea | 183
   Seguimiento Después de una Nueva Inscripción | 183

Edificar y Promover los Eventos es la Clave	184
Todos los Eventos del Equipo se Deben Auto Financiar	185
La Importancia de las Capacitaciones	186
La Importancia de los Seminarios	187
Los Eventos Regionales (Rallys)	189
Los Eventos Crean el Ambiente de Éxito	190
Cómo Puedes Maximizar un Evento	191
Consideraciones Durante un Evento	192
La Gran Convención Anual	194
Multiplicas Tus Ingresos Promoviendo Eventos	196
Cómo se Aprovecha y se Desperdicia un Evento	197
Cómo Garantizar que Tu Red Sea Perpetua	197

Ley # 8 - La Importancia de la Consultoría y la Edificación | 199

¿Por qué desarrollar buenas relaciones?	199
La Consultoría = Verificando y Ajustando tu Progreso	200
Preguntas Guías para Verificar tu Progreso	202
Las Acciones que te Brindan Resultados	205
Libros Recomendados	206
La Edificación	207
¿Qué Vamos a Edificar?	210
La Inmunización o el "Síndrome de la Estrella de Rock"	211
Cómo Dar el Reconocimiento	213
Cómo Desarrollas Relaciones Más Profundas	213

Ley # 9 - La Duplicación | 214

¿Qué hay que Duplicar?	214
Plan de Acción Masiva para el Crecimiento y la Duplicación	215
Cómo Identificar un Líder	217
Dónde Enfocarte para Desarrollar una Organización Grande	219
Cómo Desarrollar la Profundidad	219
El Reto Más Grande del Líder	224

Cómo Identificar y Corregir Cuando se	
Detenga el Crecimiento	225
Las Ocho Destrezas que Debes Dominar	226
Cómo Invertir Tu Tiempo Productivamente	227
Cómo Lograr que tu Pareja te Apoye	228
Cuándo Renunciar a tu Trabajo Actual	230
Identificando los "Asesinos del Negocio"	231
La Integridad	233
Construyendo tu Negocio a Larga Distancia	236
Cómo Expandirte a través de las Redes Sociales	237
Cuáles son las diferencias entre una Página Personal, un "Fan Page de Negocio" o un "Grupo"	239
Cuál es la Mentalidad en las Redes Sociales	240
Cómo Ganar la Confianza de los Prospectos Publicando Videos	248
Tener Tu Propio dominio.com	250
Cómo Atraer Tráfico a Tu Página Web	251
Cómo te Sirve un Auto Respondedor	252
Qué Hacer Cuando No Tienes el Apoyo de tu Patrocinador	253
Qué Hacer Cuando Alguien Abandona tu Grupo	255
Qué Ocurre Cuando el Sistema no Funciona	256
Prepárate para ser Criticado por Algunos "líderes" de tu Grupo	257
Qué Hacer con los Problemas y las Distracciones	258
Cómo Encontrar la Respuesta a Cualquier Pregunta Rápido	261
Qué Hacer con las Personas Negativas	263
Un Networker Vive de Hablar en Público	264
Dónde Invertir tus Primeras Ganancias	266
Aprende a Contabilizar y Pagar los Impuestos	266
Comienza un Plan de Crecimiento Personal	267
Productos para Acelerar tu Conocimiento	272

Sobre los Autores

Roberto Pérez

Su espíritu emprendedor comenzó a la edad de 11 años cuando le pidió a su padre que le diseñara una pequeña caja de madera para comenzar su negocio de brillar de zapatos.

Luego trabajó como mecánico de bicicletas, repartidor de periódicos, limpiador de piscinas, maestro de natación, salvavidas, lava platos, tele marketing, vendedor de tienda, vendedor de ropa y accesorios de playa.

A sus 18 años logró ingresar a la universidad por una beca deportiva. Luego de seis años, la abandonó sin haber terminado sus estudios, para aventurarse en el mundo real del trabajo como asalariado.

Fue en la universidad donde conoció a su esposa Kerensa, con quien estuvo ocho años de noviazgo. Buscando opciones para ganar dinero a sus 28 años de edad conoció sobre Redes de Mercadeo, donde ha logrado construir organizaciones de docenas de miles de personas y a movido millones de dólares en productos a nivel local como internacional.

Veinticinco años después Roberto se ha convertido en el capacitador de Redes hispano más solicitado en el mundo. Es autor "bestseller", conferenciante internacional y coach. A sus seminarios acuden grandes líderes, celebridades, ejecutivos y dueños de compañías a capacitarse en los principios de la Prospección y la Duplicación Masiva. Domina el Multinivel Presencial y en Línea.

Actualmente es consultado por diversas Compañías de Redes de Mercadeo y está siendo invitado por para impartir capacitaciones tanto a pequeños grupos y en grandes Convenciones. Su pasión es desarrollar personas que se conviertan en exitosos líderes profesionales.

Kerensa Luciano

Siendo la cuarta de cinco hermanos, desde muy joven sus padres le enseñaron a trabajar por lo que se quiere. En sus años de estudios observaba que sus hermanos mayores al graduarse de la escuela superior se compraban un auto usado para ir a la universidad. No uno nuevo. Pero cada vez los veía reparándolos. Y ella pensaba, "¿cuando me toque a mi qué me voy a hacer, si yo no sé nada de mecánica y tampoco tengo el dinero para pagar un mecánico?"

Ahí fue cuando despertó su espíritu emprendedor y comenzó a planificar para el futuro. Como joven, cada día vivía soñando y visualizando el comprase un auto nuevo cuando se graduara de escuela superior. Así que, además de trabajar con sus padres en una imprenta, hacía tarjetas postales a mano y las vendía en la escuela. De ese modo, en cuatro años, logró reunir algún dinero para comprarse su auto nuevo, logrando hacer su primer sueño una realidad. Fue a la universidad donde se graduó de secretaria.

Mientras estudiaba y luego de graduarse trabajó en el negocio de su familia. Hacía limpieza, luego como vendedora, secretaria y artista gráfico. Teniendo más metas y otros sueños que realizar consiguió otro trabajo a tiempo parcial como vendedora de trajes de baño de mujer. Estudió otra carrera como esteticista, la cual ejerció por un tiempo. "Tenía mucho trabajo, pero ahora me sentía que no tenía tiempo", dice Kerensa.

Desde que conoció la profesión de Red de Mercadeo se dedicó a conocer más sobre esta profesión.

Hoy día ha encontrado su pasión en la vida y juntos apoyan a miles de Distribuidores a encontrar el camino de la prosperidad en Red de Mercadeo.

Tienen tres hijas Kereisha, Diane y Monik y viven en la Isla del Encanto, Puerto Rico.

"Lo importante ahora es compartirte lo que hemos aprendido en todo este proceso para que tú seas exitoso. Las respuestas a muchas preguntas las hemos escrito en este libro, para que no cometas los errores que nosotros cometimos, llevarte directamente por la autopista del éxito y que aceleres tu crecimiento". Kerensa y Roberto

Introducción

Como te conté fue a mis 28 años que por primera vez conocí sobre Redes de Mercadeo. Estaba en la total bancarrota. Me inscribí en una muy prestigiosa Compañía. Fui a varias presentaciones en un hotel, pero nunca me explicaron lo que tenía que hacer. Todo era motivación y aplausos. Mis líderes sólo me entregaron un catálogo lleno de muchos productos. Por lo cual como cualquiera deduje que el negocio era de vender. Así que mis primeros clientes fueron mis padres, quienes por ayudarme me ordenaron algunos productos. Como perdía dinero pagando entradas en hoteles, comidas, gasolina y estacionamientos, dos meses después abandoné ese negocio.

La razón era evidente. No supe construir una Red, sólo vender productos. Tampoco me di el tiempo para capacitarme y aprender. No quise cambiar mi tiempo de entretenimiento, para leer y educarme sobre cómo crecer el negocio en Red.

Meses después volvieron a prospectarme sobre otra Compañía diferente de Redes de Mercadeo. Con mi primera fallida experiencia, ya dudaba sobre ese modelo de negocios. Pero la realidad era que continuaba en la misma desesperante situación financiera. Así que, nuevamente me di la oportunidad de volver a ver de qué se trataba. Al terminar aquella motivante presentación de oportunidad y luego de una extensa explicación del plan de compensación, continuaba sin entender nada sobre cómo ganaría dinero. Cuando ya se habían ido casi todas las personas de la reunión, se me ocurrió preguntarle al presentador, *"¿Orlando, que puedo hacer para esta vez no fracasar y ganar dinero?"*. Él sabiamente me contestó, *"¿tú crees que puedes inscribir a 10 personas en este mes?"* Yo le contesté que *"Sí. Sí, lo puedo hacer"*. Aquella noche salí con esa única meta en mi mente de inscribir a 10 personas que se quisieran unir conmigo, para yo ganar dinero.

Primero inscribí a mi novia Kerensa, luego a varios familiares y amigos. Sin saber de técnicas, sin tener capacitación, sin saber sobre duplicación, sin tener herramientas. Sólo con mi Fé y Entusiasmo había logrado inscribir a las primeras 10 personas, en mi primer mes. ¡Waaoooo!... Subí de rango rapidísimo. Fui reconocido en frente del grupo. Experimenté el éxito temporal. Generamos más dinero que todos nuestros amigos que se habían graduado y más dinero que sus profesores. Todo esto en un solo mes, sin jefes, ni horarios, sin empleados y sin títulos universitarios. ¡Qué maravilla! Ahí fue cuando descubrí que la Redes de

Mercadeo son mejor que un trabajo; y pensar que nada de esto se enseña en la universidad. Estábamos muy contentos.

El problema fue que al siguiente mes 9 abandonaron mi negocio y se nos cayó por completo la organización. Eso fue doloroso y frustrante. No entendía el por qué. Mi novia, Kerensa, fue la única que se mantuvo conmigo.

Se me hizo fácil culpar. Decía que la reunión era lejos. Que no recibimos el apoyo suficiente. Que nos rechazaban porque éramos jóvenes. Que los presentadores no nos capacitaron bien. Decíamos que nuestro auspiciador era malísimo. Que la Compañía no tenía la literatura correcta. Que la Compañía tenía que cambiar el plan de comisiones. Que mi país hispano estaba marginado por la Compañía americana.

Sin embargo me preguntaba, *"¿por qué habrán abandonado mis familiares y amigos si ellos también también necesitaban el dinero"*. Ellos también querían tener mejor la salud. Ellos, al igual que yo, también podían haber reclutado a 10 personas, pero no lo hicieron. ¿Cómo es posible que ellos abandonaran si tenían un auspiciador tan bueno como yo? ¿Entonces por qué se fueron?

Escuché a mis auspiciadores, quienes me recomendaban que leyera libros de auto ayuda y comencé a escuchar audios de desarrollo personal y prosperidad. Eso me ayudó muchísimo. Comencé a sentir que mi mente volaba. Fue súper. Asistí a mi primera Convención, y esa experiencia fue la que cambió mi vida profesional.

Aún habiendo experimentado el fracaso, continuamos trabajando enfocados. Reclutamos nuevas personas, y nuestro grupo empezó a resucitar. Nuevamente comenzamos a ganar mucho dinero. Compramos nuestra casa, autos nuevos y nos pudimos casar. Tan grande fue el éxito que experimentamos que la Compañía en la que estábamos, hasta nos regaló un viaje de luna de miel a Acapulco, Mexico. Todo era color de rosa.

El día menos esperado, el presidente de aquella Compañía tomó malas decisiones y tuvo que cerrar la empresa. Experimentamos un miedo a la incertidumbre horrible, al peder totalmente nuestros ingresos. Teníamos que continuar pagando una casa, los dos autos nuevos y mi esposa Kerensa, embarazada. Eso fue muy fuerte. No se lo deseo a nadie. Así que rápido tuvimos que encontrar otra Compañía y volver a empezar a construir desde cero una nueva Red.

Teniendo la experiencia de que Red de Mercadeo funciona, nos pusimos la meta de construir nuevamente. Lo volvimos a hacer muy exitosamente.

Hemos auspiciado a cientos y cientos de personas, hemos desarrollado organizaciones de sobre 40 mil personas y hemos movido docenas de millones de dólares en productos y generado muchísimo dinero. Hemos viajado un equivalente a darle la vuelta al mundo sobre 25 veces. Gracias a los resultados obtenidos, hemos tenido la experiencia de hospedarnos en lujosos hoteles y hermosas playas. Hemos compartido con grandes líderes y ejecutivos de la industria de redes, y todo gracias a tener una gran visión y creer en esta profesión.

Cómo Iniciar

Cuando tomamos la decisión de encaminarnos como emprendedores iniciamos preparando nuestra mente y nuestra actitud hacia el camino correcto, lo que le llamamos "Madurez Emocional". Para ahorrarte años de aprendizaje te prepararemos a través de los primeros capítulos.

Queremos que te conviertas en un profesional y cada vez que des un paso te lleve a tener resultados financieros, y a realizar tus sueños y metas. Deseamos cultivar contigo una amistad sincera y permanente.

Para poder duplicar grupos gigantescos, sin que tengas que estar presente, es necesario tener un sistema escrito y explicado paso por paso, y aquí lo estás leyendo. Sólo asegúrate de promover el sistema, que tu grupo lo conozca y también lo dupliquen.

Antes de entrar en materia, te queremos mencionar que no somos los mejores Networkers del mundo, ni pretendemos que lo creas. Hay personas que han tenido más éxitos que nosotros, han ganado más que nosotros, han auspiciado más que nosotros.

A lo largo de nuestros 25 años de ininterrumpida experiencia nunca hemos economizado un dólar en capacitarnos al máximo para aprender de los mejores. Hemos asistido a cientos de capacitaciones, talleres y docenas de convenciones. Hemos compartido y entrevistado a muchos de los mejores líderes en la profesión de múltiples compañías y también hemos aprendido cómo piensan las personas que se rindieron y fracasaron.

No somos Networkers de escritorio. Hemos trabajado exitosamente tanto en la calle como a través del Internet. Eso nos da la credibilidad y la autoridad para compartir grandes ideas contigo. Sabemos que te podremos ayudar a acortar significativamente tu curva de aprendizaje y te lo presentaremos de una manera sencilla para que lo entiendas y triunfes.

Las historias que contamos son ciertas y no mencionamos nombres o detalles para mantener el anonimato e identidad. A ellos les damos las gracias por habernos hecho pasar por tan amargas experiencias. Si no hubiésemos pasado por esas incómodas situaciones, no hubiésemos crecido como personas tan rápido. A todos los que no creyeron en nosotros e intentaron hacernos desistir, les agradecemos porque cada vez nos hicieron más fuertes. Gracias, gracias, gracias.

En este libro nos enfocaremos en mostrarte cómo desarrollar el modelo grande de duplicación masiva y no el modelo pequeño de ventas de productos.

Existen dos tipos de personas en el mundo de las Redes de Mercadeo, los que se capacitan profesionalmente y los que creen capacitarse profesionalmente. Es fácil leer un libro y al final no hacer nada. De la misma forma, también es fácil leer un libro y al final aplicar lo aprendido. Aquí te entregamos la "dinamita en tus manos".

Podrán suceder varias cosas con la información aquí contenida. Por ejemplo: un novato lo que hará es que lee sólo las partes del libro que le da curiosidad. Los que dicen estar interesados lo que harán será leer el libro completo, al final lo cierran y dicen; *"estuvo muy bueno"*, pero aplican poco. Los que están jugando en Grande y Profesionalmente, lo que harán es leerlo, tomar notas, poner en práctica inmediatamente lo que aprenden y lo comparten con sus Equipos para que ellos también se capaciten y crezcan.

"Sólo los que se comprometen juegan y ganan en grande"

Si realmente quieres lograr el éxito en tu negocio, nuestro consejo es que ahora mismo decidas jugar en Grande y Profesionalmente. Esto no es para chicos. Estamos hablando de algo muy importante, y es de tu futuro financiero y el legado que dejarás a tu familia.

Este libro te ayudará sólo si tú estás en serio en desarrollar una Red Grande. Aquí no vas a encontrar que te hablemos bonito y te pintemos un cuento maravilloso. Tampoco se trata de darte motivación. Se trata de estrategias directas ya probadas. Porque tienes el libro en tus manos, asumimos que quieres que te digamos la verdad sobre desarrollar una Red y eso es lo que vamos a hacer. No es un negocio fácil, es un negocio de sentido común.

Qué Significa la Palabra "TRABAJO" para un Networker Profesional vs para la Persona Promedio

"Los ricos son ricos porque decidieron ser ricos, los pobres son pobres porque nunca decidieron ser ricos"

Ciertamente la palabra *trabajo* es diferente para ambos. Para la persona promedio es una necesidad que se tiene que hacer para disfrutar de un modesto estilo de vida. La persona promedio trabaja lo suficiente para poder descansar lo máximo.

Los Networkers Profesionales ven el trabajo diferente. Ellos descansan sólo lo suficiente para regresar a trabajar rápido. Un Networker Profesional se emociona todas las mañanas. Saltan de la cama contentos por salir a trabajar. Tienen sueños y metas que los emocionan. Para ellos el trabajo no es un trabajo, es una diversión que disfrutan cada día. Es la manera emocionante de vivir dando el máximo.

Muchas de las personas en promedio están listas, haciendo fila, para vivir el estilo de vida de abundancia financiera, pero no están listas para poner el trabajo que se requiere para tener grandes éxitos en las Redes de Mercadeo.

El trabajo es lo que te dará los resultados. El trabajo será lo que te dará el estilo de vida que tú quieres. El trabajo será lo que te dará la Libertad que mereces. Te tiene que gustar trabajar y trabajar con "hambre". La pregunta es, ¿Cuánta hambre tienes de éxito? ¿Cuánta hambre tienes de cambiar? ¿Cuánta hambre tienes de ayudar a que otros triunfen?

"No existen sueños inalcanzables, sólo esfuerzos insuficientes"

¿Qué Vas a Necesitar para Empezar?

Muchos emprendedores tienen problemas o miedos para acercarse a otros y conseguir nuevos prospectos. Especialmente si desde pequeños nos repitieron la frase *"no hables con extraños"*. En este mundo, después del agua, lo más que hay son personas. Y eso es exactamente lo que vas a necesitar. Una Red crece con personas y las personas son la materia prima en las Redes de Mercadeo; son quienes compran los productos o servicios y así el volumen te genera las comisiones.

Necesitarás un *Calendario* para que anotes cada una de tus citas, actividades y eventos. Tu calendario será tu verdadero y único jefe. Llénalo de actividades que brindan resultados: dar presentaciones, tener nuevos auspicios, dar seguimiento, vender, asistir a eventos, lo cual será tu responsabilidad. Si tu calendario está vacío, tendrás serios problemas y significa que estás jugando. Si el calendario está vacío significa que no tienes trabajo. Si realmente quieres tener un gran futuro vas a querer verlo lleno de citas. Desarrolla un plan de acción *diario*.

Detente ahora. Para de leer y comienza a escribir en tu calendario las próximas actividades que tienen tu línea de auspicio y tu Compañía.

Necesitarás un *Diario*, para que tomes apuntes y luego puedas repasar lo aprendido. Lo que no se escribe, pronto se olvida. Y si algo se te olvida te costará dinero, tiempo y lo peor será que perderás personas.

"El que no apunta, no dispara"
Johnattan Santacruz

Necesitarás estar *Diariamente Enfocado en Producir Resultados*. Serás tentado diariamente por múltiples distracciones como lo son los programas televisivos con gran entretenimiento, importantes juegos deportivos, eventos políticos, nuevas tecnologías, situaciones familiares, cambios de orden local, mundial, cambios en tu Compañía, situaciones, problemas en el crecimiento de tu Red y muchas más.

Toda distracción es una distracción. Ten cuidado porque todas son iguales y te aseguramos que van a llegar, así que espéralas. Dales la bienvenida y aprende a manejarlas para que no te desenfoques. Tienes que aprender a matar cada distracción, o sino las distracciones "te matarán" a ti.

Olvida lo que te haya ocurrido en el pasado. No pienses en lo que hiciste o no hiciste. Olvida si no tienes experiencia en Redes de Mercadeo. No pienses si llevas un año y sólo tienes 6 personas en tu grupo, o si llevas 3 años y sólo tienes 30 personas en tu grupo. Olvida si llevas 20 años y la Red se te ha caído 20 veces. Aquí vas a aprender cómo cambiar esos números. Lo único que hoy cuenta es tu presente y lo que planificas para tu futuro.

"Lo importante son las razones que tienes para prosperar"

Cuando te enfocas en tus razones para aprender y prosperar, el negocio lo vas a disfrutar. Sobrepasarás cualquier reto porque te mantendrás enfocado en el éxito. Visualízate teniendo grandes logros, confía en que vencerás tus miedos y en que vas a desarrollar el liderato que divinamente tienes. Tienes que confiar en que desarrollarás las habilidades necesarias para crear riquezas. Tienes que visualizarte aportando en la vida de muchas personas, porque vas a trabajar con personas y debes asumir esa responsabilidad.

El tesoro y la razón de cualquier Equipo en Red son cada una de las personas que lo integran, porque cada nuevo Distribuidor es la *"gasolina"* que va a hacer crecer tu negocio.

Durante este camino deberás contar con dos aspectos muy *importantes: Tu FE y tu ENTUSIASMO por lograr lo que quieres.* Mientras te mantengas con ese enfoque, eso creará en ti la energía interna necesaria para que te inspires día tras día en busca de la realización de tus SUEÑOS MÁS ARDIENTES. Esto aquí no se trata de "Ver para Creer, sino CREER para Ver".

No importa cuán grande sea tu sueño, si crees en él y te esfuerzas consistentemente, lo lograrás; porque "para el que cree, TODO es posible". Lo único que necesitas para lograr el éxito es el fuerte deseo de triunfar, no dar excusas, rodearte de personas que piensan como tú y ponerte en acción.

Las personas sufren en silencio por su salud financiera. Hazte esta pregunta: ¿Quiero yo aportar para liberar a las personas del dolor financiero y a la vez lograr mis metas?

Es maravilloso cuando uno comienza a tocar la vida de las personas. Saber que ahora alguien más puede pagar sus deudas, alguien más tiene una mejor calidad de vida, puede tener más tiempo libre para disfrutar con sus hijos. Una persona más tiene una casa más amplia, puede cubrir la terapia de un familiar, tener un mejor auto… y aún así, tal vez te encontrarás con personas que te podrían decir: *¡qué suerte tú tienes!*... "*¿Suerte?*... ¡Suerte es, que mientras más trabajo, más me doy cuenta que tengo de ella! *¿Suerte?*... No, no es suerte. Es el compromiso que tengo con mis sueños".

"Las mayores recompensas llegan
de los mayores compromisos"

Tu compromiso no debe ser parcial ni temporal, debe ser total. Prepárate para luchar por lo que quieres, porque la lucha siempre ha sido parte del proceso. Sin lucha no hay triunfo; así que nunca trates de evitar la lucha.

Poniendo en práctica todo el Sistema que te va a presentar este libro, con tu asistencia a las reuniones, el uso de las herramientas, seminarios, convenciones, actividades para compartir, con buena lectura, escuchar audios, y la acción consistente, tu éxito y el de tu grupo serán sin precedentes.

Desarrollarás tu liderazgo y lo pondrás en acción, para inspirar y guiar a las personas a hacer cosas que ellos no están acostumbrados a hacer. Vamos a causar una influencia que lleve a las personas a actuar. No a que ellos cambien sus creencias, sino a que tomen acción para que obtengan resultados. Todo va a comenzar con uno mismo. Vamos a cambiar comportamientos de mentalidad de empleado a mente emprendedora. Comienza a ser el modelo de comportamiento que quieres que los demás dupliquen.

"La primera obligación será tener éxito tú primero
para luego poder enseñar a tu grupo"

Intentar desarrollar un negocio dando o haciendo el mínimo, invirtiendo sólo 2 a 3 horas a la semana, será casi imposible. Espero que eso lo tengas bien claro. Así que, para comenzar a manejar tu tiempo identifica cuales son las actividades semanales qué te ocupan tu tiempo y que no son financieramente productivas, y sustitúyelas por actividades que te producen los resultados que deseas.

"Los campeones siempre piensan en Ganar
desde antes de comenzar"

El Propósito de un Equipo en Red

Inspirar y apoyar a todos sus Distribuidores a desarrollarse para que sean mejores seres humanos, mejorar la calidad de vida en el mundo y dejar un legado a las futuras generaciones.

La Visión

Desarrollar un **Equipo de Profesionales en Red** para sea la organización más grande y sólida en la historia de la industria de Redes de Mercadeo.

La Misión

Causar un impacto positivo en la vida de las personas, mejorando el desarrollo personal y lograr libertad financiera.

¿Cómo Lograrlo?

Teniendo un plan definido y siguiendo las enseñanzas de "**Cómo Duplicar Masivamente con Las 9 Leyes**" y todo el **Sistema Educativo**. Trabajando diariamente, poniendo en práctica y modelando los principios del Sistema una persona a la vez.

Introducción a las Redes de Mercadeo

Para construir una Red de Mercadeo sólida tenemos que saber "qué ES" y "qué NO ES" esta industria.

Lo que persigue la profesión de Red de Mercadeo para generar un ingreso residual sustancioso es la *Construcción de una Organización o Red de Personas*. Las personas consumen un producto o servicio y de ese volumen de productos se generan las comisiones y bonos.

Debes estar claro en conocer que Red de Mercadeo NO son *Pirámides*. Las pirámides son ilegales. Muchas veces se reconocen porque no proveen una distribución real de productos o servicios. Tienen una característica de pagar muy poco en comisiones por los productos o servicios, y mayormente pagan comisiones altas por el reclutamiento de personas. Puedes investigar más sobre este tema en la Asociación de Ventas Directas o DSA, (en inglés Direct Selling Association). Las compañías de Red de Mercadeo de mayor seriedad están endosadas por esta Asociación.

La falta de conocimiento en relación a esta profesión resulta en que hay personas que piensan que para tener éxito hay que estar vendiendo productos al menudeo. Y eso no es del todo correcto. Aunque sí existen algunas compañías, que debido a sus altas calificaciones para subir a rangos mayores, le requieren unos altos volúmenes mensuales de venta de productos para poder calificar y cobrar mayores comisiones. Esto lleva a que los Distribuidores tengan que dedicarse mayormente a la venta, en vez de desarrollar la Red. A través de la venta podrás ganar unos cientos de dólares, pero a través del desarrollo de una Organización en Red sólida podrás hacer una fortuna.

Cada Distribuidor se mantiene obteniendo los productos o servicios para su uso personal y de esta forma la mercancía se mueve a través de la organización; porque si no hay un movimiento de productos nadie, recibirá una sola ganancia. Tú te encargas de usar tu producto o servicio y de *compartir* la oportunidad de construir un Equipo de personas. Estas personas comparten los productos con sus amigos, su familia o conocidos y la oportunidad de crear un ingreso adicional que los lleve a lograr seguridad financiera.

Al momento de ingresar a una compañía de Red de Mercadeo debes tener claro, *¿qué es lo que realmente tú quieres que ocurra?* Porque de acuerdo a lo que le hables a las personas, es lo que vas a atraer. Si hablas de productos, atraerás consumidores del producto. Si hablas de negocio, atraerás personas enfocadas en construir un negocio. Más adelante hablaremos de este tema en detalles. Por lo cual vas a querer que tus pensamientos y tus acciones vayan en la dirección correcta desde el primer día en que comiences a compartir la oportunidad con las personas.

> *"Me encanta seguir a las personas que nunca se rinden"*

Piensa si te estás uniendo a una Red porque sólo quieres consumir los productos o servicios. Piensa si también te gustaría poder ganarte unos $1,000, $5,000 ó $50,000 dólares o más adicionales al mes. Piensa si quieres recibir un ingreso residual de por vida. Piensa si quieres disfrutar de tener el balance perfecto entre ganar mucho dinero y tener el tiempo libre para disfrutarlo.

¿Conoces a alguien que quiera ganarse esa cantidad de ingresos o más y mejorar su estilo de vida? ¡De seguro que sí! Pues esas son las personas con las que vas a querer ponerte en contacto lo antes posible. Para lograr ingresos serios va a requerir que inviertas entre 8 a 15 horas a la semana consistentemente. ¿Valdrá la pena? Hay quienes trabajan 30 a 40 años de su vida y al retirarse lo que reciben, si es que reciben algo, no es suficiente para poder seguir viviendo cómodamente.

Una vez pongas en práctica estas 9 Leyes, vas a poder arrancar correctamente a construir tu negocio y tendrás el conocimiento para enseñarle a los demás a hacer lo mismo. Si la persona que te patrocinó es un verdadero Patrocinador, te va a ayudar a dar tus primeras presentaciones. Pronto verás que llegará el momento que de tanto verlas, ya te las aprendes de memoria y eventualmente las podrás hacer por tu propia cuenta. Aunque recuerda que siempre contarás con el apoyo de tu Patrocinador.

Así como cualquier otra profesión de maestro, doctor, abogado, ingeniero, ejecutivo, técnico en computadora, Red de Mercadeo es una ciencia y como tal hay que estudiarla. Lo que siempre va a mantener tu negocio creciendo es que se mantengan entrando personas nuevas en tu Equipo. A medida que tu organización va creciendo irás teniendo más éxito. Esta es una de las pocas industrias profesionales donde a la vez que vas ganando y creciendo en el negocio, te conviertes en una mejor persona.

En vez de tener que lidiar con los ambientes competitivos como en cualquier empleo, aquí todos vamos a estar más que felices de apoyarte a crecer, a lograr más y a reconocerte por tus esfuerzos y logros. ¡Y eso se siente bien!

"Una persona con esperanza se inscribirá en tu negocio, una persona con la creencia permanecerá en él" Randy Gage

Tú no tienes que convencer a las personas que los aviones vuelan, tampoco que las Redes funcionan. Cada cual tiene que CREER que esto sí va a funcionar para ellos. En el momento que dejen de creer, dejarán de trabajar y renunciarán sin haber hecho lo suficiente.

En el camino te vas a encontrar con personas negativas o los llamados "roba sueños". Estos son los que te van a decir: *"¡Ah sí, yo sé de qué se trata eso! ¡Esos negocios no funcionan! ¡Ten Cuidado! ¡Tuve un primo, uno tío que perdió dinero!* Te dirán cosas como esas porque en el pasado nunca han estado en Red de Mercadeo o tal vez no tuvieron éxito en lo que hicieron. Si miles de personas están teniendo éxito en Red de Mercadeo, ha sido porque nunca se rindieron y sobrepasaron los obstáculos.

En vez de tratar de desviarte de tus metas, deberían decirte la verdad: *"¡Ah sí, yo sé de qué se trata eso, es que yo no hice lo necesario para hacerlo funcionar para mí!"*. Nunca siga los consejos de una persona que no ha logrado el éxito en Red de Mercadeo. Cuando pidas un consejo sobre Red de Mercadeo pídeselo a una persona que esté teniendo éxito. No a una persona que se la pasa quejándose hasta cuando una mosca le pasa por el frente.

¿Conoces de alguna profesión que luego de tan pronto graduarte, te ofrezca la esperanza de jubilarte en dos a cinco años?

¿Te has dado cuenta cómo es que hoy día las personas trabajan 30 a 40 años y hay muchos que ni pueden sacar tiempo, ni dinero para unas vacaciones? ¡Y cuando se jubilan se encuentran con la cruda realidad de que van a tener que sobrevivir con la mitad de sus ingresos! ¡O tener que continuar trabajando para poder cubrir sus gastos!

Pregúntate: ¿Si sigo haciendo lo que estoy haciendo con el actual vehículo que genera mis ingresos, voy a estar complacido y será suficiente para lograr todas las metas que deseo? Si tu actual ingreso se detuviera, ¿por cuánto tiempo podrías sobrevivir con tus ahorros?

Muchas personas siempre dejan las cosas para después (procastinan) y retrasan sus decisiones. Admito haber procastinado en muchas ocasiones. Te compartiré una pregunta que me hago para tomar control y volver a retomar mi ruta: *"¿Si no es ahora, cuando?"*

Suena sencilla pero es muy poderosa. Te demorará varias semanas en implementar un nuevo hábito, pero funciona; y si alguna vez piensas renunciar a tu negocio repite esa frase: ¿Si no es ahora, cuándo?

Lo que importa no es cuándo tú entres en el negocio, sino cuándo te comprometes a hacerlo de la forma correcta. Tareas como: prospectar, patrocinar, enseñar, duplicar y promover los eventos. Si lo haces bien, lo enseñas bien, se duplicará bien, lo que podrá crear que tu organización se construya sólida a PROFUNDIDAD.

La ACTITUD que tengas es lo que va a hacer la diferencia en la construcción de tu negocio de Red. No pienses en, ¿a quién puedo traer para yo hacerme rico? La Actitud de pensamiento correcta debe ser, ¿quién será la próxima persona que yo pueda ayudar a a construir un mejor futuro, a jubilarse con un ingreso residual de por vida y que su vida cambie para mejorar?

Si alguien te dice, *"¡Pues déjame intentarlo a ver qué sucede!"* Te voy a decir algo... Mejor que ni lo intente. Porque ahí te está dando la primera excusa por si no tiene éxito decir…*"lo ves… no funcionó…"* Si desde el principio no va a tener el deseo de HACERLO funcionar al 100%, te vas a dar cuenta que cualquier obstáculo que se le presente será la excusa para renunciar. Te pregunto, ¿has conocido alguna persona que cuando va a contraer matrimonio le diga a la novia, *"¡vamos a casarnos a ver qué sucede! Estoy un 99% seguro de que eres la mujer con la que me quiero casar"*. De seguro que si le dice eso, ¡no hay matrimonio! Ja, ja, ja... ¿No crees?

A diferencia de cuando vamos a la escuela a aprender sin ganar dinero, en Red de Mercadeo tienes la oportunidad de ganar dinero mientras aprendes, y ganar mientras ayudas a otros a progresar y a tener éxito junto contigo.

"Deja que otros sigan pequeñas vidas, pero no tú.
Deja que otros argumenten por pequeñas cosas, pero no tú.
Deja que otros lloren por pequeñas heridas, pero no tú.
Deja que otros dejen su futuro en las manos de otros,
pero no tú" Jim Rohn

Entendiendo la Progresión de los Números que te Llevan al Crecimiento Rápido

Es importante que desde el primer día tú y las demás personas entiendan que lo que van a construir es una Red. Inicialmente, muchos no comprenden este concepto porque es algo abstracto.

Con el siguiente ejemplo entenderás dos cosas:

1. Que visualices el concepto de lo que es construir una organización en Red, para que tú y tus nuevos Distribuidores enfoquen sus acciones en la dirección más productiva.
2. Que para lograr seguridad financiera en este negocio, no hay que salir corriendo a reclutar a cientos de personas, sino apoyar y enseñar a todos a hacer lo *básico para construir y duplicar una Red*.

Puedes presentar un ejemplo como este ANTES de dar la presentación de la oportunidad.

Escribe 2 x 2 = 4, y continúa como te mostramos abajo.

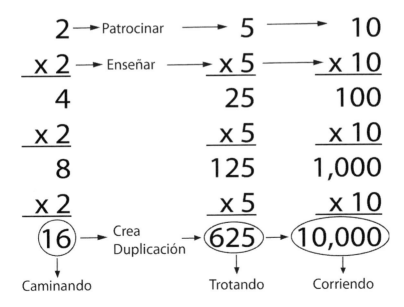

En la primera columna el ejemplo es el siguiente: *TU* "Patrocinas" a 2 personas y le "Enseñas" a esas dos personas a hacer lo mismo. Ahora son 4 personas nuevas. A esas cuatro personas nuevas les "Enseñas" a "Patrocinar" a dos personas nuevas cada uno, ahora son 8 personas. A estas ocho les "Enseñas" a "Patrocinar" a dos y ahora son 16 personas nuevas. Eso ha creado la "Duplicación" en tu Equipo.

En la segunda columna el ejemplo es donde *TU* "Patrocinas" a 5 personas y les "Enseñas" a hacer lo mismo, ahora son 25 personas, luego 125 y luego 625 personas. ¿No te parece que hay una gran diferencia entre 16 y 625 personas? ¿Verdad?

En la tercera columna *TU* "Patrocinas" a 10 personas y les "Enseñas" a ellos a hacer lo mismo, ahora son 100, luego 1,000 y luego 10,000 personas. ¿Verdad que ahora hay una DIFERENCIA MAYOR de miles de personas? Y la verdadera diferencia es, que en el esfuerzo que se puso, tanto tú, como tus Distribuidores aprendieron a reclutar a "5" personas adicionales.

*"Pobreza es cuando no nos queremos esforzar
ni siquiera para lograr resultados pequeños"*

*"Riqueza es cuando pequeños esfuerzos
hechos consistentemente, producen grandes resultados"*

Cuando llegamos a este punto ya la persona ha captado la idea de lo que es construir una organización en Red por medio de la Duplicación. Para que esto funcione correctamente la persona más importante que tiene que comenzar de la forma correcta eres…TÚ.

A través del ejemplo anterior se demuestra que cada persona se mantiene activa consumiendo sus propios productos. Esto activa el plan de compensación y en ningún momento se tiene que enfocar en la venta de productos. Nos enfocamos en construir una organización de personas a través de la Duplicación. Al estas personas estar consumiendo se crea un volumen GIGANTESCO, lo que te creará a ti y a tus Distribuidores ir en ruta de generar ingresos sólidos, residuales y lograr la merecida seguridad financiera.

Red de Mercadeo no se trata de auspiciar, auspiciar, auspiciar, ni vender; se trata de patrocinar y enseñar, patrocinar y enseñar para

DUPLICAR. Te vas a poder convertir en una *"fábrica de líderes"* y en una *"máquina de duplicación"*. La idea es que desarrolles líderes que desarrollan a otros líderes, no seguidores.

Va a ser más importante que puedas poner cuatro o cinco personas en la sala de tu casa, en vez de poner cien o más en un salón en tu primera presentación.

Tu misión será encontrar entre 3 a 6 líderes que estén dispuestos a hacer lo que sea necesario para desarrollar el negocio y con tu modelaje les enseñas a seguir el sistema educativo de duplicación. Si tienes entre 3 a 6 líderes que maximicen el plan de comisiones, tu estilo de vida y la de ellos cambiará.

¿De qué sirve que entre mucha gente a tu organización, si no se van a poder duplicar?

*"Conviértete en el líder que estás buscando
y verás como inspirarás a otros
a unirse en tu camino al éxito"*

Beneficios que Ofrecen las Redes de Mercadeo

1. **Resultados inmediatos**
    Tu buscas una oportunidad que te permita ganar dinero desde el principio. Con baja inversión, sin riesgo, que produzca resultados inmediatos y de alto rendimiento.

2. **Igualdad de oportunidades**
    La oportunidad es igual para todas las personas. No hay que tener conocimientos especiales, educación especializada o grandes cantidades de dinero para invertir. Tú tienes el control porque tu negocio está impulsado por tu capacidad de desarrollar buenas relaciones personales.

3. **Ingreso residual**
    Ingreso residual significa que haces el trabajo bien hecho una vez para luego recibir comisiones residuales semana tras semana, mes tras mes y año tras año. Es un negocio que seguirá creciendo después de haber establecido las bases y el ingreso que construyes tu familia lo podrá heredar.

4. **Inversión de tiempo**
    El tiempo es oro, sólo si se emplea bien. Tú buscas un negocio que haga rendir el tiempo que dispones. Una hora desperdiciada es una hora perdida, pero una hora bien invertida te puede rendir ingresos una y otra vez.

5. **Potencial de crecimiento**
    Algunas oportunidades de negocios son apenas tendencias que llegan a un punto máximo y luego desaparecen. Una Red de Mercadeo puede continuar creciendo ante todo tipo de economía. Porque cuando la situación financiera se pone difícil las personas están más abiertas a buscar oportunidades para ganar dinero extra.

6. **Respaldo**
    No tienes que trabajar solo. Puedes tener un Equipo y un sistema de duplicación que te apoya para que paso a paso te dirijas directamente a

tu éxito.

> *"En cualquier lugar donde existan personas dispuestas a comprometerse consigo mismos, a construir sus negocios a consciencia, habrá personas logrando sus metas"*
> Roberto Pérez

Identificando los Desafíos Más Comunes

Como en todo negocio, hay personas que comienzan y se mantienen en crecimiento. Hay otros que entran y luego abandonan; y hay que conocer cuáles son los principales retos por los que las personas abandonan la oportunidad y trabajar en ellos para minimizarlos.

Algunas de las principales razones por las cuales las personas abandonan el negocio son:

- No saber qué decir y hacer para comenzar
- No dejarse guiar
- Falta de visión
- No creer en sí mismos
- No desarrollar una buena relación con el Patrocinador
- No fijarse metas
- No seguir el sistema escrito
- No desarrollar madurez emocional
- No establecer un plan de acción diario

Introducción a Las 9 Leyes

*"No trates de vender tu camino a la cima.
Enseña a otros a seguir Las 9 Leyes
y ellos mismos llegarán a la cima"*

Nos ha tomado años aprender estas Leyes de cómo hacer crecer una Red exitosamente y nuestro deseo es comunicártelas en la forma más sencilla posible.

Lo que hemos aprendido sobre estas Leyes es que no importa si las conoces o las ignoras, no importa dónde ni con quién las apliques, simplemente funcionan. Aunque los tiempos cambien y la tecnología avance, funcionan. Aunque las culturas varían de un lugar a otro, funcionan. Pero los principios de estas 9 Leyes son constantes, son esenciales, son irrefutables y pasan la prueba del tiempo.

Mientras lees Las 9 Leyes deseamos que tengas presente cinco ideas:

Primero

Las Leyes pueden ser aprendidas. Algunas son más fáciles de entender y aplicar que otras, pero cada una de ellas hay que aplicarlas siempre.

Segundo

Las Leyes son independientes. Sin embargo, cada Ley se complementa una de la otra.

Tercero

Las Leyes traen consigo consecuencias. Aplica Las 9 Leyes y verás tu grupo crecer. Quebrántalas o pásalas por alto y tendrás que pagar el precio de volver a tener que empezar.

Cuarto

Estas Leyes son el fundamento en las Redes de Mercadeo porque están centradas en los principios, valores y las buenas relaciones entre los seres humanos.

Quinto

Cuando veas que una de Las 9 Leyes no te está funcionando como debería lo que harás será retroceder a la Ley anterior, re-leerla y ajustar cualquier omisión en ella.

*"Tu no puedes hacer crecer tu Red,
sólo puedes conectarlos al sistema de duplicación
y ellos aprenden a construir la Red"*
Roberto Pérez

Unas Palabras Para los Sensatos

Este libro no es todo el Sistema, pero sí es el corazón de él. Es como el motor de un auto, que es su corazón. Las Leyes en este libro son las ideas probadas basadas en nuestros métodos de éxito que te enseñarán el procedimiento, la secuencia y la ejecución del negocio. En otras palabras, te enseñará el cómo hacerlo, pero a ti te tocará ponerlas a funcionar. Cuando tengas preguntas, ¡y las tendrás!, simplemente llama a tu línea de auspicio ascendente para pedir consultoría.

Cómo Duplicar MASIVAMENTE con Las 9 Leyes

"Toda persona que ha logrado abundancia en su vida, en primer lugar creyó que podía hacerlo"

Estas 9 Leyes funcionan como un reloj que gira y se retro-alimenta constantemente. Cada una le da vida a la próxima y te prepara para la siguiente. El proceso es simple y la idea es que cada nuevo Distribuidor (que se inscribe con el propósito de desarrollar el negocio) aprenda a seguir este sencillo sistema para que con su ejemplo les enseñe a los nuevos Distribuidores a duplicar el proceso de acción.

Este será tu plan de acción:

Con este plan no tienes que buscar personas que sean famosas o super estrellas. Buscarás personas que quieran aprender el sistema y lo dupliquen. Ahí es donde está la riqueza de crear organizaciones gigantescas.

Al seguir el Sistema de Las 9 Leyes, tú y tus Distribuidores conocerán el ¿por qué hacerlo? Pondrán claro los sueños y metas que desean lograr. Tendrán crecimiento personal, aprenderán a trabajar en equipo y conocerán ¿cómo hacerlo?

Ninguna de éstas por sí solas te dará el éxito. Te repito, el éxito está en la secuencia y el conjunto de Las 9 Leyes.

Las Leyes #1, #2 y #3 son las bases. Las que te capacitan y te preparan para la acción.

La Ley #4 es la más difícil, pero a la misma vez muy importante, para la mayoría de las personas porque es la que te pone en contacto con los prospectos.

La Ley #5, "Las Presentaciones en las Casas o Individuales" es la que te pone a dar el paso más financieramente productivo en el negocio.

Las Leyes #6 y #7 te proporcionarán la plataforma para crear el ambiente profesional, brindarte el conocimiento y ganar la confianza para crear la Red.

Las Leyes #8 y #9 serán las que te harán rico.

Si en algún momento no entiendes algo, será el momento exacto de levantar el teléfono y preguntar a tu Patrocinador o línea ascendente. No te quedes con dudas, porque una persona con dudas se detiene y si se detiene, no crece. No llames a tu Patrocinador para cuestionarle: ¿Por qué debo hacer esto o aquello? Mejor pregunta: ¿Cómo lo aplico inmediatamente? ¿Qué beneficios me traerá? Simplemente, haciendo los pasos y viendo tus volúmenes aumentar, irás comprendiendo los ¿por qué?

Para que tu negocio se mantenga en constante crecimiento la rueda de Las 9 Leyes se debe mantener en constante movimiento.

*"Éxito es la realización progresiva de metas
que para ti son dignas de lograr"*

Ley #1

Inscribirte
Consumir los Productos y/o Servicio
Establece la Re-Compra Mensual
Desarrollar Madurez Emocional

Inscribirte

El negocio comienza tan pronto una persona se inscribe. Inscribirse significa ya haber tomado la decisión y automáticamente pasa a formar parte de un Equipo de Profesionales que desarrollan Red de Mercadeo.

Como Distribuidor Independiente puedes comenzar a recibir los beneficios que la compañía te brinda. Algunos son:

- Comprar los productos al precio de mayoreo.
- Poder ganar al vender al precio de minorista.
- Tener tu página web personalizada.
- Recibir los productos en re-compra mensual (compañías que tengan este servicio).
- Participar del plan de comisiones.
- Asistir a los eventos corporativos.
- Expandir tu negocio en otros países.

Procura mantenerte conectado con tu Equipo, ya sea a través de una cuenta de E-mail o un grupo privado en las redes sociales para que te puedas estar informado de noticias, actividades, concursos y todo lo relacionado con el desarrollo de tu negocio.

Consumir los Productos y/o Servicios

Utiliza personalmente los productos/servicio de tu compañía para que te conviertas en producto del producto. Sólo así podrás desarrollar tu propia historia del producto. Al utilizarlos constantemente los conocerás mejor, desarrollarás confianza, lo que te dará mayor credibilidad y transmitirás mayor seguridad. Sabrás cómo recomendarlos, lo que te podrá llevar a lograr más volúmenes o ventas personales.

El negocio se basa en combinar y balancear los beneficios de los productos y la oportunidad de negocio. Porque el ingreso que recibirás será en la medida que se cree el volumen de los productos en tu organización.

Ponte la meta de tener personalmente 10 a 15 clientes que repitan los productos o servicios mensualmente.

Sugiero que tengas un pequeño inventario de productos porque tendrás clientes que lo querrán al momento o podrías adelantar el pedido de algún Distribuidor que está recién haciendo su primera orden.

Establece tu Re-Compra Automática Mensual
(Verifica si la Re-Compra automática aplica y está disponible en tu compañía)

En mis inicios en Red de Mercadeo, en una ocasión estuve de vacaciones con mi esposa por dos semanas. Cuando regresamos a casa, para nuestra sorpresa, teníamos una caja de productos en nuestra puerta. Me asombré porque no recordaba haber hecho un pedido de productos. Cuando llamé a la Compañía, me entero que era mi orden de productos que estaba en re-compra automática. ¡Qué bueno que teníamos este servicio! Porque de no haber sido por ello hubiésemos perdido las jugosas comisiones de ese mes.

La re-compra mensual es la orden de productos o servicios que tú escoges recibir cada mes para asegurarte que tus requerimientos personales son cumplidos y que permanezcas personalmente activo en el plan de comisiones. Si tu Compañía tiene esta opción, esto es lo que te lleva a crear un ingreso residual, porque no vas a tener que estar llamando a los Distribuidores para que hagan sus compras.

Tu éxito financiero estará basado en la cantidad de personas que estén comprando productos en tu organización. Mientras más productos se mueven en tu organización, más volumen y mayores serán tus comisiones.

Las personas que se resisten a estar en re-compra automática, por lo general, no entendieron el beneficio en su negocio. No evites la re-compra, mejor da gracias porque tienes esta opción porque será un gran ingrediente para el éxito de tus comisiones residuales.

Desarrolla Madurez Emocional

La madurez emocional se aprende y se modifica con programación mental. Tu éxito requiere dedicación, compromiso contigo mismo y disciplina. Deberás eliminar toda tendencia a ponerte excusas. No te des excusas de que eres joven o viejo; que no tienes tiempo, ni dinero o si hace calor o frío. Los niños no son una excusa, al contrario, son una razón de porqué hacerlo. Si la distancia a la reunión está cerca o está lejos, tampoco es una excusa.

Las excusas hacen sentir bien sólo al que las da. Dale un giro positivo a esas excusas y conviértelas en una fuerte razón para salir de ellas y construir tu negocio. Toda persona que ha triunfado en cualquier área de su vida ha sido porque borraron la duda de sus mentes y mostraron una grandísima facultad de creer, y esto sin importar la opinión de las personas que les rodeaban. Lo que está en juego aquí no es otra persona, lo que está en juego aquí es tu propio futuro. ¡Así que juega el juego de tu vida para GANAR!

¿Sabes cuál es el enemigo número uno del hombre? Uno mismo. La ignorancia que lleva a tener pensamientos negativos. Cuando tienes pensamientos negativos, cualquier pequeño reto se convertirá en una enorme distracción y las distracciones todas te alejan de lograr tus metas. Las distracciones te desviarán de tu camino. Cuando logres sustituir el pensamiento negativo por uno positivo, los retos y las distracciones no te afectarán porque cada una será parte del proceso de aprendizaje y de crecer. Para sobrepasar los retos y las distracciones te recomendaré que leas libros y escuches audios de auto ayuda.

No pienses en excusas, piensa en posibilidades. Así que, cuando te sientas atorado, que nada te sale bien, "que pisas y no arrancas", pregúntate a ti mismo: ¿qué hago aquí sentado dándome excusas si soy yo mismo quien único me detiene? Si tienes algunas razones por las cuales no puedes auto-disciplinarte, comprende que son sólo un puñado de excusas que tienes que desafiar si deseas subir al siguiente nivel de éxito.

"Las personas que buscan resultados positivos en sus vidas aprecian cada minuto"

De hoy en adelante tu lema debe ser: *"¡Hoy voy por lo que más quiero! ¡Voy a la conquista de mis sueños!"*. El día tiene 24 preciosas horas. Puedes utilizarlas para dar excusas o para tomar acción y lograr los resultados positivos que quieres para tu vida. Recuerda, las horas se convierten en días, los días en semanas, en meses y en años de tu vida, así que aprovéchalas bien.

Enfócate como la lupa que enciende una llamarada en una hoja cuando el sol pasa directamente a través de ella. De esta misma forma enciende tu fuego interior, desarrolla tu visión y transmite esa energía positiva a los demás. Tu vida estará creada por tus pensamientos dominantes y acciones diarias. Tu vida es como una película de largo metraje y tú eres el protagonista de tu propia película.

"Hacia donde te enfoques fluirá tu energía"

Un premio grande requiere un esfuerzo grande. Los grandes triunfos nunca han sido realizados por el esfuerzo individual de una sola persona. Los grandes triunfos siempre son logrados por el trabajo de un Equipo unido y el compromiso de cada uno de sus integrantes.

Eres un Empresario Independiente

El 80% de las personas están en el negocio como un pasatiempo, y eso está bien. No hay nada de malo en eso. El 20% lo hacen porque quieren ganar dinero y eso también está bien; y lo que tú decidas hacer, eso está bien.

Como empresarios tenemos que dominar tres cosas:

1. Tener buena actitud.
2. Motivación.
3. Conocer las destrezas para que ocurra lo que quieres: hacer que los prospectos tomen una decisión.

Estamos en el negocio de tomar decisiones y lo que tiene que ocurrir es que los Prospectos tomen una DECISIÓN. A ti no te pagan por pasar un DVD, o audios, por capacitar, por dar seguimiento, etc. La compañía es quien hace los productos, capacita de los productos y hace las herramientas. Nosotros ayudamos a que las personas tomen decisiones.

Cada Distribuidor en el Equipo es un empresario independiente. Nadie es empleado de la compañía, ni de ningún otro Distribuidor. A ninguno se le puede violar el derecho a su libertad. Si lo intentas, ellos abandonarán el negocio. Los puedes orientar y ayudar, pero no presionarlos ni obligarlos a actuar.

Lo bueno en este negocio es que nadie te dará órdenes, ni te estará llamando para que tengas que vender, trabajar o asistir a las actividades. Pones acción porque éste es TU negocio y asistes a las actividades porque el compromiso es contigo mismo, con tus metas y con tus sueños. Eres TÚ quien va a recibir los premios.

Lo que puedes hacer para que los demás se motiven a construir la Red es enfocarte en desarrollar las buenas relaciones, en sus sentimientos y en crear un ambiente positivo.

*"Cuando nosotros cambiamos primero,
podremos inspirar a otros a hacer cambios positivos"*

Trata a todas las personas como si fueran parte de tu familia, con respeto, amor y cariño. No trates de demostrar ser mejor que ellos. Si lo haces se sentirán incómodos con tu presencia. Debes hacerle saber que confías en que ellos lograrán tener grandes éxitos en el negocio. Eso los inspirará y les ayudará a desarrollar la confianza para trabajar. Añádeles valor y dales sentido de igualdad. Porque la gran mayoría de las decisiones que ellos tomen se basarán en la relación que hayas desarrollado con ellos.

"El 85% de tu éxito estará basado en la medida en que te relaciones con los demás"

No mires a las personas con un símbolo de dinero en sus frentes. Habrá otros Distribuidores con menos experiencia que inicialmente podrían atraer a las personas por los números. Pero lo que realmente los hará mantenerse y continuar desarrollando el negocio es la relación honesta, de amigo, que desarrollen contigo. Tú vas a ser ese nuevo amigo o amiga que los puede ayudar a lograr una mejor situación financiera en sus vidas.

Este negocio es de gente ayudando a gente, de muchas personas haciendo un poco, pero efectivo. Este no es un negocio de una persona haciendo todo el trabajo.

Dónde Invertir Tu Tiempo Productivo

"Es preferible ganar el 1% de 100 personas, que el 100% de tu propio esfuerzo" P. Getty

La tarea principal que vas a realizar cuando comienzas a desarrollar tu negocio es la de prospectar personas para hablarles de la oportunidad, darles la presentación y patrocinarlos. No esperes a aprenderlo todo para arrancar, porque podría ser que nunca arranques.

Tu negocio comienza contigo. Lo primero que tiene que funcionar eres "Tú". Tú eres esa primera semilla que va a florecer. Para que tu negocio sea exitoso vas a encontrar personas que se comprometan con ellos mismos a desarrollar la Red tan seriamente como tú lo estás haciendo.

Aquí, los únicos que no ganan son los que se rinden. Así que no te rindas y sigue haciéndolo. *¿Hasta cuándo?* ¡Hasta que lo logres!

Una cosa es motivación y otra cosa es lo que motiva a la gente. Puedes asistir a una conferencia de motivación, pero cuando sales de ahí, esa motivación te puede durar un par de días; y más aún cuando nos vemos rodeados de tanta gente con situaciones negativas. Para evitar esto, lo que haces es enfocarte no en la motivación, sino en lo que te inspira a desarrollar tu negocio negocio, tu ¿por qué?

Características de los Grandes Líderes del Equipo

1. Son personas con grandes sueños, un extraordinario optimismo y están llenos de entusiasmo.
2. Se educan leyendo y escuchando CD's de información positiva diariamente, porque saben que en la educación está su futuro.
3. Están llenos de alegría, son amistosos, leales, valientes, poseen una actitud positiva, son honestos y confiables.
4. Saben escuchar. Saben que para continuar creciendo hay que mantenerse atentos y receptivos a lo que les tienen que decir.
5. Son íntegros. No venden su integridad por dinero, venganza, orgullo, ni poder.
6. No hablan negativo de ningún otro miembro del Equipo a sus espaldas. Lo dialogan personalmente.
7. No sobre-reaccionan ante las situaciones negativas.
8. No critican, sino unen. Saben perdonar.
9. No se enfocan en los problemas. Se enfocan en encontrar la solución a cada situación que se presenta.
10. Se alegran del éxito de todos los demás y los animan a continuar.

11. Dan su apoyo total y están dispuestos a pagar el precio del éxito una y otra vez.
12. Son voluntarios y aportan su talento en las actividades para el bien común de todo el Equipo.
13. Edifican e influencian positivamente en los demás sin manipular.
14. Nunca se empequeñecen por ningún error. Aprenden de ellos.
15. Confían en el conocimiento de sus líderes (up lines).
16. Aplican los principios y valores de un ser humano ejemplar.

Cómo Funciona Mejor el Equipo en Red de Mercadeo

"Un equipo es muchas voces con un solo corazón"

El Código de Honor

El corazón de un Equipo es su Código de Honor. El Código de Honor son unas reglas de comportamiento que se establecen para poder trabajar unidos y crecer un Equipo en Red con integridad.

¿Por qué es necesario un Código de Honor?

Porque todas las personas son diferentes. Unos tuvieron educación y son graduados y otros no. Unos son de un partido político y otros de otro. Unos son de una religión y otros de otras. Unos son casados y otros solteros, otros divorciados, unos jóvenes y otros jubilados, etc. Cuando mezclas todas las personas para que se unan a trabajar en Equipo en un mismo salón, se forma un reto muy grande.

*"Cuando no hay reglas,
cada cual se inventa sus propias reglas"*

Cuando no hay un código de honor escrito, entonces todo el mundo se inventa sus propias reglas en base a su conveniencia y así no va a funcionar el negocio. Es como si en un Equipo deportivo cada jugador tiene su propia agenda y reglas de juego, y no logra coordinar con sus compañeros de Equipo las diferentes jugadas para ganar el juego. Aunque tengan los mejores jugadores, si no logran coordinarse seguramente todos perderán el juego.

El Código de Honor supera esas diferencias de estrategias individuales para lograr que se construya un ambiente de confianza y éxito que se duplique en el Equipo.

Para que se pueda convivir en armonía y poder desarrollar una Red poderosa hay que entender estas prioridades:

Prioridad #1: El Equipo Siempre es Primero

Significa que el Equipo siempre tiene que ganar sobre cualquier cosa. Los eventos siempre tienen que lucir y "brillar" sobre cualquier agenda personal. Significa que el Equipo es más importante que cualquier persona en particular. Si alguna persona viola el Código del Equipo a la misma vez está violando la confianza del Equipo y de sus integrantes. Una persona que viola el Código será negativo para todo el Equipo.

Prioridad #2: Las Necesidades del Equipo

Para ganar todo Equipo tiene unas necesidades: necesitan tener un sistema de duplicación escrito paso por paso, desarrollar nuevos líderes, crear eventos que se auto financien, hacer reuniones en las casas/hoteles, herramientas de duplicación, capacitaciones, conferencias por Internet, etc.

Prioridad #3: El Individuo

Significa que el individuo es muy importante, pero no es más importante que el Equipo en sí.

Ocho Ingredientes para Crecer un Equipo Ganador

1. **Los integrantes saben cuál es la meta en común.**

   Cada uno es muy importante. Su aportación es valiosa para el éxito común. Su cooperación es voluntaria y tienen la habilidad de cumplir responsabilidades.

2. **Los integrantes mantienen una comunicación efectiva y sincera.**

   Muestran fe en los demás para que ellos crean en sí mismos. Los inspiran para que aumenten su potencial. Una buena comunicación desarrollará buenas relaciones y las relaciones son el pegamento que mantiene unidos a los integrantes del Equipo. Esto incrementa la productividad.

3. **Los integrantes del Equipo trabajan juntos.**

   Esto requiere una actitud positiva, serán un ejemplo de ética dignos de admirar, lo que aumentará su propia edificación. Los líderes que tienen iniciativa no esperan que otros los motiven. Se preocupan por capacitar a los demás y siempre deben saber lo que está sucediendo en la Red.

   "Ninguno de nosotros es más importante que el resto del equipo" Ray Kroc

4. **Los integrantes del Equipo ponen los intereses del Equipo por encima de los personales.**

   Si el Equipo gana, todos sus integrantes también ganan. Sólo cuando los jugadores se unen y renuncian a sus propias agendas, un equipo puede subir a un nivel superior. Esa es la clase de actitud que se requiere para trabajar en equipo.

   Desafortunadamente el Equipo sufre cuando un integrante prefiere pegarse a su propia agenda y seguir al paso que le marca su inflado ego. No permitas que el deseo por el reconocimiento o posesiones te controle.

"Un mejor futuro no es cuestión de oportunidades, es cuestión de decisiones"

En este negocio es imposible tener éxito individualmente, se logra trabajando en Equipo. Ningún líder puede quebrantar la confianza del Equipo y esperar mantener el mismo nivel de confianza e influencia. La confianza es el fundamento del liderazgo, toma tiempo ganarla y un segundo perderla.

Si violas la confianza del Equipo, has terminado como líder. La imagen de líder decaerá y la confianza como líder morirá. Cuida tu imagen y valora la confianza, siendo íntegro y responsable. El líder añade valor a los demás y a la organización.

"Lo que provoca que tu grupo se inspire y se duplique, será tu integridad"

5. Los integrantes del Equipo están dispuestos a aportar una y otra vez.

Cooperan con su energía, tiempo y se preparan para lo que se necesite. Ellos saben que nadie recibe honra por lo que le dan; la honra es la recompensa para el que da. Cada integrante tiene unos talentos especiales y los pone a disposición del beneficio del Equipo.

"Somos los líderes de un Equipo cuando damos el ejemplo"

6. Los integrantes del Equipo siempre están en continuo proceso de aprendizaje.

Son promotores del Sistema Educativo. No se castigan por cometer errores. No manipulan ni juzgan a los demás. Miden sus acciones basadas en los principios y valores más altos de los seres humanos.

*"Disciplina es poder hacer
lo que realmente no deseamos hacer,
para poder lograr lo que realmente queremos lograr"*
Roberto Pérez

7. Los integrantes del Equipo desarrollan la disciplina.

Ten la buena voluntad para ejecutar lo que se necesita, aunque no te encuentres en buen estado de ánimo.

8. Los integrantes del Equipo confían en sus líderes.

El Equipo siempre va a tomar desiciones para el bien de todos. Las apoyamos, aunque en ocasiones no lo entendamos o no veamos el panorama completo.

Comienza a comunicar la idea de lo que es trabajar en Equipo a otros a través de la disposición de servir a la visión común del Equipo. Siéntete orgulloso de ser miembro de un Equipo de Profesionales en Red y con tu ejemplo inspirarás a otros a hacerlo.

*"Cuando nosotros cambiamos primero,
podremos inspirar a otros a hacer cambios positivos"*

Cuidado en Enfocar en la Estrategia Equivocada

Recuerdo una vez en la Compañía que estaba, tenía dos malteadas (batidos), chocolate y vainilla. Perdí la cuenta de cuantas veces intentamos que la Compañía hiciera una con sabor a fresa. El tiempo fue infinito. Las llamadas fueron múltiples. Las oraciones fueron largas. Lo peor fue que cometí el error de involucrar al grupo pidiendo que firmaran mis cartas para crear presión sobre la Compañía y así hicieran realidad mis caprichos.

Lo que no me había dado cuenta era que en ese proceso me desenfoqué y en vez de estar promoviendo los productos que tenía (chocolate y vainilla) me enfoqué en lo que no tenía, y lo peor fue que desenfoqué a muchos en mi grupo. Eso no me vuelve a ocurrir.

Hay una diferencia entre lo que es la estrategia de los Distribuidores y la estrategia de la Compañía. Nunca las debes confundir. A la Compañía le toca encargarse de: los productos o servicios, los envíos, el plan de compensación, pagar las comisiones, servicio al cliente, crear la agenda de los eventos, concursos, expansión, políticas de la empresa, herramientas básicas, centros de distribución y la convención anual, entre otros.

A los Distribuidores les toca encargarse de: desarrollar su liderato, desarrollar nuevos líderes, crear sus Equipos de trabajo, desarrollar su estrategia de crecimiento, establecer las culturas de éxito, crear y seguir un sistema de duplicación, dar presentaciones, capacitarse, crear eventos con sus Equipos, promocionar y asistir a los eventos de la compañía. Desarrollar otras actividades para el crecimiento y desarrollo personal.

Cuantas veces he escuchado Distribuidores metiéndose con la estrategia de la Compañía e invirtiendo su tiempo en llamar y llamar pidiendo cosas como; *"Queremos que hagan nuevos productos, cambiar los que ya tienen, pedir muestras gratis, pedir descuentos, cambios en el plan de compensaciones, nuevos catálogos o folletos, reclamos o cambios en los concursos, videos en su idioma y la lista es larga"*.

Cuantas veces he visto "líderes y grupos morir" porque se empeñaron en que su Compañía les ponga una oficina o bodega, le paguen salones para eventos, pasajes, tiempo como oradores en algún evento y otras concesiones especiales. Algunos hasta han llegado a amenazar a la empresa, si no hacen lo que ellos piden. Debemos estar pendientes de las personas que manifiestan esos auto-destructivos comportamientos, porque finalmente su grupo será el que sufrirá por el comportamiento de su líder. Otros hasta me han pedido dinero por inscribirse conmigo. Hay casos de quienes le han pedido a las Compañías que les paguen dinero adelantado por inscribirse y mover sus grupos de una Compañía a otra. El problema es que todo termina siendo una seria distracción que va a costar tiempo, interminables conversaciones, y en el proceso muchas personas del grupo se podrán frustrar y se perderán para siempre.

Dale el espacio a la Compañía a que desarrolle sus estrategias. Sabemos que las Compañías ninguna es perfecta y no siempre toman las decisiones perfectas. Las Compañías se esfuerzan por tener los mejores ejecutivos, aún así tampoco son perfectos. Ten paciencia. No hay porqué brincar y gritar para que cambien o resuelvan inmediatamente las cosas. Si la Compañía hiciera alguna movida y resulta que el resultado no fue el planificado, ya ellos tendrán la sabiduría y lo arreglarán. Sólo cuídate de no caer en esa trampa de estar llamando a la Compañía para decirles lo que tienen que hacer. Porque todo eso será una distracción que te alejará de tus metas. Aunque uno tenga la razón, seguirá siendo asunto de la Compañía.

Mejor invierte ese tiempo en ti. Enfócate en desarrollar tu liderato. Enfócate en mejorar tus destrezas. Enfócate en aportar al Equipo. Enfócate en duplicar el sistema. Enfócate en mover a las personas al próximo evento. Enfócate en enfocar a tu Equipo. Enfócate en conseguir tus 3 a 6 líderes y desarrolla la Madurez Emocional que hace falta para triunfar.

Aprendí a no distraer a mi Equipo, ni hacerles perder su tiempo con mis quejas. Hoy día te puedo sugerir que dejes a un lado la estrategia que le corresponde a la Compañía y te enfoques 100% en desarrollar la estrategia que te corresponde a ti, la que te dará los resultados, que es crecer y duplicar tu Red.

Ley # 2

Adquirir Herramientas de Trabajo

*"Vacía tu bolsillo en tu mente
y tu mente llenará tu bolsillo"*
Benjamin Franklin

Recuerdas cuando te matriculaste en la escuela y estabas estudiando. El primer día de clases lo primero que el profesor le dice a sus alumnos es que deben adquirir sus libros y materiales de trabajo para poder aprender y aprobar la clase. Aquí es igual.

Es importante adquirir y estudiar las diferentes herramientas que nos enseñan la información para conectarnos al Sistema que nos guiará a todos. El Equipo y la compañía han desarrollado herramientas que te ayudarán a crecer y a duplicar tu negocio. ¡Aprovéchalas!

¿Qué Significa Conectarse 100% al Sistema?

Siempre vas a escuchar la frase *"conéctate al sistema, conéctate al sistema"* y muchos preguntan, *¿y qué significa conectarse al sistema?* Conectarse al Sistema no es hacer una sola acción, significa lo siguiente:

1. Asistir y promover las diferentes actividades que han sido creadas para apoyarte en el desarrollo de tu negocio:
    a. Presentaciones en los Hogares e Individuales
    b. Reunión Central
    c. Capacitaciones
    d. Conferencias telefónicas o por Internet
    e. Seminarios locales o internacionales
    f. La Convención Anual de la Compañía

2. Utilizar y promover las diferentes herramientas que ha creado tu Equipo y la compañía. Los diferentes CD's de contacto inicial, de seguimiento, de capacitación, los DVD's, la literatura, los videos, las revistas y los sobres con información.

3. Escuchar, estudiar y repasar entre 15 a 20 minutos diarios el material que se esté promoviendo en el momento recomendado por tu Equipo.

4. Tener un mínimo de 5 a 10 clientes fijos a quienes les puedes vender los productos/servicios a precio de minorista. Esto lo puedes lograr vendiéndoles a las personas que vieron la presentación y no les interesó ingresar para desarrollar el negocio.

5. Tener tu material para dar las presentaciones y duplicar.

6. Tener tus tarjetas de presentación.

7. Tener un mínimo de 5 a 10 prospectos en seguimiento viendo tus herramientas.

Razones por las Cuales No Debes Sacarle Copias a las Herramientas

Un día recibí una llamada (por Skype) de un "Networker" que quería ser mi amigo virtual. Él quería crear una relación y ganarse mi confianza. Su estrategia fue pedirme mi correo electrónico para enviarme toda su "biblioteca electrónica" que contenía sobre 40 libros que había recopilado de autores que venden sus libros digitales. Libros famosos y "bestsellers" con temas especializados en Desarrollo Personal, Redes de Mercadeo, Marketing y Ventas. Algunos de los autores son amigos míos. Cuando le pregunté si él tenía los derechos de autor de esas obras, obviamente me contestó que *"no, ¡eso no importa porque muchas personas también ya los tienen copiados y se los están pasando por Internet!"*. Mi contestación fue, *"Entiendo. Muchas gracias, pero no acepto tus libros pirateados como regalo"*. Aunque ya le había dicho que *"no los iba a aceptar"*, él continuaba insistiendo que los aceptara. ¿Qué tú hubieras hecho? Luego de eso me despedí amablemente.

Hay que aprender sobre la mentalidad de la abundancia y la inversión. En la vida te vas a encontrar con personas que tienen y que no tienen ética. Esa es una razón por la cual no logran crecer sus Redes. Porque ninguna persona profesional va a querer trabajar ni relacionarse con personas sin ética. Esa fue la imagen que él creo en mí. Una persona sin ética.

¿Cómo te gustaría presentar tu imagen y la imagen de tu negocio? ¿Como una copia o como un original? Porque al sacarle copias a las herramientas esa misma será la imagen que le darás a tu negocio, una copia.

Algunos "líderes" cometen el error de sacar, compartir y pasar las copias físicas o digitales a los Distribuidores de sus grupos. No importa que sean de su Compañía, de otras personas o de este libro Las 9 Leyes. Ellos piensan que están ayudando a sus Distribuidores y lamentablemente lo que les ocurre es lo contrario.

Muchos "líderes" dicen o piensan: *"es que las personas en mi grupo no tienen dinero, o no tienen los medios para comprarlo, está muy bueno el material, etc."*. Igual el "líder" que saca o pasa las copias, pierde su credibilidad. Ahora las personas serias lo percibirán como un ladrón que "roba" material intelectual para pasarlo a su grupo o lucrarse. El precio que ahora tendrá que pagar será que las personas profesionales se alejarán.

Como es de saber, en todo negocio hay que invertir. Te pregunto: Si una persona no está dispuesta a invertir en sí misma, en sus herramientas y en su capacitación profesional, ¿invertirías tu tiempo y tu dinero en esa persona? ¡Yo no lo haría! ¡Y seguramente tampoco tú lo harías!

"La cultura de la inversión funciona y duplica"

Por eso es importante promover la cultura de la "mentalidad de inversión". Si les entregas copias a los prospectos y a los Distribuidores pensarán que las herramientas creadas tienen poco valor. Pensarán que el trabajo y el esfuerzo que el Equipo y la compañía ha puesto en el desarrollo de herramientas de calidad, tampoco tienen valor.

La experiencia nos ha enseñado que sacar copias a las herramientas no es duplicable. Significa que varias personas se desenfocarán porque tendrán que usar su tiempo en salir a copiar el material y llevar un inventario, en vez de estar construyendo su Red. El problema está en que estas acciones lo que enseña es una cultura errónea de escasez y de no inversión. Y podrás ver como el grupo ahora esperará que seas tú quien primero compres las herramientas para que luego las copies y se las pases; y el día que no lo hagas entonces harás el "papel del villano" de la película. Eso regresa en contra, retrasando o hasta paralizando el crecimiento de una Red.

Te daré una mejor filosofía que siempre salvará tu negocio y alimentará positivamente a todos los Distribuidores de tu Red. Escribe esta enseñanza y compártela con tu Red:

"CADA CUAL FINANCIA SU NEGOCIO"

Significa que toda persona deberá ser responsable por invertir en todo lo relacionado a crecer su negocio de Red. Cada persona es responsable por pagar por su entrada al negocio, comprar sus productos, comprar sus herramientas, comprar sus boletos de entrada a los eventos, etc.

Esto incluye, no estar pidiendo muestras de productos, descuentos, salones para hacer reuniones en hoteles, re-compras mensuales, tratos preferenciales o cualquier otra cosa a la línea de auspicio o a la Compañía. El pedir significa que alguien tendrá que hacer las inversiones financieras que le corresponden a cada persona. Significa que alguien se sacrificará. Eso no es justo. Nadie debe sacrificarse, porque todos debemos invertir por igual. La conducta de estar "pidiendo", no funciona, no duplica y no se va a sostener a largo plazo.

Existen modelos que enseño en mis Seminarios Presenciales para poder financiar todos estos costos del negocio, sin necesidad de estar de rodillas pidiendo, basados en la abundancia y la mentalidad del trabajo en equipo. Nunca funcionará poner nuestro futuro financiero en esperar que otros nos financien nuestras responsabilidades.

Cuando las personas de tu grupo logran entender este principio, sus cadenas de escasez y mediocridad desaparecen. Ahora si podrán todos construir una Red sólida y con personas comprometidas.

"Una Red se duplica efectivamente sólo cuando hay integridad"

Conectarte a la Tecnología va a Maximizar tu Tiempo

Hace 25 años cuando iniciamos en las Redes de Mercadeo, no existía el Internet, tampoco el fax. Nuestro trabajo lo hacíamos llamando por teléfono y enviando cartas con sellos por correo. Recuerdo haber pagado sobre $600 dólares mensuales sólo en llamadas locales en mi propia y pequeña isla. Esos tiempos han cambiado para bien de los Networkers.

Hoy día contamos con tecnologías que nos hacen llegar a miles de personas que nos pueden hacer ricos. Si quieres aprender, crecer y ahorrar tiempo y dinero, entonces conéctate a la tecnología. No le tengas miedo, todo esto es muy simple. Es esencial para conectarte con las personas al instante, dar seguimiento, enterarte de los eventos, verificar el crecimiento de tu Equipo y ver tus comisiones.

Recomiendo que Tengas Conexión a Internet

Hoy día el Internet llega a muchas partes del mundo y las conexiones de alta velocidad nos brindan un mayor número de nuevas oportunidades. Podrás hacer amistades usando las redes sociales para expandir tu negocio y enterarte de todo lo relacionado a tu Red.

Un Teléfono Inteligente te Acelera el Tiempo para Construir tu Red

Cuando escribimos nuestra primera versión del libro Las 9 Leyes, no quisimos crear una necesidad de desarrollar negocios usando la tecnología. Preferimos mantenerlo muy básico, usando las herramientas físicas y no digitales. En aquella época no había tanta penetración de Internet, las velocidades de banda ancha eran escasas y la tecnología estaba en manos de algunos. Ha sido sorprendente la rapidez con la que han llegado los cambios en un par de años. Hoy día muchos ya tienen un teléfono inteligente que pueden utilizar como herramienta de negocio.

Existen múltiples aplicaciones gratis o ridículamente económicas y muy prácticas para nuestros negocios. Por ejemplo, ahora puedes hacer o confirmar una cita sin tener que llamar a tu prospecto, lo haces tan rápido como enviar un simple y corto mensaje de texto. Puedes dar a los invitados las coordenadas exactas de donde será la próxima reunión en una casa y nadie se perderá para llegar. Puedes hacer una reunión en una casa o una capacitación y transmitirla en vivo a los prospectos de otras ciudades o países. Estas son sólo algunas de las inmensas posibilidades que hoy tenemos a la mano.

¡No esperes más! Conéctate ahora mismo al mundo virtual y todas las ventajas que tienen para ti el Internet y los teléfonos inteligentes.

"El mundo le da paso a la persona con determinación"

Ley # 3

Lanzamiento del Negocio y la Entrevista al Nuevo Distribuidor
(48 Horas)

Esta ley es la que va a crear la acción y el "momentum" en tus nuevos Distribuidores.

ATENCION: El Lanzamiento del Negocio y la Entrevista al Nuevo Distribuidor es lo que evita una de las causas más comunes del abandono del negocio que es, *el no saber qué hacer para comenzar. (Por favor vuelve a leer esa última oración).*

Una vez inscribí a un amigo, y lo vine a llamar una semana después. Cuando lo llamé para reunirnos y hacer la Entrevista al Nuevo Distribuidor y el Lanzamiento de su Negocio él me dijo emocionado: *"Roberto, este negocio va a explotar en grande desde mañana por la mañana".* Yo me sorprendí al escuchar su tono alegre, pero también sabía que yo no había hecho nada para enseñarle cómo arrancar el negocio correctamente. Así que le dije, "Waaoo... me alegro. ¿Cuéntame qué es lo que vas a hacer para que tu negocio explote mañana por la mañana? y él me contestó: *"Fui donde mi primo, quien es dueño de una estación de radio, y me hizo un gran descuento, y ya grabamos varios anuncios donde se habla sobre el producto".* ¡Yo me quedé frío! Así que le dije, *"qué bueno, te felicito".* El me terminó diciendo, *"y verás cómo explotarán las ventas porque al final del anuncio puse tu número de teléfono. Roberto desde mañana a las cinco de la madrugada te comenzarán a llamar cientos de personas y recuerda que todos los inscribes a mi nombre".* HAAAAAAAA.......

Demás está decirte que esa estrategia no funcionó y mi recién nuevo Distribuidor abandonó el negocio la misma semana. Ahora te pregunto,

¿quién crees que tuvo la culpa? Definitivamente, YO tuve la culpa por no haberme reunido con él en menos de 24 a 48 horas para llevarlo de la mano y mostrarle el sistema de cómo arrancar un negocio para que se duplique correctamente.

> *"Tú no puedes hacer que tu grupo crezca,*
> *tu puedes crear el ambiente de éxito para que ellos se inspiren y voluntariamente se capaciten, entonces ellos crecerán sus Redes".*

Es por eso que cuando inscribes a un nuevo Distribuidor, que está interesado en desarrollar el negocio (no con los consumidores del producto) te recomiendo que se reúnan durante las primeras 48 horas de haberse inscrito. Lo puedes hacer en persona o por Internet para que completen el Lanzamiento del Negocio y la Entrevista al Nuevo Distribuidor para comenzar a capacitarlo y evitar el abandono masivo que caracteriza a la mayoría de los nuevos Distribuidores.

Al hacer esto con tus nuevos Distribuidores les ayudarás a tener una visión más clara de lo que hay que hacer y hacia dónde van a dirigir sus esfuerzos. Los habrás puesto en el rumbo correcto para comenzar a desarrollar sus propios negocios, estarán capacitados para comenzar a desarrollarlo y eso mismo lo duplicarán.

Concéntrate y esfuérzate con tu nuevo Distribuidor para enseñarle estas 9 Leyes. Si tienen alguna duda, sólo pregunten, porque preguntando es que se aprende. (Tiempo estimado recomendado es de 1 hora y 30 minutos).

Nota: Si tú mismo no has completado este Lanzamiento de Negocio, te sugiero que lo hagas en este momento. Recuerda que si quieres que otros tengan éxito, tú primero deberás tenerlo. No puedes enseñar a alguien a que haga algo que tú mismo no has hecho. Reúnete con cada nuevo Distribuidor que inscribes y has un plan de inicio rápido y explosivo para los primeros 90 días. Verás cómo te funciona.

Lanzamiento del Negocio y la Entrevista al Nuevo Distribuidor

1. ¿Por qué decidiste unirte a este negocio?

2. Cuando tu negocio está siendo exitoso, ¿qué tú quisieras tener diferente en tu vida? (Metas y Sueños)

3. Dentro de 1 año ¿cuánto dinero te gustaría estar ganando? $ _____ mensual, y ¿cuánto dinero estás dispuesto a invertir para lograrlo? $_____.

4. ¿Tienes algún obstáculo o circunstancia para comenzar este negocio? (pareja, tiempo, dinero, falta de conocimiento, otro)

5. ¿Qué te atrae de la industria de Red de Mercadeo?

6. ¿Estás dispuesto a capacitarte y a seguir el Sistema Educativo del Equipo?

7. Escribe los días y horas que puedes reservar para tu negocio.
   ¿Días? _____
   ¿Cantidad de horas semanales? (10 - 15) _____
   ¿Cuándo vas a comenzar? Fecha: _____

8. ¿Te gusta trabajar en persona, a través del teléfono y/o Internet?

9. ¿Cuáles crees que son tus fortalezas personales que te pueden ayudar a alcanzar el éxito en este negocio?

10. ¿Cuáles son las áreas que te gustaría fortalecer? (Destrezas en la computadora, prospección, llamadas telefónicas, dar la presentación, manejo del tiempo, auto motivación, otro).

11. ¿Qué te gustaría que hiciera tu Patrocinador para ayudarte a ser exitoso en tu negocio?

12. En la escala del 1 al 10, circula ¿Cuál es tu nivel de compromiso para ser exitoso? 1- 2 - 3 - 4 - 5 - 6 - 7 - 8 - 9 - 10

13. ¿Cuántas personas te gustaría Asociar este mes con la ayuda de tu Patrocinador? _____

14. Para empezar escribe una lista de 25 a 100 nombres.

15. Escribe las fechas para iniciar con tus Primeras Presentaciones.
_____ _____ _____

16. Me comprometo a adquirir las herramientas para construir mi negocio y realizar actividades que me generen ingresos cada día, como prospectar, invitar, presentar y asistir a los eventos.

Firma _____ Fecha _____

Es hora de ayudar a tu nuevo Distribuidor a que haga su pedido de las herramientas que recomiende el Equipo: libros, audios, folletos, agenda o cualquier herramienta que sea necesaria. Verifica si tu Equipo ya tiene todo organizado en una página web. No dejes que el nuevo Distribuidor haga esto solo, porque al inicio se sienten perdidos y necesitan de tu apoyo.

Para obtener más copias de este libro, mantener el crecimiento y la duplicación en tu equipo visita ahora: www.RobertoPerez.com

Después de haber terminado esta capacitación le debes dar los nombres, teléfonos y correos electrónicos de los líderes más fuertes en la línea ascendente para que conozcan su línea de apoyo. Esto para que los nuevos Distribuidores tengan acceso a ellos en un futuro.

"Hay que decidir si seremos víctimas o seremos victoriosos, pero no ambos" Randy Gage

Encuentra Tu
¿Por qué?

Es muy importante que conozcas tu ¿por qué lo estás haciendo?, porque sino se te hará muy fácil desviarte del camino hacia tu meta y renunciar antes de tiempo. Tu *"por qué"* es algo que está dentro de ti. Es lo que te inspira y hace que te levantes cada día a poner acción. Piensa, ¿Por qué hablar con los Prospectos? ¿Por qué ir a la reunión? ¿Por qué ir a la Convención? ¿Por qué comenzar a desarrollar este negocio? Encuentra dentro de ti ese porqué, escríbelo en una tarjeta y léelo todos los días. Comienza escribiendo, " Mi porqué es... y viéndolo realizado me siento...".

Cuando te agarras fuertemente de tu *"por qué"* para hacerlo realidad vas a poder vencer cualquier obstáculo y eso será lo que te llevará a lograr tus metas. Conocer tu ¿por qué? es conocer tu punto "A", que es donde te encuentras en este momento, y saber cuál es tu punto "B", que es a donde quieres llegar y lo que quieres lograr.

¿Alguna vez se te han perdido las llaves del auto?, y ¿te has detenido de buscarlas? De la misma manera en que no te detienes de buscar las llaves del auto, tampoco te detengas buscando realizar tu "¿Por qué?"

Sin conocerte me atrevo a decirte que conozco tu pasado y tenemos algo en común... ¡Tenemos un certificado de nacimiento, el derecho de vivir nuestros sueños y ser libres! Eres un milagro de vida capaz de producir resultados.

Muchas personas trabajan fuerte y tienen metas, pero no han descubierto su "por qué". Hay estadísticas que muestran que a la edad de 65 años el 95% de las personas están en la bancarrota, y el 5% son exitosos. Y no fueron exitosos no por no tener metas, sino porque no se agarraron fuertemente de su *"¿por qué?"* para poder sobrepasar cualquier obstáculo o excusa.

"El día que va a ocurrir un cambio en tu vida, es el día que tú lo decidas" Dexter R. Yager

Hay tres razones que nos detienen de desarrollar nuestro "por qué":

1. **Rodearnos de personas negativas y tóxicas.** Te invito a escribir tres nombres de personas que te detienen de desarrollar tu máximo potencial y escribe una lista de las cinco personas de las que te puedes rodear. Personas que son entusiastas y que te pueden ayudar a progresar. Debes "des-asociarte" de quienes no te ayudan y comenzar a "asociarte" con las personas que te quieren ayudar a llegar a donde tú quieres llegar. Si nos rodeamos de pollitos, viviremos en la tierra como los pollitos. Pero si nos rodeamos de águilas, volaremos por las alturas.

2. **Miedo al cambio.** Cuando piensas que tienes que cambiar algo, te tiemblan las rodillas, las piernas y el corazón se te acelera. El miedo a lo que dice tu voz interior. Que te dice que tú no puedes, te dice que en el pasado no lo has logrado, que cómo piensas que ahora sí lo vas a lograr.

3. **Renunciar.** Hay quienes no permiten que el tiempo trabaje para ellos. El tiempo va a ser tu mejor aliado para llevarte al éxito. Pero el tiempo vuela, el tiempo pasa rápido y por eso es que tienes que tener dedicación, enfoque y determinación.

No te voy a decir que esto es un negocio fácil. Lo que sí te voy a decir es que cuando tienes éxito, se te olvida el proceso por el que pasaste y disfrutas de la victoria.

Si tuvieras todo el dinero del mundo y tuvieras tu cuenta de banco llena al máximo y no tuvieses que ir a trabajar por dinero, ¿qué harías cada día? Eso sería la realización de tu "¿por qué?" Es saber que harías un Lunes en la mañana cuando te levantas y no tienes que ir a trabajar. Recuerda esto siempre, "tu por qué debe ser más grande tú mismo. Debe ser algo que que te inspire a ser mejor para cambiar tu vida".

"99% del éxito es sobrepasar 100% los fracasos"

Encuentra tu Propósito en la Vida

*"La persona más pobre no es el que no tiene un centavo,
sino el que no tiene un propósito"*

Todos tenemos un propósito en la vida y sabremos cuál es cuando lo encontremos. Encontrarlo, aceptarlo y honrarlo es lo más importante que hacen los más grandes triunfadores. Cuando lo encuentran se dedican a cumplirlo llenos de pasión y entusiasmo.

Con un propósito claro sabremos hacia donde nos dirigimos y sin un propósito será fácil distraernos. Lo que nos lleva a vivir viendo los días pasar y al final haber logrado muy poco e inclusive no haber llegado donde hubiésemos querido. Y cuando miramos atrás nos decimos, "¡y por qué no hice tal cosa!"

Imagínate abordar un barco que va zarpar del muelle y no sabes hacia dónde se dirige. Si no sabes hacia dónde se dirige, entonces, ¿a dónde piensas que vas a llegar? Debes tener un propósito claro y bien definido de qué es lo que tú quieres lograr al desarrollar este negocio, porque de no tenerlo, podrás caer en la trampa de perder el rumbo de la realización de tus sueños.

Hay quienes sólo pasan por la vida, pero hay quienes impactan positivamente a quienes les rodean en su vida. ¿Qué legado le quieres dejar a tu familia? ¿Cómo quieres que te recuerden? Como una persona que se rindió, o como una persona que sobrepasó todo obstáculo y logró su propia victoria. El esfuerzo que hacemos mientras vivimos siempre vale la pena.

Cuando logres descubrir cuál es tu propósito en la vida, entonces verás que correrás más rápido en tu negocio.

Desarrolla Tu Visión Personal

¿Qué sería peor que ser ciego?
Ella respondió: "Tener la vista, pero no tener la visión"
Hellen Keller, Escritora y conferenciante (ciega y sorda)

Tener visión es ver y visualizar con nuestra imaginación. Lo que ves y visualizas que puede ser posible para ti.

Es imposible construir un edificio sólido y seguro sin planos. De la misma forma, es imposible desarrollar un negocio sólido y seguro sin visión. Para llegar al futuro que deseamos debemos planificarlo desde hoy.

Tener una visión clara es como tener el plano completo de lo que quieres lograr en tu negocio y en tu vida. Tu visión te dará enfoque y dirección. Cuando una persona tiene una visión clara, sus palabras y sus acciones demuestran a todos que sabe hacia dónde va. Cuando las personas saben que tú tienes claro hacia dónde te diriges, eso les inspira confianza, seguridad y los estimula a que te sigan gustosamente.

La visión de tu futuro debe ser audaz, atrevida y específica, si quieres que se manifieste. Tiene que ser tan poderosa que quieras soltar las sábanas en la mañana y poner a correr tu día con pasión. Si tienes una visión, entonces podrás compartirla con los demás. Cuando encuentres tu propósito y tu visión te vas a dar cuenta que eso te va a llenar de entusiasmo y un deseo ardiente de perseguirlo.

Para lograr tu visión personal, ésta debe unirse con una visión que sea más grande, que es la visión del Equipo. Porque sólo así tu visión será apoyada, aumentada y motivada para que alcances tu propósito. ¿Por qué hay que unir las visiones? Porque solo, nadie lo podrá hacer.

Solamente mediante la unión y la suma de tu visión a la del Equipo es que se puede crear la unidad. Aunque haya diferencias de personalidades, razas, nacionalidad y religión, la visión será la que nos une. Así que, en la medida en que más personas se unen a la visión del Equipo y pasen por el proceso de aprendizaje, modelaje y duplicación, entonces la organización, en vez de sumarse, pasará a multiplicarse hasta lograr ser (la meta) la Red más grande y sólida en la historia de la industria de Redes de Mercadeo.

Cuando escribas tu propósito y tu visión debes incluir lo que deseas lograr en tu negocio y con el Equipo. Ahora tómate unos minutos, medita, escribe tu propósito y visión. Desarrolla tu plan de acción y entonces, ¡hazlo!

Los Sueños

"Tener un sueño no es lo que ves mientras duermes; es lo que te emociona y no te deja dormir" Kerensa Luciano

Todo comienza con una idea o sueño. ¿Qué es lo que quieres lograr con este negocio y para cuándo lo quieres lograr? ¿Es tu sueño suficientemente importante para que le dediques el tiempo y el esfuerzo para conseguirlo?

Notarás que algunos alcanzan mayores niveles de éxito más rápido que otros y te preguntarás, "Si todos tienen la misma oportunidad, la misma compañía, los mismos productos, el mismo plan de comisión, las mismas herramientas, el mismo Sistema, entonces, ¿por qué unos tienen un éxito inmenso, otros tienen un éxito modesto y otros no logran nada?"

La contestación es, porque unos tienen un gran sueño, un plan de acción definido y se enfocaron en hacerlo realidad. Mientras otros no estaban enfocados ni dispuestos a pagar el precio del éxito y renunciaron antes de tiempo. Muchas personas han fracasado más por la falta de un sueño que por la falta de talento. Si soñar no cuesta nada, entonces sueña en GRANDE.

Esta es la característica más fuertemente notable dentro de cualquier gran triunfador. Los triunfadores saben exactamente lo que quieren y se visualizan saboreando el éxito antes de que ocurra.

La humildad es una virtud, pero la modestia falsa, o darle la espalda a una gran oportunidad es anti-prosperidad. Los músculos que no se ejercitan se atrofian; así mismo le sucede a los sueños, la visión y a los deseos si no los alimentamos.

"Si lo puedes soñar, es que lo puedes lograr"
Walt Disney

Todo lo que cada persona ha logrado en su vida comenzó primero con un sueño. Por eso es bien importante que definas cuál es tu sueño porque será lo que te dará la motivación de seguir adelante. Ten esto presente: tu sueño determinará tus metas. Tus metas trazarán tus acciones y tus acciones crearán resultados y los resultados te traerán tu premio.

Sugerencias para Soñar en Grande

"Nuestro sueño, cuando lo seguimos, es el mejor pronosticador de nuestro futuro" John Maxwell

1. Atrévete a soñar. Desarrolla el deseo de lograr hacer algo más grande. Desarrolla un deseo ardiente que sea tan poderoso y grande que cuando lo visualices sientas que casi te quema de la emoción.
2. Prepárate para que veas tu sueño. Visualiza y alimenta tu sueño diariamente recolectando fotos de lo que deseas y colócalas donde las veas a diario.
3. Cree que es posible y actúa como si ya fuera una realidad.
4. Llénate de pasión y pon acción masiva para realizarlo.
5. Comparte tus sueños. Cuando compartes tus sueños, inspiras a otros a soñar.

¿Con qué has soñado en el pasado? ¿Todavía lo sueñas? ¿Tienes algunos otros sueños o metas que deseas lograr actualmente? ¿Cuáles son? ¿Qué estás dispuesto a hacer para convertirlos en realidad?

Una vez que tu sueño está claro, las decisiones vendrán rápido. Si soñamos con ser libres, una casa propia, ayudar a la familia, lograr la libertad financiera, vivir sin estrés, viajar, tener tiempo libre para disfrutar, ayudar a la iglesia, dejar un legado; ve tras él y no permitas que nada no nadie te detenga.

Receta para el Éxito

*"Estudia mientras los demás duermen,
trabaja mientras los demás vacilan,
prepárate mientras los demás juegan
y sueña mientras los demás sólo desean".*

Las Metas

"Quien no tiene metas, que no se meta"

Lo que separa a una persona motivada del resto son sus metas. Unas metas son las personales y otras son las del negocio. En el negocio las metas son las diferentes posiciones que ha creado la compañía para que sigas subiendo de rango.

Conoce cuáles son los ingresos estimados que puedes ganar en cada una de esas posiciones y ve tras ellas. La clave está en ir avanzando día a día, enfocándote 100% en lograr la próxima posición. No tienes que ver la escalera completa, sólo tienes que dar el primer paso, luego el segundo y el tercero.

"Una meta no escrita, es solamente un deseo"

Tus metas deben tener seis características:

1. Escritas – Cuando escribes tus sueños, se convierten en metas.
2. Específicas – Mientras más específica sea tu meta, más claro estarás enfocado en alcanzarla. Ejemplo: Auto Mercedes Benz S500, blanco perla. Una casa a la orilla de la playa en Cancún, Mexico.
3. Medibles – Así podrás saber cuándo llegaste a la meta, o si debes esforzarte más. Ejemplo: $10,000 dólares mensuales.
4. Tiempo específico – Debes tener una fecha específica para lograrla. Ejemplo: Voy a lograr _____ en Diciembre 31, _____ (Año)
5. Escribe tus metas en presente - Ejemplo: Hoy es Enero 1, y estoy calificado en el rango _____ y estoy ganando $ _____ a la semana.
6. Lee tus metas en voz alta tres veces al día con convencimiento y entusiasmo. Cierra los ojos, imagina y siente cada meta como si ya la hubieses logrado.

Dentro del negocio todas las metas financieras se logran creando volumen de productos/servicios, teniendo clientes, duplicando y desarrollando nuevos líderes.

Lo que es tu vida ahora, es sólo lo que está sucediendo ahora. Imagina cómo quieres que sea en el futuro. ¡Imagínate viviendo una vida a plenitud! y repite en tu interior: *¡Eso es real!*

Usa la visualización de las metas para ayudarte a alcanzar lo que quieres. Visualízate desfilando en la tarima de la convención, miles de personas te están aplaudiendo y estás recibiendo un gran reconocimiento por tus logros.

"Cualquier cosa que la mente pueda creer y concebir, la puede alcanzar" Napoleon Hill

La Integración de la Visión, Misión y Metas

Cuando se une la visión, la misión y las metas se crea la sinergia que logra la realización de cualquier gran éxito.

La *visión* es el Ser.
La *misión* es el Hacer.
Las *metas* son el Tener.

Tu misión es el *"puente que conecta"* tu visión con tus metas.

"Enfocarte en hacer diariamente tu Misión
te llevará a lograr tu Metas"

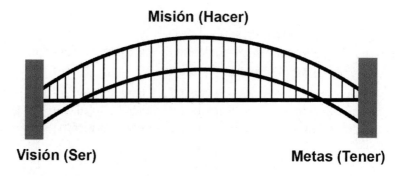

Ejemplo:

Pregúntate: *¿Quién quiero ser?* (Esto sería tu Visión): Una persona profesional exitosa en las Redes de Mercadeo.

Pregúntate: *¿Qué tengo que hacer?* (Esta sería tu Misión): Capacitarme, ser el modelo para los demás, dar presentaciones regularmente, identificar y desarrollar nuevos líderes, ser íntegro, trabajar en Equipo, duplicar el Sistema educativo, asistir y promover los eventos.

Pregúntate: *¿Qué quiero tener?* (Esta sería tu Meta): Lograr el rango X. Saldar deudas, remodelar la casa, viajar, cambiar el auto, calidad de tiempo con la familia, garantizar la educación de los hijos, aportar a una causa noble, ayudar a la iglesia, libertad de hacer lo que quieras cuando quieras.

En resumen, para lograr todas tus metas, deberás enfocarte en lo que debes hacer diariamente que es hacer y cumplir tu Misión.

Desarrolla Hábitos Adecuados

Otra clave en tu éxito serán tus hábitos. Cuando hablamos de cambiar un hábito no se trata de perder, sino de ganar. Ganar un hábito que te haga productivo, que te dé los resultados que buscas. Hábitos que te ayuden a salir adelante, que te alejen de la mentalidad de la mediocridad.

- Los perdedores hacen promesas que siempre rompen, los ganadores hacen compromisos que siempre cumplen.
- Los perdedores reaccionan negativamente, los ganadores responden efectivamente.
- Los perdedores son pesimistas, los ganadores son optimistas.
- Los perdedores siempre se están quejando de la vida, los ganadores hacen que la vida funcione para ellos mismos.

Existen hábitos productivos y hábitos no productivos. Hay hábitos que te acercan a tus metas y hábitos que te alejan de tus metas. ¿En qué dirección te están llevando tus hábitos?

Los estudios confirman que la persona promedio gasta 5 horas al día en entretenimiento. Varios ejemplos de entretenimiento que te alejan de sus metas son: demasiada televisión, demasiadas películas, jugando en el Internet o con el teléfono, en la tableta, vídeos juegos, leyendo lo incorrecto de las revistas y los periódicos. No significa que no puedes ver o hacer estas cosas, significa hacerlo con moderación.

Te has preguntado, ¿cuánto puedes estar dejando de ganar anualmente a consecuencia de estos entretenimientos? $5,000… $20,000… $100,000… $1,000,000 de dólares o más?

Analiza este escenario: los artistas en la televisión están trabajando fuerte para entretenernos y a la misma vez ellos se hacen ricos. Pero los que están al otro lado de la pantalla, están muy entretenidos, pero sin producir dinero. A la televisión le llamamos el hipnotizador. Porque hipnotiza por horas, horas perdidas, horas que nunca regresarán. Si sumas todas esas horas al año sólo imagínate cuánto tiempo podrías aprovechar. Es hora de que tú seas el actor y protagonista de la película de tu propia vida y quien se haga rico seas tú.

*"Haz de tu descanso una necesidad, no un objetivo.
Descansa lo suficiente para tomar fuerzas"*

El poder que tiene un hábito productivo es la mayor fuerza para tu éxito. Nosotros hacemos nuestros hábitos y nuestros hábitos nos hacen a nosotros. Nuestros hábitos se van formando a través del tiempo, poco a poco, silenciosamente, y son tan pequeños que pasan sin que nadie los note. Son como los submarinos, silenciosos y profundos.

Una cosa sí es cierta, si nosotros no dominamos nuestros hábitos, nuestros hábitos nos van a dominar a nosotros. Pregúntate, ¿realmente estoy aprovechando mi tiempo al máximo?

*"Trabaja más fuerte en ti mismo
que en tu trabajo y podrás crear una fortuna"*
Jim Rohn

Nadie puede hacer que cambiemos. Somos nosotros mismos quienes debemos aceptar la necesidad del cambio, eliminar los pensamientos negativos y aceptar total responsabilidad por cambiarnos a nosotros mismos. Tampoco podemos hacer que las personas cambien. Lo que sí podemos hacer es servir de inspiración, de mentor o guía para que otras personas se motiven a hacer sus propios cambios. Pero ellos, como individuos, son totalmente responsables de recibir la información positiva y rodearse también de personas positivas que les ayuden a formar buenos hábitos.

Los hábitos no se rompen, sino que se sustituyen por nuevos patrones de comportamientos. Para cambiar cualquier hábito hay que darse por lo menos un año para adquirirlos. Pregúntate, ¿estoy dispuesto a hacer algunos cambios de hábitos para realizar mis sueños y metas?

¿Qué viene primero, el crecimiento del negocio o los libros y los audios? No cabe duda que los libros y los audios. En otras palabras, la educación. El hábito de leer libros y escuchar audios de información positiva te darán consistencia y la resistencia para la construcción de tu organización.

"Encuentra qué es lo que las personas pobres leen y no lo leas"
Jim Rohn

En tu Lista de Prospectos Está la Fortuna

En el negocio de Redes de Mercadeo la "Materia Prima" son las personas. Por lo cual tu lista de nombres es lo más valioso que tendrás. Los productos o servicios ya están desarrollados por la compañía. Lo que nos toca a nosotros es desarrollar la Red y la Red se construye con personas.

> *"Una lista no escrita, no es una lista.*
> *Una lista por escribirse, no es una lista.*
> *Una lista escrita, sí es una lista"*

Qué Hacer y Qué Evitar al Crear Tu Lista

> *"Cuando comienzas a escribir tu lista de prospectos,*
> *le estás enviando un mensaje a tu cerebro*
> *que quieres cambiar y mejorar"* Roberto Pérez

Lo que hay que hacer es tener una larga lista de nombres y mantenerte constantemente añadiendo nuevos nombres de prospectos. Esta lista será la "gasolina" que encenderá tu negocio. Hacer una lista y mantenerte escribiendo más nombres es una destreza que se aprende.

Las estadísticas comprueban que las personas a edad de 30 años han conocido un promedio de 2,000 personas por su primer nombre. ¿Qué interesante verdad? Cuando comienzas a refrescar tu memoria verás que sencillo es hacer la lista.

Primero, acudes a buscar los nombres que están en la memoria de tu teléfono celular. Amigos, vecinos, conocidos, familiares, compañeros de trabajo, ex-compañeros de escuela, a quienes ves en lugares que frecuentas, etc. Imagínate que vas a hacer una gran fiesta, ¿a quienes invitarías? Luego busca más nombres en las redes sociales como Facebook, LinkedIN, Skype, Instagram, Google+ y otras. Te garantizo que ya tendrás sobre 200 a 300 nombres. Si no tienes una cuenta en las redes sociales, entonces abre una, es gratis, y comienza a tener nuevas amistades. Imagínate que por cada nombre que escribas te pagaran $20 dólares, ¿cuántos nombres escribirías? Mientras más extensa sea tu lista de nombres, mayor será tu ventaja antes de empezar en el negocio y más fuerte será tu postura.

> *"Una causa de estrés en Redes de Mercadeo es
> tener pocos prospectos"* Roberto Pérez

No puedes hacer una lista muy pequeña. Lamentablemente 8 de cada 10 Distribuidores cometen ese error. Eso no funciona porque, ¿qué pasaría si solamente haces una lista de 10 a 15 personas y los primeros cinco dicen que "no"? Te podrías sentir con la presión de querer patrocinar a los próximos, y esto te puede poner en el modo de "suplicar" y entonces reducirá mucho tu eficacia y tu postura. Además, cuando llamas a esos primeros 10 a 15, y te dicen que "no", vas a pensar que se te acabó el mundo y que tu negocio no funciona. Sin embargo, si tienes una lista de sobre 200 nombres o más y los primeros 5 ó 10 dicen "No", todavía tienes otras 190 personas para prospectar y una buena estrategia para los próximos 30 a 60 días.

Sigue añadiendo nombres constantemente. Eso te permitirá continuar desarrollando tu negocio sin perder tiempo pensando a quién vas a llamar. Y cuando alguno de ellos te dice que *"no le interesa"*, tú simplemente te preguntas, *"¿quién es el próximo?"* Y para que nunca se agote la lista de prospectos desarrolla el hábito de mantenerte preguntando por nuevos referidos.

Lo que no debes hacer es prejuzgar anticipadamente a las personas ni pensar que no les interesa el negocio o los productos. No es justo que seamos nosotros quien decidamos si a ellos les interesa o no. Tú les muestras la oportunidad y serán ellos quienes decidan.

Si tienes amigos que tienen 18 años escríbelos en tu lista. Si tienes familiares de 99 años, escríbelos en tu lista. Si son personas negativas, escríbelos en tu lista. Si están desempleados, están quebrados, están trabajando o son ricos o son multi-millonarios, escríbelos en tu lista. Tu trabajo es hacer la lista. Tal vez luego decides no hablarles a todos, pero aquí lo importante es hacer ahora una lista larga.

Imagínate que la persona que te patrocinó a ti hubiese pensado que a ti no te iba a interesar el negocio o los productos y te hubiese dejado fuera de su lista, ¿cómo te sentirías? Me imagino que mal. Es por eso que si editas la lista, estarías editando tus probabilidades de éxito. Háblales tú primero a las personas de tu lista lo antes posible, como si tu vida dependiese de ello, porque si no otra persona lo hará antes que tú.

> *"Los dos mayores activos que posees son
> tus conocidos y tu credibilidad con ellos"*

Una vez tengas tu lista de sobre 200 personas el próximo paso será seleccionar los mejores 20 a 30 candidatos y a esos serán los que invitarás primero a ver tu negocio.

Por lo general los mejores candidatos son personas con características de emprendimiento. Personas previamente exitosas con experiencia en negocios, ocupadas, dinámicas, influyentes, sociables. No tengas miedo en llamarlos. Estas personas son las que por lo general tienen buenas experiencias y saben que hay que trabajar, invertir y educarse para ser exitosos. Utiliza la credibilidad de tu línea de auspicio para prospectarlos y darles la presentación. En la próxima Ley #4, te enseñaré como invitarlos correctamente.

Cuando inicié en Redes de Mercadeo cometí el error de no utilizar la credibilidad y el apoyo de mi línea de auspicio. Por eso fui fuertemente rechazado por los demás de mi familia y otros amigos más cercanos. Fallidamente traté de crecer el negocio por mí mismo.

Es cierto que logré auspiciar a varios de ellos, pero lo que ocurrió fue que se inscribieron porque yo los convencí de entrar y peor, a algunos les pague su "KIT" y la cuota de inicio. Es decir, ellos entraron para complacerme, o tal vez para que yo no continuara persiguiéndolos ni molestándolos. ¡Fue horrible!

Inevitablemente al siguiente mes todos (menos Kerensa) abandonaron mi Red. La razón fue simple, todos ellos conocían de mi pasado. Sabían que yo había fracasado en todos mis anteriores trabajos. Sabían que estaba en bancarrota. Ellos no creían que un playero que abandonó la universidad los podía transportar a tener éxito.

Si hubiese pensado más inteligentemente lo que hubiese hecho era usar la credibilidad de mi Patrocinador y línea de auspicio. Porque mis familiares y amigos no conocen del pasado de mis Patrocinadores y eso me daba la ventaja. Como fui yo quien traté de hacerlo solo, fracasé.

Para que no te ocurra y "quemes" a tus prospectos, mi consejo es que cuando vayas a llamarlos o presentar tu oportunidad de negocios, edifica y utiliza la credibilidad de tu línea de auspicio. En la Ley #7 hablaremos sobre cómo hacerlo.

Podrás encontrar y conocer más personas en lugares como librerías, eventos culturales, seminarios de superación personal, centros religiosos, "expo shows", y en cada lugar que vayas. Organiza un evento de tu clase graduada. No tienes porqué esperar hasta la próxima reunión, hazla tú y diviértete. Habla en un programa de radio del tema que domines. Comparte muestras de tus productos a 20 personas. También busca y únete a grupos en las redes sociales, crea nuevas buenas relaciones y comparte con ellos información de valor. Cambia tu rutina. Ve al parque o al gimnasio a hacer ejercicios y conocerás nuevas personas. Inscríbete como voluntario en alguna institución benéfica. Asiste a la reunión de padres en la escuela de tus hijos, si no tienes hijos, ¡tus sobrinos! La razón es sencilla: conocerás a más personas, ganarás más dinero y crecerá tu negocio más rápido. Si te fijas hay muchas formas de conseguir nuevos prospectos. Sólo debes elegir los mejores métodos que sean buenos para ti.

"Tu negocio crecerá proporcional a tu lista de prospectos"
Roberto Pérez

¿A Quién Conoces?

¿Conoces a alguien que quiera ganar dinero adicional, tener más tiempo libre, ir de viaje más frecuente, más libertad, disfrutar un mejor estilo de vida, tener seguridad financiera, tener mejor salud, más energía, sentirse joven? Estos datos te ayudarán a crear tu lista inicial de amigos principales, prospectos de negocio con quienes compartir la información y puedas impulsar tu negocio.

Debes saber que de todas las personas que prospectas, unos se convertirán en tus socios y otros no. En la medida que te vas haciendo más experto y teniendo más resultados, más personas se unirán contigo a desarrollar la oportunidad de negocio. Ten esta lista a mano en tu escritorio, en tu agenda, en un lugar que siempre la veas. Comparte la oportunidad con personas que te importan. Cuando hayas terminado con tu lista, comienza una nueva. ¡Es fácil!

¿A quién conoces que...

- Trabaja en equipo
- Es entusiasta / positivo
- Es emprendedor
- Hacen que las cosas sucedan
- Les gusta hablar por teléfono
- Se preocupan por su salud

- Saben llevarse bien con la gente
- Tienen carácter e integridad
- Son de confianza
- Aman los retos
- Son divertidas y amistosas
- Hábiles con la computadora e Internet

¿A quién conoces que sea...

- vendedor / networker
- maestro, profesor
- ingeniero
- personal de ventas
- nutricionista
- quiropráctico
- veterinario
- médico/dentista
- entrenador personal
- hace gimnasio o deportes

- estilista
- terapeuta de masajes
- agente de policía, seguridad
- agente de bienes raíces
- vecinos
- carnicero
- mesera/mesero
- mecánico
- conferencista
- propietario o gerente de tienda

Personas que puedes ver en...

- el supermercado
- el spa
- el club de golf o tenis

- el banco
- estilista / manicurista
- cuido de niños / escuela

El mayor obstáculo que enfrentarás en este momento se llama *procastinar*. Que significa dejar para después lo que deberías hacer ahora. Comienza a hacer tu lista de nombres ahora o añade más nombres a la lista que ya tengas. Ahora busca una libreta y escribe los nombres de todas las personas que recuerdes. Tu activo más valioso es la lista y la relación que tienes con ellos.

"El crecimiento de mi negocio va a depender de lo que digo, cómo lo digo y la cantidad de personas que prospecto diariamente" Kerensa Luciano

Crea Tu Historia Personal

"No es lo que decimos lo que importa, es lo que la gente entiende"

Lo que hace que una presentación o convención sea inolvidable será, que cuando te toque hablar conectes con tu público de corazón a corazón. Uno conecta con la gente cuando hablamos con pasión y llevamos un mensaje de enseñanza que inspira al público.

Una de las actividades que más efectividad te va a dar al comenzar tus presentaciones será iniciarlas compartiendo tu historia personal. Iniciando un gran evento también funciona igual.

Los prospectos recuerdan a los que cuentan historias inspiradoras. ¿Por qué? Porque las historias comunican el mensaje y logra que lleguen dentro de sus cabezas. Una historia servirá para que ellos puedan ver lo que tú has visto.

"Los hechos hablan, las historias venden"

Una forma para atravesar la negatividad de los prospectos, sus malas creencias y sus resistencias va a ser tan fácil como darle un dulce a un niño y es influenciando en ellos cuando le cuentas tu punto de vista con una historia.

"La habilidad de contar historias se aprende"

Muchos cometen el error de comenzar sus presentaciones hablando rápido de las características de la compañía, los productos o el plan de compensación, sin haber logrado primero conectar con una historia con sus invitados. Cuando las personas llegan a una presentación por primera vez pueden estar pensando, *"¡déjame ver qué es lo que me van a tratar de vender aquí!"* Por tal razón, cuando no conectas con tus invitados, las personas tienden a estar más cerradas y escépticas, porque existe una barrera invisible llamada "Vendedor vs. Cliente".

Lo que ocurre es que una historia no levanta resistencias. Las historias son muy fáciles de recordar y hacen que una persona tome acción por la inspiración que sienten cuando las escuchan. Además, que a las personas les encanta escuchar historias.

> *"Una historia puede reemplazar tu presentación de negocio por completo"* Big Al

Cuando comienzas una presentación compartiendo tu historia personal todo cambia, porque creas un puente entre tú y ellos. La relación ahora se convierte de "amigo a amigo".

Cuando te decimos que cuentes tu historia personal, nos referimos a contar quién eres tú como persona. A qué te dedicas, cómo estabas antes de empezar en tu negocio, cuáles son las razones por las cuales te uniste a desarrollar esta oportunidad de negocio, la visión que tienes y de cómo esta oportunidad va a poder cambiar tu futuro y el de ellos también.

Es muy importante que cuando cuentes tu historia personal transfieras tus emociones, tus sentimientos y algunas luchas que has tenido que superar en tu vida hasta el día en que llegaste a conocer la oportunidad de negocio que estás desarrollando y cómo está cambiando tu vida. A las personas no les interesa tu historia, sino lo que aprenden de ella.

Es sumamente importante que pienses cuál será la enseñanza que tu prospecto o audiencia podrá aprender y aplicar de tu historia para ellos ser mejores. Tu historia bien diseñada será lo que influencie en los demás.

El secreto está en compartir tu historia personal durante los primeros 5 a 10 minutos antes de comenzar tu presentación. La misma debe ser corta e interesante. Verás cómo los prospectos se relajan y ponen mucha atención. Una historia no trata de convencerlos a que tomen una decisión, sino de inspirarlos a tomar la decisión.

Entendiendo la Regla del 5/1 al Invitar a la Presentación

Muchos Distribuidores están bien preparados y motivados, pero no hacen lo suficiente. Tu negocio iniciará cuando estableces contacto con tu prospecto. La primera característica de las personas que no tienen éxito en la Red como ellos quisieran, es que no están hablando con la suficiente cantidad de personas.

La diferencia entre un Distribuidor que gana $20,000 dólares al mes y los que ganan $200 dólares al mes es la cantidad de personas a las cuales les dan una presentación y la forma de conectar con ellos. Los líderes exitosos dan presentaciones a diario, lo hacen masivamente y lo disfrutan.

La Regla del 5/1 es una estadística que nos muestra que en promedio, por cada 5 personas que invitamos a una presentación en una casa, 1 asistirá.

La razón por la cual no todos asisten es porque cuando invitamos a una presentación en una casa, o en privado, las personas ya tienen compromisos previos como, trabajos pendientes, llevar los hijos a diferentes lugares, otras reuniones, compromisos religiosos o familiares, estudios de la escuela, enfermedad, lluvia, nieve, viajes, luto, etc. Por eso es que si deseamos que asistan de 3 a 5 personas a la presentación debemos invitar entre 15 a 20.

Vas a querer que tu negocio arranque con la mayor velocidad. Una meta ideal sería que puedas hacer varias presentaciones en tu casa o en privado para que inscribas personalmente entre de 10 a 20 personas durante los primeros 30 a 60 días.

Estos negocios son mucho más fáciles cuando los desarrollamos rápido, que cuando vamos lento. Al éxito le gusta la velocidad, y a la gente le gusta unirse con las personas que van rápido; y la velocidad se la da uno mismo. Inscribe personas rápido y sube al siguiente rango cuanto antes. Entonces pasemos a conocer cómo hacer invitaciones efectivas.

Ley #4

La Invitación

La destreza que hará que tu negocio arranque será el hacer una invitación *irresistible*. Esa invitación será la primera experiencia que tendrán tus prospectos para conocer sobre tu oportunidad de negocio o los productos/servicios.

Cuando inicié en Red de Mercadeo era un mega playero que había abandonado la universidad. Estaba en bancarrota, con dudosa reputación y sin credibilidad. Así que, cuando comencé a prospectar "me quemé" con cada uno de mis familiares y amistades. Estaba tan financieramente desesperado que sin darme cuenta, estúpidamente lo demostraba. Estaba convenciendo y persiguiendo a todo el que se me apareciera de frente. Era un ignorante y un acosador del negocio. Mi familia me rechazó, mis amigos me rechazaron y los que conocía comenzaron a alejarse de mí. Mi falta de capacitación sobre cómo prospectar correctamente me hacía sentir que estaba en el fondo de la alberca, asfixiado y sin poder respirar.

Gracias a que asistí a eventos presenciales, el mantenerme aprendiendo de mi línea de auspicio, el comenzar a leer libros, escuchar audios de desarrollo personal y escuchar historias de otros grandes líderes en la Compañía, todo cambió. Hoy día ya no convenzo, no persigo, ni tengo que estar usando con los prospectos técnicas de manipulación ni convencimiento en los cierres. ¡Qué bueno es aprender! Ahora lo que hago cuando llamo a un prospecto es leerle un corto guion, que ya ha sido probado que funciona.

Dos Tipos de Invitaciones

Hay dos tipos de invitaciones: las efectivas y las defensivas. Las efectivas son las que crean curiosidad, las que logran que tu prospecto te haga preguntas y tomen acción. Para esto debes combinarlo con asumir una buena postura, ser tú mismo al hablar, estar alegre y no tomar las decisiones de los demás personales. Verás varios ejemplos más adelante.

Las defensivas ponen a los prospectos en estado de alerta, dudas, escepticismo y los alejan. Usar malas técnicas al invitar no te va a convertir en un Distribuidor exitoso. Veamos algunas de las malas.

Ejemplos de Invitaciones Defensivas:

- *¡Hola María! Te llamo porque conseguí el mejor producto del mundo, con el mejor plan de compensación del mundo y los mejores dueños del mundo. Toda persona que respire en este planeta necesita usar estos productos. ¡Te van a encantar! ¿Te quieres unir conmigo y ser Distribuidora?*

- *María, esta economía está malísima y me he buscado un Plan B y quiero mostrártelo.*

- *María, ¿quisieras iniciar un negocio? Tengo una manera inteligente de ganar dinero este año. Quiero que seas una de mis mejores Distribuidoras.*

- *María, tengo un negocio que está explotando en muchos países y recién acaba de llegar al nuestro. Vamos a ser de los primeros directos de la compañía. Es una gran oportunidad y no te la puedes perder. ¿Te quieres unir conmigo?*

- *María, tengo un nuevo producto natural, orgánico, científico que es una innovación y sirve para bajar de peso y estar saludable. Está revolucionando el mundo de la salud y todas las personas lo van a comprar. Me quiero reunir contigo para que veas que te va a encantar.*

- *María tengo un negocio con la bebida más usada en el mundo, el café". La gente toma millones de tazas diariamente y nuestra meta es tener el 1% del mercado. ¿Quieres unirte conmigo y ser de las pioneras?*

- *María, tengo un negocio redondo. Con el mejor plan de compensación, porque es un binario híbrido mezclado con uni-nivel y matriz forzada, donde los VG no se pierden y se acumulan gracias al "roll over". Con 5 personas que traigan 5 y otros 5 que traigan 5, verás cómo en dos meses renuncias a tu trabajo, que te tiene en la bancarrota. ¡Sé que te va a encantar y quiero que veas como funciona para que te unas conmigo!*

- *María, conseguí un negocio donde no hay que vender, no hay que invertir, no hay que hablar con gente, no hay que comprar, no hay que ir a reuniones, no tienes que hacer nada, no tienes ni que presionar un botón, ganas mientras más duermes y nos hacemos ricos rápido en piloto automático. Aplicamos el Marketing de Atracción. ¡Te va a encantar!*

¿Crees que estos acercamientos realmente funcionen? Pareciera como si uno fuera un "cazador" de personas. De sólo escucharlos se disparan las alertas de ¡Cuidado! ¡Peligro! ¡Aléjate! Sé que no funcionan porque cuando inicié en esta profesión yo mismo era el que los decía. Lo triste es que al día de hoy (25 años después) continúo escuchando este tipo de invitaciones. ¡¡Uufff!!...

Estos acercamientos no funcionan y alejan a las personas que realmente están buscando una oportunidad seria. Pueden funcionar con las personas que buscan ganar dinero rápido sin hacer nada y con los obsesivos-compulsivos adictos a las Redes de Mercadeo. Mientras existan personas que quieran ganar dinero rápido sin hacer nada, siempre habrá alguien para venderles (o estafarlos) con esas ideas.

Quiero que anotes esto en papel y en tu corazón: nosotros no estamos ofreciendo productos para rebajar, vitaminas, batidos, café, fajas de cuerpo, productos del hogar, bebidas energizantes, jugos, ni ningún producto.

"Lo que estamos ofreciendo se llama LIBERTAD"

La libertad de hacer lo que tú quieras cuando quieras. De viajar cuando quieras, de dormir hasta tarde en la mañana cuando quieras, de ser tu propio jefe, trabajar con quien te sientas a gusto y ser reconocido. De generar ingresos ilimitados y de que puedas vivir el estilo y la calidad de vida que quieres para ti y los tuyos, a la vez que disfrutas de una vida placentera.

La mayoría de las personas desconocen cómo hacer que estas ventajas funcionen para ellos y por eso las rechazan. Lo peor es que las rechazan sin saber de qué se trata. Quienes la rechazan es porque no creen que lo puedan hacer funcionar o están en su zona de comodidad.

Invitaciones Efectivas:

Ahora vamos a enfocarnos en el proceso completo y correcto de hacer una invitación efectiva e *irresistible* con la cual capturas la atención, creas curiosidad y logras que tu prospecto comience a preguntar por más. Con esta secuencia lograrás que sea tu prospecto el que "literalmente" te pida de "rodillas" que le muestres tu oportunidad de negocio.

"Hay una única forma de lograr que alguien haga algo, y es logrando que quiera hacerlo" Dale Carnegie

Para que la invitación sea lo más efectiva es muy importante que tú tengas una fuerte convicción y creencia en el proyecto que estás emprendiendo. ¿A qué me refiero? Debes estar convencido de que vas a construir este negocio con ellos o sin ellos. Porque eso te dará una fuerte postura. Por lo cual, al momento de hacer la invitación, procura utilizar un tono de voz que transmita tu seguridad. Tus invitados lo sentirán y esta convicción aumentará las probabilidades para que acepten ver tu presentación.

Ten siempre presente que la destreza que más te dará ingresos será hacer una *invitación irresistible:*

1. Con Curiosidad
2. Con Pasión
3. Con Sentido de Urgencia

¡Piensa en esto! Si tus prospectos supieran que por el sólo hecho de asistir a la presentación van a recibir $500 dólares en efectivo, ¿crees que faltarían? No. ¡Claro que asistirían! ¿Por qué? Van a asistir porque *perciben* que van a ganar.

Este mismo valor es el que le tienes que transmitir con tu actitud y con tu entusiasmo, y no sólo por la oportunidad de negocio. Porque ellos no saben nada sobre tu negocio. Inicialmente aceptan tu invitación por lo que están escuchando de ti y por la percepción de cómo te estás proyectando al hablar.

Si deseas reunirte en persona con tus prospectos, y no tienes mucha experiencia, te sugiero que la mayoría de las invitaciones las hagas por teléfono, porque cuando se hacen en persona, muchos de los prospectos comienzan a interrogarte.

Aprendí que cuando llamamos a los prospectos están neutrales. Van a ir reaccionando según lo que les decimos, lo que crea en ellos una expectativa que puede ser buena o mala. La mayoría de las personas están viviendo en "automático", en su rutina diaria, viendo televisión, con los problemas del trabajo, en las redes sociales, en los celulares. Nuestro trabajo será mostrarles una mejor forma de vivir, sacarlos de su zona de comodidad, de la mediocridad y pasarlos a un nivel mayor de éxito.

¿Dónde Debemos Enfocar la Invitación?

"Los prospectos no saben, que no saben"

De acuerdo al resultado que quieres lograr, será donde te enfocarás:

Resultado #1:

Quien prospecta orientado al producto, conseguirá clientes para el producto o servicio.

Resultado #2:

Quien prospecta orientado al negocio, conseguirá socios para el negocio.

Hay personas que su primer acercamiento es orientado hacia los productos. Es por eso que el resultado que se genera en el prospecto será la de preguntar, probar o comprar el producto. A lo largo de los años hemos confirmado que cuando la invitación es orientada hacia el producto, el negocio tiende a crecer más lento y ahora te explicaré el porqué.

Supongamos que la Compañía en la que estás tiene productos de consumo, nutricionales, dietéticos, para la salud, la piel, jugos, energizantes, té o café, y tus clientes comienzan a probar los productos.

¿En cuánto tiempo promedio crees que verán los resultados? ¿Una semana, dos semanas, un mes, dos, tres meses? Digamos que en promedio un mes. Entonces, eso significa que dentro de un mes será que esas personas comenzaría a compartir los resultados de los productos. Ahora, y si las personas que ellos traen hicieran lo mismo, entonces significa que llegarías a cuatro niveles de profundidad en cuatro meses. ¿Correcto?

Muchas personas que prospectan orientadas al producto por lo general lo hacen porque no saben sobre mercadeo y/o no saben qué decir para prospectar sobre el negocio, evitando así recibir rechazos. Ya mismo te enseñaré como prospectar orientado a la oportunidad de negocio 99% libre de rechazo.

En cambio, cuando prospectamos orientados a la oportunidad de negocio, las personas podrían llegar a cuatro niveles de profundidad en las primeras cuatro semanas. ¿Te hace sentido? ¿Verdad? Lo bueno es que el producto, igual, les va funcionar, pero ya tienes cuatro niveles y un ingreso en tu bolsillo que te genera más confianza y el "momentum".

Es por eso (y es el propósito de este libro) que cuando prospecto lo hago (y lo enseño) orientado hacia la oportunidad de negocio.

Otra técnica al invitar o prospectar está en que si quieres capturar la atención de tu prospecto debes identificar y mencionar el *problema principal* que tu prospecto quiere resolver. En mis seminarios presenciales siempre pregunto a la audiencia, *"¿cuál crees que es el problema principal que la mayoría de las personas quisiera resolver rápido?"* La respuesta que me responden el 99% de las personas es tener más ingresos rápido. Es por eso que si quieres capturar la atención de la mayoría de tus prospectos invita dirigido a resolver sus necesidades, que es aumentar sus ingresos.

"No estamos en el negocio de convencer personas, sino de encontrar al que está listo"

Siempre habrá personas que cuando les haces la invitación enfocada hacia la oportunidad de negocio, no les interesará y te dirán algo como: *"El dinero no es mi prioridad, o el dinero no es importante para mí. Me acaban de dar un gran aumento de sueldo en el trabajo, tengo mi retiro asegurado, tengo una pensión que no quiero perder"*. Cuando el prospecto te contesta algo como esto, entonces deberás cambiar tu estrategia. Lo que haces es que te olvidas de seguir hablando de la oportunidad de negocio, y ahora te enfocas en compartirles los beneficios de tus productos. Y de esta forma podrá ser que tengas también un cliente de por vida. Procura enseñar a tus grupos esto que te acabo de mencionar.

Cinco Consideraciones para Estar en Estado de Máximo Rendimiento al Invitar

"La característica de un buen prospecto es que esté buscando hacer un cambio para mejorar su estilo de vida"

Pocos ponen atención a una persona sin ánimo. Por eso para capturar la atención de tus prospectos deberás tener cinco consideraciones:

1. Para mantenerte enfocado en un estado de máximo rendimiento al momento de invitar puedes buscar fotos de las cosas que quieres lograr en tu futuro y pegarlas un tablero (dream board). Fotos de automóviles, casas, lugares que quisieras viajar, ayuda a los demás, donaciones, ropa, trajes, zapatos, o cualquier otra cosa que te ayude a motivarte. Colócalo donde lo puedas ver todos los días para cuando estés haciendo las invitaciones recuerdes porqué estás en el teléfono.

2. Las llamadas de invitación deben ser cortas, de 2 a 5 minutos.

3. Cuando contesten el teléfono menciona tu nombre y apellido, porque muchos prospectos han cambiado de teléfono y puede ser que no identifiquen tu número. Cuando hables sé tú mismo, no cambies. Si normalmente hablas rápido, o hablas lento, o hablas bajo o hablas alto, no cambies. Sigue hablando igual como siempre hablas. Saluda con entusiasmo, proyecta seguridad y convicción.

4. Como regla personal, le doy la presentación sólo a las personas que me la *piden*. No me gusta estar recibiendo rechazos y por esa razón nunca estoy ejerciendo presión, ni le suplico a la gente. Hablo con quienes

tienen el deseo de escuchar y trabajar.

5. Si la última llamada que haces en el día fue negativa, realiza otras llamadas hasta que concluyas con una acción positiva. La razón de esto es para que te quedes con los ánimos arriba. ¡OK! ¡Iniciemos!

A continuación tendrás varios guiones con ejemplos que puedes usar para invitar. No los tienes que memorizar. Cuando vayas a llamar a tus prospectos, simplemente lees el guion. Verás que al leerlos repetidas veces te los aprenderás de memoria. Notarás que los guiones están con la intención de provocar curiosidad y que tu prospecto acepte tu invitación. Están libres de rechazos, porque no ejercen presión, y tienen grandes probabilidades de funcionar.

Cuidado:

Estos guiones te pondrán a correr rápido en el negocio. Tendrás citas, citas y más citas, y dejarás a los que no los usan mordiendo el polvo y preguntándose, ¿cómo logra tener tantas y tantas presentaciones? ¡Iniciemos!

Cómo Invitar Irresistiblemente

Utiliza este guion cuando estés **Prospectando a un Familiar o Conocido para darle una Presentación en su Casa:** (Este guion está hecho para llamar por teléfono, no para grabarlo en video, enviarlo por texto, ni por e-mail).

- *¡Hola (Juan)! Es (Roberto Pérez). Tu (tío, amigo, vecino, compañero de trabajo).*
- *¿Cómo estás?*
- *Bien.*
- *Juan, te llamo rapidito. ¡Si supieras lo que acabo de encontrar! ¿Tienes un minuto?*
- *¡Sí, dime!*
- *Encontré una oportunidad donde juntos podemos generar sobre $5,000 dólares de ingresos (menciona la cantidad adecuada para tu país) depositado a tu cuenta de banco mensualmente. Y pensé que te podría interesar. Si tú quieres nos podemos reunir por unos minutos para que veas de qué se trata. ¿Será esto algo que te interesa conocer?*
- *Sí, me interesa. Pero, ¿de qué se trata?*
- *Ok. Perfecto. Estoy corriendo ahora, pero con gusto te lo voy a enseñar, es algo que tengo aquí en mis manos y es mejor si lo ves personalmente. No sería justo para ambos que te trate de explicar un negocio así por teléfono. ¿Estaría bien si nos reunimos para que lo veas?*
- *Sí, estaría bien.*
- *¿Dónde nos vemos? ¿Prefieres que pase por tu casa?*
- *Sí. Está bien pasa por casa.*
- *¿Entonces qué día nos podemos reunir? ¿Te parece hoy mismo o mañana?*
- *Mañana*
- *¿A qué hora? ¿En la noche mejor?*
- *Sí, 7:30 de la noche.*
- *Ok, ¿entonces nos reuniremos en tu casa mañana a las 7:30 de la noche, correcto?*

- *Sí, correcto.*
- *Ok, lo estoy anotando en mi agenda y te prometo que seré puntual. ¡Nos vemos!*

Por qué funciona este guion: (Te daré una explicación completa y luego continuaremos con otros guiones)

Este guion anterior resulta irresistible, porque aplica muchas técnicas de hipnosis conversacional, persuasión psicológica indetectable y varias de las leyes de influencia inconsciente. ¿Qué significa eso? Para el ojo (u oído) de un prospecto no entrenado, captura la atención de tu prospecto. Para el Distribuidor de Redes de Mercadeo resulta ser duplicable porque cualquiera puede leer y aprenderse este guion.

La primera técnica aplicada para que logres capturar la atención de tu prospecto es cuando lo llamas por su nombre, *"Hola Juan"*. Inmediatamente conectas con él y ahora él ya sabe que tú lo conoces.

La segunda técnica es que mencionas *"tu nombre y apellido"*, ahora él te reconoce y siente confianza de que eres un familiar o amigo. Mencionar tu nombre logra que ya no existan las defensas, lo que hay es una sensación de amistad y alegría.

Cuando le dices, *"¿cómo estás?"*, estás conectando con una pregunta, y comienza el proceso natural de contestar en automático, y te dice, *"Bien"*, que es lo normal que todo el mundo contesta.

Cuando le dices, *"Juan, te llamo rapidito"*. Aquí estás creando dos efectos. Primero estás volviendo a repetir su nombre, con lo cual capturas su atención aún más. Segundo estás estableciendo que el tiempo de la llamada será corto. Recuerda que la llamada debe durar entre 2 a 5 minutos. Si no estableces el tiempo de la llamada, lo que ocurrirá es que tu prospecto al final comenzará a hacerte un interrogatorio y ni tú, ni él, quieren eso. Las personas te respetarán más porque estás siendo responsable con su tiempo.

Cuando dices, *"¡Si supieras lo que acabo de encontrar!"* Esta frase tiene suficiente potencia para "congelar" la mente de cualquier prospecto. Las personas dejan de pensar y analizar. Ahora levantan sus "antenas" y están en modo receptivo de escuchar con suma concentración a cualquier cosa que le digas. Es un efecto hipnótico.

Cuando te contestan, *"Sí, dime"*, vuelves y logras que sigan contestando en automático. La palabra "Sí" es positiva y activa los canales de apertura en su cerebro. Nuevamente de una forma imperceptible para ellos.

Cuando le dices, *"Encontré"*, esa es la que inicia el proceso de despertar su curiosidad.

Cuando dices, *"una oportunidad"*, esa es justa la palabra que describe lo que las personas están buscando; que es una esperanza y tú, su familiar o amigo, es quien se la traes.

Cuando dices, *"donde juntos podemos"*, con esta combinación estás creando el sentimiento de confianza. Ahora has logrado que se sientan acompañados y no solos.

Cuando dices, *"generar"*, esta elegante palabra es la que establece que la llamada es para un negocio.

Cuando dices, *"$5,000 dólares"*, aquí es donde le hablamos directamente al subconsciente. Cuando usamos una cifra específica de dinero es algo que el cerebro puede interpretar y lo convierte en su meta. Es como apuntar el tiro de una flecha directo al centro del blanco, que será lo que resolverá su problema financiero. Si no se menciona un número específico y sólo se usan las palabras como "mucho dinero", resulta que es algo ambiguo y el cerebro no logra descifrar hacia donde tiene que dirigir su enfoque. Y por supuesto, tu prospecto está escuchando y percibiendo (inconscientemente) tu seguridad, con tu tono de voz, como alguien que sabe lo que tiene en sus manos y que también es bueno para él.

Cuando dices, *"depositado a tu cuenta de banco mensualmente"*, tu prospecto se puede visualizar teniendo un ingreso extra en su banco y eso lo emociona. Era algo inesperado y siempre es bienvenido.

Cuando dices, *"y pensé que te podría interesar"*, esta técnica es tan imperceptible que sólo un súper experto la podría descifrar. Pero en este punto lo que hace un Networker novato y sin capacitación, es que comienza a ejercer presión externa e indebida al prospecto y eso los aleja. Ellos comienzan a usar frases como *"y te va a encantar"*, *"quiero que te inscribas"*, *"tienes que comprar"*, *"es un negocio redondo"*, *"quiero que te unas conmigo"*, *"no puedes dejar pasar esta oportunidad"* y otra gran cantidad de frases que lo que hacen es tratar de convencer. El Networker Profesional de hoy lo que hace es lo inverso. Lo que hace es que provoca que la presión sea interna y logra que sea el prospecto quien provoque el deseo de conocer más. El prospecto piensa "seguro me interesa", "¡qué bueno que me llamaste!".

Cuando dices, *"si tú quieres nos podemos reunir por unos minutos"*, ahora en su diálogo interno él piensa, *"hummm... no tengo mucho tiempo,* pero claro que sí puedo sacar unos minutos para saber cómo ganar $5,000 dólares". ¿Sencillo?

Cuando dices, "*para que veas de qué se trata*", ¡uuff!… esta es otra de mis técnicas favoritas y secretas que es, adelantar su objeción. Cuando adelantas su objeción se la "neutralizas". Porque tan pronto hagas un silencio, eso mismo es lo que te van a preguntar, "*de qué se trata*".

Y ahora viene la pregunta de cierre que es un "Jaque Mate", cuando elegantemente le dices, "*¿Será esto algo que te interesa conocer?*, Waaooo… has puesto sobre sus manos la decisión. El no siente ninguna presión. El siente que puede decidir "*Sí o No*", y ¿qué tú crees que cualquier persona en su sano juicio que está buscando mejorar su estilo de vida contesta?, "¡Sí, seguro!"

Al contestar con un "*Sí*" se activan dos leyes más. La Ley de la Aceptación y la Ley del Compromiso. Él está *aceptando* que quiere mejorar su situación financiera, y se acaba de *comprometer* con su decisión y ahora la va a defender. Esto es magia. Realmente estás ayudando a tu prospecto porque, recuerda, "él no sabe, que no sabe" y tú lo llevas de la mano.

Tu prospecto te ha escuchado, ahora tiene una curiosidad máxima y al no saber de qué se trata, es obvio, que te va a decir, "*Sí me interesa, pero, ¿de qué se trata?*"; y eso es exactamente lo que tú quieres que conteste. Al contestar, "*Sí me interesa*", acaba de salir de sus propios labios la palabra "Sí", con la cual has logrado que esté de acuerdo con tu propuesta.

Ahora vendrá a satisfacer su curiosidad con su pregunta, "*¿de qué se trata?*", la cual es normal después de haberlo hecho subir y bajar emocionalmente. Te va a preguntar porque quiere saber con cuál compromiso es que se está comprometiendo. Y recuerda, ESE NO ES EL MOMENTO PARA QUE LE DES UNA PRESENTACIÓN POR TELÉFONO.

Así que, para sellar su compromiso brillantemente le contestas "*Ok, perfecto*". Con estas dos palabras lo que le quieres decir es, "trato hecho", "aceptaste", "te felicito" "eres inteligente por haber contestado Sí".

Cuando le dices, "*Estoy corriendo ahora, pero con gusto te lo voy a enseñar. Es algo que tengo aquí en mis manos y es mejor si lo ves. No sería justo para ambos que te trate de explicar un negocio así, por teléfono*". Lo que quieres transmitirle es, "heyyy.. escuché tu pregunta y no le tengo miedo a reunirme". Ahora tu prospecto ya sabe que tiene que reunirse contigo y no le vas a dar una presentación por el teléfono. Además, como le habías comentado al principio, que tenías poco tiempo, eso te justifica para no tener que darle los detalles en el teléfono. No lo hagas. Mejor lo desenfocas haciéndole otra pregunta.

Le dices, "*¿Estaría bien si nos reunimos para que lo veas?*". Cuando haces esta pregunta estás poniendo en su boca las palabras que tú quieres que tu prospecto conteste. Nuevamente las personas están programadas para contestar en automático cuando se les pregunta algo. *"Estaría bien si…"*, prácticamente no te puede contestar otra cosa que no sea "Sí". Cuando contesta "Sí", nuevamente se ha comprometido y continúa el proceso de contestar en automático. *"Nos reunimos para que lo veas"*, ya estás sugiriendo reunirte.

Entonces, ya que te ha contestado que *"Sí estaría bien"*, el trato se ha sellado. Lo más difícil acaba de concluir. Ahora es el momento de pasar a fijar la cita para reunirse.

Ahora vas a provocar que tu prospecto sea quien te diga el lugar, el día y la hora donde se reunirán. La manera simple de hacerlo será haciéndole preguntas. La técnica está en hacer las preguntas correctas en la dirección que tú decidas. Con esas preguntas lo que vas a crear en tu prospecto es la ilusión de que es él quien está escogiendo el lugar, el día y la hora en que se van a reunir, por lo cual se siente contento por su decisión y no presionado.

Le preguntas, "*¿Dónde nos vemos? ¿Prefieres que pase por tu casa?*" Esta pregunta ya es específica y dirigida a tomar acción. Estás llevándolo al compromiso. Si te fijas estás dando la opción de que la cita se haga en su casa. ¿Por qué? Hemos aprendido que cuando hacemos citas en algún lugar fuera de sus casas la probabilidad de cancelaciones de último momento aumentan. Por eso siempre que puedas prefiere visitar tu prospecto en su casa. Porque de su casa no se podrá ir.

Te contesta: *"Sí. Está bien pasa por casa"*.

Cuando dices, "*¿Entonces que día nos podemos reunir?*" Ya estás pasando elegantemente a concretar la cita.

Cuando dices, "*¿Te parece bien hoy mismo o mañana*", estás usando otra técnica imperceptible llamada *doble alternativa*, donde el prospecto tiene que escoger entre las dos alternativas y ambas son afirmativas. (En ocasiones los prospectos preferirán otros días, lo cual prosigues con la cita).

Te contesta: *"Mañana"*.

Cuando dices, "*¿A qué hora? ¿En la noche mejor?*" Te das cuenta qué sencillo es. Tú eres quien está controlando el enfoque gracias a tus preguntas correctas que dirigen la conversación.

Te contesta: *"Sí, 7:30 de la noche"*.

Una vez tienes el lugar, el día y la hora, ahora es el momento de hacer el cierre de tu invitación haciendo un resumen de lo acordado.

Cuando dices, "*<u>Ok, ¿entonces nos reuniremos en tu casa mañana a las 7:30 de la noche, correcto?</u>*"

Te contesta: *"Sí, correcto"*.

Para finalizar la llamada, es importante que te perciban como una persona organizada y profesional, por eso le dices: *"<u>Ok, lo estoy anotando en mi agenda y te prometo que seré puntual. ¡Nos vemos!</u>"*, y cuelgas. Es así de sencillo y continúas con las otras llamadas para hacer citas.

En ocasiones los prospectos insistirán en curiosear haciéndote más preguntas. Deberás mantener la calma, la actitud correcta y podrás ver que el resultado al final será el mismo, ¡tu prospecto te dará la cita!

Te he querido explicar porqué funciona este guion, porque la mayoría de los prospectos que rechazan la invitación lo hacen debido a que la persona que los llama suena como si estuviese convenciendo, presionando, no crea curiosidad, habla de más, no respeta el tiempo y dice cosas de poco valor para el prospecto. Es por eso que funcionan los guiones. No es con la intención de manipular, ni engañar a las personas. Es con la intención de que seas elegante, muestres seguridad, profesionalismo, sea corto al invitar, mostrarte una técnica que funciona, que les gusta a los prospectos y los hace sentir bien, sin presión, ni convencimiento.

Ahora tendrás otros guiones adicionales que ya están redactados con todas las leyes de persuasión en cada una de sus oraciones. ¡Adelante...!

Ejemplo invitando a un familiar o conocido cuando anteriormente te ha mencionado que tiene un problema:

Lo primero que tenemos que recordar es que tendrás un prospecto solamente cuando la persona reconoce que tiene un problema que quisiera resolver. Si tu prospecto no tiene un problema que resolver, significa que está en su zona de comodidad, y entonces no tienes un prospecto.

Este refrán del caballo te lo ilustrará:

Hay un viejo dicho que dice: *"Tu puedes llevar el caballo al río, pero no puedes obligarlo a beber agua"*. ¿Sabes que ese dicho es mitad cierto y mitad falso? Sabemos que un caballo es mucho más fuerte que nosotros y sería casi imposible que uno lo agarre por el cuello y se lo tuerza para meterle su hocico en el agua y hacer que se la beba. La realidad es que sí podemos provocar que el caballo sea quien quiera beberse la mitad del agua de río. ¿Cómo? Sencillo. Poniéndole mucha sal o pique en la lengua. ¡Jejeje!… ¿Verdad que funcionará? Lo que ocurre es que ahora el caballo tiene un problema que quiere resolver. Hemos provocado que el caballo sea quien se quiera tomar el agua, (es sólo un ejemplo, ¡no le haría eso a un caballo!). Con esa misma técnica es que funciona el siguiente acercamiento.

Así que, la estrategia en el próximo guion es llamar al prospecto por teléfono y antes de comenzar a hacer la invitación debes recordarle uno o varios de sus problemas. De esta forma tu prospecto se pondrá incómodo con su situación actual y así deseará moverse para encontrar una solución. Aquí es donde somos súper valiosos para ellos, porque nosotros estamos en el negocio de resolver problemas. Ellos están esperando una llamada salvavidas como la tuya.

Antes de llamar a tu prospecto piensa, ¿qué problemas te ha compartido en el pasado? Ejemplo: Tiene el pago del auto, de la casa o algún préstamo atrasado. No se siente a gusto en su trabajo. Trabaja muchas horas, no tiene tiempo para su familia. Está preocupado de cómo pagar la escuela de los hijos. No se siente productivo en su trabajo. Cansado del aburrimiento en el trabajo. Poco tiempo libre. Reducción en la paga del trabajo. Impuestos. Una vez recuerdes su problema, entonces es tiempo de llamarlo inmediatamente.

Este guion está hecho para usarse cuando llamas por teléfono o estás con una persona de frente (no para grabarlo en video, ni enviarlo por texto, ni enviarlo por e-mail).

- *¡Hola (Juan)! Es (Roberto Pérez), tu (tío, amigo, vecino, compañero de trabajo).*
- *¿Cómo estás?*
- *Muy bien.*
- *Juan, te llamo rapidito. ¡Si supieras lo que acabo de encontrar! ¿Tienes un minuto?*
- *¿Si dime?*
- *Te llamo porque recuerdo que me comentaste sobre (tus deudas, molesto en el trabajo, la falta de tiempo libre, mucho tráfico, madrugar, el jefe, incertidumbre en el trabajo, desempleo, mudarte de país, o el problema que te haya mencionado en el pasado), ¿Era bromeando o era en serio?*
- *Sí, es en serio.*
- *Ok. Entonces, ¿quisieras hacer algo al respecto?*
- *Sí.*
- *Ok. entonces escucha. Encontré una oportunidad donde juntos podemos generar sobre $5,000 dólares de ingresos (menciona una cantidad adecuada para tu país) depositado a tu cuenta de banco mensualmente. Y pensé que te podría interesar. Si tu quieres nos podemos reunir por unos minutos para que veas de qué se trata. ¿Será esto algo que te interesa conocer?*
- *Sí, me interesa. Pero, ¿de qué se trata?*
- *Ok. Perfecto. Estoy corriendo ahora, pero con gusto te lo voy a enseñar, es algo que tengo aquí en mis manos y es mejor si lo ves. No sería justo para ambos que te trate de explicar un negocio así por teléfono. ¿Estaría bien si nos reunimos para que lo veas?*
- *Sí, estaría bien.*
- *¿Dónde nos vemos? ¿Prefieres que pase por tu casa?*
- *Sí. Está bien. Pasa por casa.*
- *¿Entonces qué día nos podemos reunir? ¿Te parece hoy mismo o mañana?*
- *Mañana*

- *¿A qué hora? ¿En la noche mejor?*
- *Sí, 7:30 de la noche.*
- *Ok, ¿entonces nos vemos en tu casa mañana a las 7:30 de la noche, correcto?*
- *Sí, correcto.*
- *Ok, lo estoy anotando en mi agenda y te prometo que seré puntual. ¡Nos vemos!*

Este segundo guion se parece mucho al primero, sin embargo, la diferencia está en que en éste le estás mencionando un problema que tu prospecto ya te había mencionado. Eso lo hace más poderoso porque el prospecto ya está incómodo con su problema y será más sencillo moverlo a tomar acción para que vea tu presentación.

"Haz lo que dijiste que harías"

La ley que dice, *"haz lo que dijiste que harías"* significa que debes cumplir con lo que te has comprometido. Si dijiste a tu prospecto que te reunirías el jueves a las 7:30 PM, entonces, deberás hacer lo que dijiste que harías y llega el jueves a las 7:30 PM puntual.

Prospectar sin rechazo cuando conoces a tu prospecto y está frente a ti:

Los siguientes guiones resultan ser excepcionales, porque logran que el prospecto "reviente" de curiosidad y sean ellos quienes te pidan tu presentación. Sólo debes mantener tu postura y no brincarle encima como un tiburón blanco a "comerte" los prospectos, ¡Je, je, je...!

La técnica está en decir la frase: *"acabo de encontrar"*.

Supongamos que estás en casa de tu hermana y están sentados comiendo en la mesa:

- *Hermana, **acabo de encontrar** cómo ganar un ingreso adicional, el doble de lo que tu esposo se gana. Si en algún momento te interesa con gusto te digo de qué se trata. Por favor, me podrías pasar la salsa.*
- *Dime más. ¿De qué se trata?*
- *Seguro. Con gusto te cuento cuando terminemos de comer.*
- *Dime ahora, necesito un ingreso adicional.*
- *¡Claro! Entonces cuando comencemos a comer el postre, podemos hacer un espacio en la mesa y te muestro la información.*
- *No, no, no AHORA.*
- *OK*

Estás en el trabajo:

- *Juan, **acabo de encontrar** una manera donde, a tiempo parcial, podemos ganar el doble que nuestros jefes. Si en algún momento te interesa con gusto te digo de qué se trata. Pero sigamos con el trabajo.*
- *Pero, dime más. ¿De qué se trata?*
- *Seguro. Con gusto te cuento cuando terminemos el trabajo.*
- *Dime ahora, necesito duplicar mi ingreso.*
- *¡Claro! Entonces cuando vayamos al próximo receso con gusto te muestro la información.*
- *No, no, adelantemos el receso y dime AHORA.*

"Un Millonario en Multinivel,
es alguien que busca tener un millón de amigos"

Estás en la universidad con un compañero de clases:

- *Juancito, **acabo de encontrar** una manera donde podemos ganar el doble que nuestros profesores, a tiempo parcial. Si en algún momento te interesa con gusto te digo de qué se trata. Pero vamos a seguir con la tarea.*
- *Dime más. ¿De qué se trata?*
- *Seguro. Con gusto te cuento cuando terminemos la tarea.*

- *Dime ahora, necesito un ingreso adicional.*
- *¡Claro! Entonces cuando terminemos esta sección de la tarea hacemos un corto receso y te muestro la información.*
- *No, no, no AHORA.*

Estás en un juego deportivo o práctica con los hijos compartiendo con otros padres:
- *Juan, **acabo de encontrar** una manera donde podemos trabajar sólo dos semanas al mes y que nos paguen por cuatro. Si en algún momento te interesa te digo de qué se trata. Pero vamos a ver cómo sigue la práctica.*
- *Dime más. ¿De qué se trata?*
- *Seguro. Con gusto te cuento tan pronto termine la práctica.*
- *Dime ahora. Necesito más tiempo libre.*
- *¡Claro! Entonces cuando llegue el próximo receso te muestro la información.*
- *No, no, no AHORA.*

Ves que sencillo. Esta fórmula *"acabo de encontrar"* es muy simple y la puedes aplicar en cualquier momento dependiendo a lo que se dedique o haga tu prospecto. ¡Sé creativo! ¡Usa tu imaginación!

Un maestro a otro maestro:
- *Recién **acabo de encontrar** un forma para retirarnos en menos de cuatro años…*
- *Recién **acabo de encontrar** una forma para ganar el triple de nuestro salario a tiempo parcial"… Si en algún momento te interesa te digo de qué se trata. Vamos a terminar de corregir los exámenes.*

Un maestro sus estudiantes:
- *Estudiantes, **acabo de encontrar** una manera de comenzar a generar ingresos de tiempo completo, en medio tiempo, y no tendrán que esperar hasta graduarse. Si en algún momento a alguno le interesa nos reunimos en la hora libre y les digo de qué se trata. Vamos a terminar con las matemáticas.*

Un deportista, entrenador a su compañero:

- *Recién **acabo de encontrar** una forma para seguir entrenando, y a la vez ganar dinero como un jugador profesional. Si en algún momento te interesa te digo de qué se trata. Pero vamos continuar con la sección de ejercicios.*

Un buzo a sus estudiantes:

- *Recién **acabo de encontrar** una manera de generar ingresos a tiempo parcial para poder bucear todos los días. Si en algún momento les interesa con gusto les digo de qué se trata. Por el momento vamos a ponernos los tanques de oxígeno que vamos a ver los peces.*

Una secretaria a otra secretaria:

- *Recién **acabo de encontrar** una oportunidad de negocio donde podemos con medio tiempo ganar más que el alcalde de pueblo. Si en algún momento te interesa con gusto te enseño de qué se trata. Por el momento me podrías sacar una fotocopia.*

Una persona que prospecta con el producto dietético:

- *Recién **acabo de encontrar** un producto para bajar de peso rápido y saludable, y sin hacer dietas ni ejercicios. Si en algún momento te interesa te digo de qué se trata. Pero vamos continuar viendo el programa de televisión.*

Prospectando para un producto de la piel:

- *Recién **acabo de encontrar** un producto que hace que la piel se vea diez años más joven. Si en algún momento te interesa te digo de qué se trata. Por favor me podrías pasar esa revista.*

Aprende las técnicas rápido y aplícalas hoy mismo. Funciona igual con tu prospecto presencial, por "chats" y por Internet.

Qué Hacer Cuando te Reúnas con tu Prospecto

Una vez estés reunido con tu prospecto, te recomiendo que comiences contando una breve historia de ti con alguna moraleja para él. Cuéntale del porqué has iniciado a desarrollar el negocio (dos a cinco minutos), para que conectes tu visión con tu prospecto.

Luego tienes *dos alternativas*. Le das una corta presentación o le prestas una herramienta para que él después la vea y luego te la entregue. Veamos…

Primera Alternativa: Das una corta presentación

Una vez estás reunido con tu prospecto inicia compartiendo una corta historia de por qué empezaste a desarrollar este negocio y tu visión. Luego dices: *"Juan, veamos esta corta presentación"* y usas una herramienta ideal para crear duplicación.

Mi consejo es que no intentes dar una súper mega presentación que se convierta en una capacitación de dos horas. Para crear duplicación es mejor usar una herramienta como un rotafolio, un DVD, un folleto, un CD, una llamada con tu Patrocinador, página Web, una llamada grabada, etc. Explica algo básico y breve del plan de compensación. No intentes explicar todo el plan de compensación, ni todos los productos o servicios con todos los detalles. Mejor habla de los beneficios principales y comparte testimonios. No sobre satures con las características.

Tu prospecto debe llegar a la conclusión que esto es sencillo y que es algo que también lo podrá hacer. Una vez terminas la corta presentación le preguntas, *"¿Qué fue lo más que te gustó?"* Escucha su respuesta, y lo conectas por teléfono para que conozca a tu Patrocinador o lo invitas a una Presentación en tu casa o en el Hotel.

Segunda Alternativa: Prestas una herramienta

El propósito de prestar una herramienta es sacarte a ti de la "ecuación" y sea la herramienta la que trabaje y cree la duplicación. Podrías usar un DVD, folleto, CD, llamada con tu Patrocinador, página Web, muestra de producto, llamada grabada, etc.

Recuerda siempre comenzar contando una corta historia de porqué comenzaste a desarrollar este negocio y luego le dices:

- *Tengo una herramienta que te explica de qué se trata, ¿si te la presto cuando la podrías ver?*
- *En dos días ya la podré haber visto.*
- *OK. ¿Entonces si te llamo en dos días significa que ya la habrás visto y podría pasar a recogerla?*
- *Sí.*
- *¿Cómo te puedo conseguir? ¿En cuál número de teléfono prefieres que te llame?*
- *123-456-7890*
- *Ok. Aquí tienes la herramienta. Tengo algo de prisa y me tengo que ir. Chao.*

Dos días después *"haz lo que dijiste que harías"*. Te reúnes para recoger tu herramienta y le preguntas:

- *"¿Qué fue lo más que te gustó?"* Escucha con detenimiento su respuesta, sin interrumpirle.
- Me gustó (la manera de generar ingresos, el producto, la libertad, viajar, etc.)
- Ok. Excelente. Muchas personas opinan igual. Estos negocios se entienden mejor cuando lo ves por segunda vez, asistiendo a un evento. Te invito para que seas mi invitado al próximo evento (en casa, hotel).

Si te dice, *"Sí"*, también puedes invitarlo a ver una presentación en la página web de tu Equipo o de tu Compañía y le sigues dando seguimiento.

Ahora lo puedes conectar por teléfono para que conozca a tu Patrocinador. Tu misión final será lograr mover a tu prospecto para que asista a un próximo evento, ya sea en tu casa o en un Hotel. Una vez tu prospecto llegue a un evento, el ambiente de éxito y prosperidad se encargará de hacer el trabajo de cierre por ti.

Cómo Invitar Haciendo un Cumplido

Toda persona tiene algo que puedes encontrar para hacerle un cumplido. Cuando lo haces capturas su atención. La regla al hacer un cumplido es, que tiene que ser genuino.

Ejemplos:
- *Juan, sé que conoces tanta gente que casi eres el alcalde del pueblo. Con todos tus contactos, tendrías un éxito inmenso en este negocio...* y prosigues con la invitación.
- *Juan, te respeto porque sé que has tenido mucho éxito en los negocios y acaba de llegar algo muy grande a mis manos y pensé en ti...* y prosigues con la invitación.
- *Juan, siempre has sido reconocido como un gran emprendedor. A mis manos llegó algo que debes ver con urgencia...* y prosigues con la invitación.
- *Juan, has sido un gran atleta. María has sido una gran maestra. Julio, has sido un padre ejemplar. María has sido la mejor secretaria. Roberto, has sido un gran entrenador, etc,...* y prosigues con la invitación.

¿Ves qué sencillo? Una vez haces el cumplido, entonces ahora pasamos a ver cómo crear la curiosidad.

Cómo Crear la Curiosidad

El propósito de crear curiosidad es lograr que tu prospecto se comprometa a asistir a la reunión en tu casa o contigo en privado. Si no se crea la curiosidad se disminuyen las probabilidades de que asista a tu presentación. Tienes que hablar con sentido de urgencia, tener control y no dar detalles. Lee los siguientes ejemplos de cómo hacerlo:

Acercamiento de Emoción:

- *¡Hola Juan! Soy yo, Roberto Pérez. Escucha rápido esta locura. Si vieras como ganar el doble del ingreso que tienes en tu trabajo, teniendo más tiempo libre y desde tu casa, ¿te interesaría saber de qué se trata? ... Sí.. Ok. Entonces tenemos que reunirnos cuanto antes. ¿Qué harás este Jueves a las 7:30 de la noche?*
- No tengo nada qué hacer.
- *¡Ok! Entonces te espero en casa por unos 20 a 30 minutos. Quiero que conozcas a unos amigos míos muy exitosos, Alberto y su esposa Ana, te va a encantar conocerlos.*

Acercamiento Directo:

- *¡Hola Juan! Es Roberto Pérez. Tengo algo en mis manos que debes escuchar y ver por tus propios ojos. Vamos a reunirnos lo antes posible para contarte. ¿Qué harás este Jueves a las 7:30 de la noche?*
- Nada.
- *¡Ok! Entonces te espero en casa por unos 20 a 30 minutos. Quiero que conozcas a un amigo mío Alberto, te va a encantar conocerlo.*

Algo muy importante que debemos tener en cuenta al momento de prospectar es que tenemos que provocar el deseo en las personas de querer saber más información. Cuando logramos esta dinámica, entonces ellos mismos son lo que *te piden* que le des la presentación. Así todo es más simple.

Si ya tienes otra forma de invitar que te está funcionando escríbela aquí y compártela con tus Distribuidores:

_____

_____

_____

_____

_____

_____

_____

_____

_____

_____

_____

_____

_____

_____ .

Cómo Mantener el Control y Tu Postura

En el momento de la invitación es lógico que tu prospecto te haga algunas preguntas para curiosear. Pero recuerda, el propósito de hacer una llamada, es sacar el compromiso de que tu prospecto asista a ver la próxima presentación. Cuando los llamas para hacer la *cita* para que vean la presentación, ese no es el momento de darle la presentación a través del teléfono, ni en ese mismo instante. Aquí es donde los novatos sin capacitación cometen los más grandes errores. Un novato explota a hablar como una "cotorra" y comienzan dar todos los detalles de la presentación y por eso sus prospectos no le asisten a las presentaciones.

Tenemos que entender que nadie quisiera perder su tiempo, ni tampoco salir de su zona de comodidad. Así que, es normal que te hagan preguntas. Pero recuerda, que no tienes porqué contestarlas. Porque si contestas todo lo que te pregunten por teléfono, van a satisfacer su curiosidad, te darán una respuesta por teléfono y será casi seguro que no asistirán. Si le das toda la información en ese momento estás permitiendo que te den una respuesta sin haber visto la presentación.

Lo más importante para una persona siempre va a ser que vea la presentación por sus propios ojos y que tomen la decisión por lo que ellos ven, no por lo que nosotros les decimos.

Deberás desapegarte emocionalmente de los resultados. No puedes sentirte mal porque alguien rechazó asistir a ver tu presentación o comprar tu producto. Por mejores técnicas de invitación que yo te enseñe, te garantizo que te va a ocurrir, a algunos no les va a interesar. Sabemos que no podemos controlar lo que las demás personas deciden hacer.

*"Lo único que podemos controlar es la cantidad
de personas que decidimos prospectar diariamente"*

Preguntas más frecuentes que te pueden hacer:

1. ¿De qué se trata?
   (Contesta con alegría y con postura).

Respuesta:

"Seguro Juan. Me encantaría decirte de qué se trata. Sin embargo, esto es algo que tienes que ver con tus ojos y no con los míos. No sería justo para ambos que intente explicarte por teléfono. Lo que tengo son los papeles en mis manos y si pudiera con gusto lo haría. Por eso te invito a mi casa el Jueves a las 7:30 de la noche para que lo veas por ti mismo, ¿Aceptas mi invitación Juan?"

2. Ese día ya tengo un compromiso:
   (crea sentido de pérdida)

Asumamos que tu prospecto, Juan, tiene compromiso de ir al cine, ir a ejercitarse, ir de compras, etc.

Respuesta:

"Hay Juan, ¡cuanto lo lamento! No quisiera que dejaras de ir (cine, compras, ejercicios, etc.), pero te garantizo que este proyecto es mucho más de lo que puedes imaginar y no te lo puedes perder. Juan, ¿crees que por ese sólo día, podrías adelantar o retrasar por una hora el horario de esa actividad? Verás que siempre nos vamos a recordar de esa noche para el resto de nuestras vidas".

3. Estoy de viajes: (alégrate por la persona)

Respuesta:

- *"¡Qué bueno, Juan, que estás de viaje! ¿Estarás fuera de tu casa por trabajo o de vacaciones?*
- *De trabajo*
- *¡OK! De trabajo y ¿cuándo regresas?*
- *El Sábado.*

- *Entonces, Juan, te invito a la próxima presentación que será el Lunes a las 7:30 de la noche, también en mi casa. ¿Te parece mejor? OK."*

4. ¿Ese negocio se llama (nombre de tu Compañía)?

Respuesta:

- *"Así mismo es Juan. ¿Estás en ella o has probado sus productos?"*
- *Ya hace un tiempo me la presentaron.*
- *OK. ¿Te recomiendo que te pongas en contacto con la persona que te habló. Esto está creciendo rapidísimo y como amigo te digo que no te lo puedes perder. ¿Estás dispuesto a verlo nuevamente?".*

5. Cualquier otra pregunta en General:
(Cualquier otra pregunta que te hagan puedes usar esta otra idea)

Respuesta:

- *"Juan, sé que esto tal vez sea para ti y tal vez no lo sea. Como mi amigo, te digo que debes darte la oportunidad de verlo en detalles. No hace sentido descartar una oportunidad de aumentar los ingresos, sin conocer de qué se trata. En estos momentos esto está creciendo por todo el país". ¿Aceptas mi invitación, Juan?"*

Qué Puedes Hacer Cuando tu Prospecto Insiste e Insiste en Preguntar

Hay ocasiones que mientras haces la invitación hay personas que te dan tres o más excusas para no asistir o reunirse contigo. Supongamos que te pregunta demasiado buscando curiosear, o esquivar tu invitación, o sigue insistiendo que le des la presentación por teléfono. Entonces lo que haces (sin ser ofensivo, pero con postura) es decirle:

Respuesta:

- *"Mi gran amigo Juan, creo que no estás listo para ver esta oportunidad. Si en un futuro cambias de opinión y quisieras ver de qué se trata, entonces sabes que como mi amigo, con toda confianza me puedes llamar. Esto es muy grande y puede que sea para ti o tal vez no, nunca sabrás si no vienes a verlo. ¿Crees que puedas sacar una hora el Jueves?"*
- *Sí, iré. ¡Ok! Entonces llega puntual porque comenzaremos a las 7:30 de la noche.*
- *No, no iré. ¡Ok! Sabes que aprecio tu amistad y que siempre puedes contar con mi apoyo.*
- *¿Quieres que te llame en un futuro para ponerte al día de como sigue todo?*
- *Sí. ¡Ok!*
  Y cordialmente te despides.

Date postura, no ruegues. No trates de convencer. No te arrodilles. Recuerda, si las personas no están listas buscando hacer un cambio para seguir mejorando en sus vidas, tú tampoco vas a invertir tu tiempo en tener que estar detrás de ellos para convencerlos de que hagan lo que deben hacer para progresar. No estamos para tener un "cuido de niños". Estamos listos para trabajar con quienes están abiertos a las oportunidades y trabajar juntos de la mano.

Cómo estar Seguro que tu Prospecto Asistirá

Antes de colgar la llamada asegúrate que tu prospecto se comprometió a asistir a la presentación. Si no lo hizo, entonces seguramente no asistirá.

Para terminar la llamada haces un repaso de la cita y el compromiso:

- *Juan, entonces ya para confirmar. La presentación será este próximo Jueves a las 7:30 de la noche en mi casa, ¿correcto?*
- *Sí. Correcto.*
- *Entonces te anoto en mi agenda. Juan, planifica llegar unos 15-20 minutos antes de empezar para poder presentarte al presentador ¿Te parece bien?*
- *Sí, me parece bien.*
- *¿Juan, las decisiones importantes de negocio acostumbras compartirlas con tu esposa Ana?*
- *Por supuesto.*
- *Entonces sería bueno que también la invites. Ella es muy importante y tendrá buenas preguntas qué hacer. OK. Juan, un último detalle.*
- *Sí, dime.*
- *Si por alguna razón no pudieras asistir, te pediré que me llames con 48 horas de anticipación, ¿te parece justo?*
- *OK.*

Antes de llamar a los primeros prospectos, puedes practicar la invitación con tu Patrocinador. Debes tener escritas en tu agenda las fechas que has seleccionado para hacer las presentaciones en tu casa. Si haces cinco llamadas y todos te dicen que no, entonces llama a tu Patrocinador y vuelve a practicar la invitación. Cuando hagas las llamadas, tu Patrocinador podría estar presente para que te dé sugerencias.

Puedes crear la cultura de reunirte con varios de los Distribuidores y sentarse a hacer llamadas para sacar citas. El mejor día para hacerlo es el Domingo entre 6 y 9 de la noche. Resulta que la gran mayoría de las personas están en sus casas en ese horario. Cada Distribuidor debe llegar con su lista de nombres y teléfonos. Si alguno de los Distribuidores no trae su lista de nombres, entonces no cometan el error de hacerlo sentir mal. No le digan; *"y para que asistes si no tienes una lista de nombres"*. Dale su espacio y la bienvenida, sólo prosigan los que tienen sus listas. ¡Cada vez que alguien logre hacer una cita, lo celebran con un aplauso! Disfruten haciendo docenas de citas para esa semana.

Cómo Invitar por Mensajes de Texto

Ahora aprenderás cómo sacarle provecho a tu teléfono celular a través de los mensajes de texto para lograr muchas citas bien rápido.

Como ya sabes, la tecnología está evolucionando muy rápido para el bien de nosotros. Desde que surgió la era de los teléfonos inteligentes y las aplicaciones (Apps), el negocio de Redes también aceleró. Ahora podrás hacer citas, confirmar citas y dar seguimiento, usando los Instantáneos Mensajes de TEXTO. Así como lo lees.

> *"El mensaje de texto nos brinda una nueva oportunidad de hacer citas a la velocidad de enviarlos"*

La realidad es que una de las cosas que más difíciles que se le hace a un nuevo Distribuidor es levantar el teléfono y llamar a un prospecto para hacer una cita. Para muchos levantar el teléfono y llamar a otra persona para mostrarle su oportunidad de negocio o sus productos le es muy doloroso. Tan sólo por el miedo que sienten de tener que hablar de algo nuevo para ellos, miedo al rechazo y miedo a recibir un "no" como respuesta. Les es tan doloroso que prefieren no llamar a nadie y perderse de generar ingresos.

Cuando usas el teléfono para hacer una cita, muchas veces las personas están ocupadas en el trabajo, en una reunión, haciendo ejercicios, comiendo, atendiendo a la familia, viendo una película o alguna actividad, y por eso no contestan o nos sale el mensaje de voz para dejar una grabación.

Hay quienes están ocupados y sienten que contestar una llamada les puede tomar mucho tiempo. Por el contrario, cuando envías un mensaje de texto, muchas veces aunque estén ocupados, se les hace más fácil contestar con un mensaje de texto que hablar por teléfono y ahí es donde viene esta nueva oportunidad.

Algunas ventajas de enviar mensajes de texto: son sencillos, envíos inmediatos, crea acción y te podrá generar resultados inmediatos. También te ayudan a minimizar las objeciones, crear actividad constante y todos pueden enviar un simple texto.

Cómo Usar los Mensajes de Texto para Hacer Citas

Sencillo. Sólo envía un texto corto. Lee los siguientes ejemplos:

#1 *Hola María es Roberto Pérez.*
   ¿Crees que nos podríamos reunir antes del viernes?

#2 *Hola María es Roberto Pérez.*
   ¿Podremos almorzar mañana juntos?

#3 *Hola María es Roberto Pérez.*
   ¿Estarás mañana en tu casa para pasar unos minutos?

- *Sí. ¿Para qué?*
- *Tengo algo que enseñarte. ¿Puede ser entre 7:00 pm y 9:00 pm?*
- *Ok. Te espero a las 7:00 pm.*
- *Ok. Listo. Te veré mañana a las 7:00 pm.*

Nuevamente, haz lo que dijiste que harías.

Una vez reunidos, sé breve, porque será más sencillo compartir tu oportunidad de negocio. Sin embargo, antes de comenzar a dar la presentación primero debes crear o recordarle un problema. Si tu prospecto no tiene una queja o un problema, entonces tú no tienes un prospecto. Lee que sencillo lo puedes hacer...

Ejemplo:
- *"María. Vengo porque* (ayer, recientemente, el año pasado) *me dijiste que...* (Escoge uno o dos problemas o recuérdale alguno que te haya compartido anteriormente)...

...(no podías pagar el colegio de tus hijos, estabas cansada de madrugar, tráfico, trabajar 40 horas, cansada de jefes, bajo salario, no ser reconocida, ayudar a tus padres, buscar un nuevo ingreso, buscar un retiro, trabajar fuera de casa, tener más tiempo libre, bajar de peso, mejorar la apariencia de tu piel, pagar las deudas, pagar la renta, limpiar la casa sin usar tóxicos, reducir los costos de llamadas, vacacionar frecuentemente).

- *¿Quisieras hacer algo al respecto?*
- *Seguro que me gustaría.*
- *Ok. Resulta que encontré una forma para* (generar ingresos para pagar el colegio de los hijos, no tener que madrugar, no tener que luchar con el tráfico, no tener que trabajar 40 horas, no tener que lidiar más con jefes, generar la cantidad de ingreso que te resuelva, ser reconocida, poder ayudar a tus padres, generar un ingreso adicional, retirarte antes de tiempo, trabajar desde tu casa, tener más tiempo libre, bajar de peso, mejorar tu piel, saldar todas las deudas, saldar la deuda de la casa, tener un ambiente limpio y orgánico, no tener que pagar por llamadas telefónicas, viajar a donde quieras). Escoge lo que le quieras decir.
- *¿Quisieras ver de qué se trata?*
- *Sí. Por favor dime ahora...*

Encuentra un espacio tranquilo y muestra tu negocio en forma de conversación amistosa, NO de VENTA.

Para mantener la duplicación siempre utiliza alguna herramienta (folleto, DVD, Video, página Web, muestra de producto, la herramienta de duplicación que estén utilizando en tu negocio). Finalizada tu presentación invita a asistir a la presentación presencial, Internet, video, llamada con tu Patrocinador, etc.

- *"Estos negocios se entienden mucho mejor cuando los ves por segunda vez. El jueves a las 7:30 de la noche habrá una presentación, quisiera que fueras mi invitada. ¿Qué te parece si te paso a recoger?"*

Como ves, es muy sencillo hacerlo. ¡Pero cuidado! Te advierto que también es sencillo no hacerlo o dejar de hacerlo.

En ocasiones tu prospecto podría poner algunas objeciones como estas:

- *¿Eso es algo de Multinivel, ventas, pirámides, etc.? Si es para algo de eso no me interesa.* Si la persona te pone una objeción como ésta y no le interesa reunirse, no insistas, sólo continúa siendo su amigo y enfócate en mantener tu buena relación con esa persona.

Le podrías contestar:

- *Ok. No te preocupes, como quiera puedo pasar a saludarte y ver los chicos. O...,*

- *Ok. No te preocupes. Igual quería pasar un rato contigo e invitarte a almorzar.*

¡Te fijas! Mantienes las buenas amistades. Podría ser que cuando ya estén juntos le dé curiosidad y sean ellos quienes te pregunten.

Mi amigo Networker, ahora mismo te voy a lanzar un reto. Detente de leer este libro. En este momento envía 20 mensajes de texto para que veas cómo funciona el enviar estos mensajes y hagas cualquier ajuste. ¡Ok! Envía los 20 textos AHORA. Adelante... envíalos y ya mismo prosigues leyendo. Por cada 10 textos que envíes, deberías recibir entre tres a cinco contestaciones, y cuatro sería el promedio.

Luego ponte la meta de enviar 100 textos durante esta misma semana, ¡diviértete enviándolos! Y te garantizo que tendrás una semana llena de citas y grandes resultados.

¿Qué Podría estar Ocurriendo si Experimentas Bajos Resultados?

Si experimentas bajos resultados podría significar que estás dando demasiada información. Recuerda que la magia está en que los textos sean cortos. El texto es para hacer las citas, nunca para dar las presentaciones.

Un mal ejemplo de un mensaje de texto muy largo:

- *"Hola María. Es Roberto Pérez. Tengo algo que te fascinará. Acabo de encontrar un negocio donde podemos ganar $1,000 a $5,000 dólares en cinco semanas. Es una compañía con un sistema único revolucionario de (nutrición, servicio, consumo, viajes, etc.) y te va a encantar. Tiene un plan de compensación innovador que es el que más paga en el mundo y todas las galaxias del universo. Quiero invitarte a almorzar o pasar por tu casa para que veas los detalles. La inscripción es barata, no hay que vender y las calificaciones son bajas y me gustaría que seas una de mis Distribuidoras"… ¡ayy!….*

Tampoco funciona cuando envías un mensaje de Texto con un corto mensaje y cuatro enlaces a cuatro videos, o una presentación de Power Point, y al final lo envías a tu página web para que se inscriba. ¡Uno de cada 2,000 prospectos lo hará y 1,999 se quemarán!

Otra razón por la cual se experimentan bajos resultados, es el no tener una buena relación con la persona o que en el pasado te has "quemado" con ellos.

También funciona enviar los textos a tus conocidos que viven a larga distancia. Lo haces de la misma manera, sólo que para darles la presentación lo haces usando la tecnología de Internet. Puedes usar Skype, Hangouts, Face Time, sala virtual u otra tecnología que te guste. Crea la cultura de enviar textos en tu EQUIPO y verás tu grupo crecer.

Qué Resultados Esperar

Si envías 100 mensajes tendrás en promedio entre 30 a 50 citas y digamos que 40 sería el promedio. De esas 40 citas podrás tener por lo menos 15 Nuevos Clientes y tendrás 5 Nuevos Distribuidores.

Ahora a los nuevos 5 Distribuidores enséñales esta estrategia. Si cada uno de los 5 nuevos Distribuidores envían los 100 textos, entonces tendrás:

- 5 Distribuidores x 100 textos = 500 textos enviados
  de los cuales ahora tendrías 200 citas y el resultado sería...

- 5 Distribuidores x 15 Nuevos Clientes = 75 Nuevos Clientes

- 5 Distribuidores x 5 Nuevos Distribuidores = 25 Nuevos Distribuidores

- 25 Distribuidores x 100 textos = 2,500 textos enviados
  de los cuales ahora tendrías sobre 1,000 citas y el resultado sería...

- 25 Distribuidores x 15 nuevos Clientes = 375 Nuevos Clientes

- 25 Distribuidores x 5 Nuevos Distribuidores = 125 Nuevos Distribuidores

- 125 Distribuidores x 100 textos = 12,500 textos enviados de los cuales ahora tendrías sobre 4,000 citas y el resultado sería...

- 100 Distribuidores x 15 nuevos Clientes = 1,500 Nuevos Clientes

- 100 Distribuidores x 5 Nuevos Distribuidores = 500 Nuevos Distribuidores

Repite el proceso una vez más y te sorprenderán los números. Mientras más experiencia van ganando todos, mejores serán los resultados. Ponte un reto personal de enviar 100 textos y, ¡verás cómo tu teléfono se convierte en tu caja registradora!

(Aprovecho para darle el crédito a mi amigo, Eric Worre, por haber compartido públicamente esta información de los mensajes de texto).

*"Es fácil enviar un mensaje de texto,
y también es fácil no enviarlo"*

Prospectando en Frío

Recuerdo que de chico mi madre me decía: *"cuidado no hables con extraños"*. ¿Lo has escuchado? Ahora como adultos todavía tenemos en nuestra programación mental aquellas limitantes palabras que hoy se interponen en el camino hacia nuestra prosperidad.

Muchas personas sufren de incertidumbre cuando se les acaba su lista de personas conocidas. Esto para muchos resulta difícil. Ahora deberán hacer nuevas amistades para calificarlos y convertirlos en prospectos y luego en futuros clientes o socios del negocio.

> *"Conocer personas nuevas es una destreza divertida que se aprende"*

Usa esta técnica: no salgas a buscar prospectos, mejor sales a hacer *nuevos amigos*. Al salir a hacer nuevos amigos creas una nueva consciencia y eso te quita cualquier ansiedad o presión. Diviértete haciendo nuevos amigos. Seamos genuinos, después de todo somos seres humanos.

Dónde Conseguir Nuevas Amistades
(Prospectos)

Una buena idea que te ayudará para hacer nuevas amistades será cambiar tu rutina. Por ejemplo, si a la hora de almorzar acostumbras visitar el mismo restaurante, entonces atrévete y cambia de restaurante. Si en los recesos siempre sales a tomar café en la misma cafetería, entonces cambia de cafetería y conocerás nuevas personas. Si te gusta caminar o correr, entonces cambia de ruta o de pista e inevitablemente conocerás nuevas personas. ¿Entendiste la idea? ¿Verdad que podrás interactuar con nuevas personas?

Debes mantenerte siempre conociendo nuevas personas para desarrollar nuevas amistades y cuando llegue el momento oportuno, entonces podrás compartir tu oportunidad de negocio o productos/servicios.

La técnica está en encontrar cosas en común (similitudes). Para conocer nuevas personas simplemente lo haces compartiendo esas experiencias y cosas que tengan en común. Cuando compartes experiencias y cosas en común que te unen con los demás, no vas a sentir miedo, ansiedad o rechazos, porque sólo estás compartiendo.

Cuando las personas tienen cosas en común se crea un vínculo mágico y automático. Por ejemplo, a mí me encanta practicar natación en la alberca (piscina) y siempre que voy hay otras personas también nadando. Así que la natación es lo que tenemos en común, ¿verdad? Entonces, ¿cómo lo hago? Simplemente me pongo a hablar de la natación y no menciono nada sobre los productos, ni mi negocio. Así que hablaremos de natación, de las competencias de natación, de los trajes de baño de natación y todo sobre natación por el tiempo que sea necesario. Lo hago hasta que sienta que hemos creado una conexión que crea la relación. Luego espero que llegue el momento oportuno. Sé que no pasará mucho tiempo en que la nueva relación quedará sellada. Sé que pronto va a llegar el momento en que me van a preguntar:

- *¿Roberto, en qué trabajas?*
- *Soy Maestro, Policía, Ingeniero, Entrenador, Técnico, Networker Profesional, etc. ¿Y tú a qué te dedicas? <sonríes>*
- *Trabajo en una farmacéutica como propagandista médico.*
- *¿Qué bien, en cuál?*
- *En la Farmacéutica AAA.*
- *¡Qué bien! ¡Esa es una gran Compañía! Me imagino que todos tienen un alto salario, muchos beneficios y oportunidades de crecer. <sonríes>.*
- *¡Oh no! No es así. Están despidiendo personas y reduciendo los beneficios.*
- *¿Y estás pensando trabajar ahí por el resto de tu vida?*
- *Por supuesto que no. Si aparece algo mejor me cambio.*
- *¿Entonces estás abierto a conocer nuevas oportunidades de generar ingresos.*
- *Sí.*

Nunca ataques su trabajo

Las personas, por costumbres aprendidas (inconscientemente), les gusta llevar la contraria. Nunca debes atacar su oficio o trabajo porque si dices algo como que su trabajo es malo, aburrido o que están despidiendo personas, él lo defenderá. Te dirá que le gusta su trabajo, que eso fue lo que escogió estudiar o que al él no lo han despedido.

En cambio cuando hablas positivo de su empleo o negocio y le dices algo como:

- *Me imagino que tu trabajo debe ser muy interesante, deben pagarte muy bien, deben estar en expansión y aumentando los beneficios a todos los empleados.*
- *No es así, mi trabajo ya es un poco aburrido, o no me pagan lo que valgo y están despidiendo personal.*
- *¿Estás haciendo algo para encontrar una mejor solución?*

Si te contesta que sí, significa que has creado un buen prospecto al que le puedes dar una presentación.

Otra Manera de Conseguir Nuevos Clientes Interesados en tu Producto es Usando los Productos en Público

Ejemplo cuando te preguntan sobre el producto:

- *¿Roberto veo que siempre ingieres unos productos antes de entrenar, ¿son para dar energía?*
- *Sí, los uso en cada entrenamiento para darme más energía y me funciona.*
- *Bien, ¿y cómo se llaman?*
- *El producto se llama XYX.*
- *¿Y cuál es el nombre del fabricante?*
- *El fabricante es la Compañía ABC.*
- *¿Podrías darme información? ¿Dónde lo puedo conseguir?*
- *Seguro amigo. Te lo comparto. Aquí tengo una información…* (usa una herramienta, muestra de producto, folleto, DVD, enlace a página web o video que le muestre tus productos o servicio).

"Mantén una mentalidad de servir y verás la diferencia"

Hay personas que se transforman y se convierten en vendedores acosadores del producto o del negocio. Recuerda siempre ser tú mismo cuando hablas, con alegría, pasión y entusiasmo.

*"Cuando una relación está creada,
todo fluye con facilidad y con naturalidad"*

Ejemplos para Prospectos de Mercado Frío:

Cuando conoces a alguien de otra ciudad o país le puedes decir:

Acercamiento de Negocio
- *Mi compañía se está expandiendo a tu ciudad. Si quieres te comparto una información y luego te llamo para que me digas si crees que podría funcionar para el área en que vives. ¿Te parece?*
- *Sí.*
- *Ok. ¿Si te presto esta información la podrías ver para cuándo?*
- *La podría ver en dos días.*
- *Excelente, ¿a dónde te puedo llamar para pasar a recogerla?*

Entregas tu tarjeta de presentación y haces la cita para recoger la información. También le puedes enviar a ver una página web o un corto video.

Acercamiento con el Producto

- *He comenzado un negocio con un producto que está causando sensación y te puedo compartir una información. Si te parece bien luego te llamo para que me des tu opinión. ¿Podrías darle una mirada y darme tu opinión?*
- *Sí.*
- *Ok. ¿Si te presto esta información la podrías ver para cuándo?*
- *La podría revisar en dos días.*
- *Excelente, ¿a dónde te puedo llamar para pasar a recogerla?*

Entregas tu tarjeta de presentación y haces la cita para recoger la información. También le puedes enviar a ver una página web o un corto video.

Qué Incluir en Tu Tarjeta de Presentación para que Sea Efectiva

Hay que entender que lo que se va a promover en tu tarjeta de presentación eres tú, no tu compañía, no tus productos. En otras palabras, el producto principal eres tú. Así que, debes sacarte una foto profesional y la colocas en tu tarjeta de presentación. Pones tus datos personales para que las personas puedan encontrarte fácilmente: tu nombre y apellidos, tu número de teléfono, tu correo electrónico, y el nombre de tu página web o red social.

Escribe un buen titular que impresione y capture la atención de tus prospectos. Aquí tienes algunos ejemplos:

- Recibe un ingreso adicional cada mes - legalmente.
- Tres razones para no trabajar por un cheque idiota.
- Déjale a tu jefe una nota de Adiós y Gracias.
- ¿Por qué a algunas personas no les importa que los despidan?
- ¿Prefieres tener sólo tres días de trabajo?

Puedes escribir otro titular que te guste. Recuerda que tu titular debe tener una promesa o un beneficio. Debes escribir algo que ayude a tu prospecto a visualizar cómo pueden ganar dinero extra con tu negocio. Teniendo tu tarjeta de presentación a la mano ahora tendrás muchos prospectos esperando por un líder y una oportunidad como la tuya.

Cómo Prospectar en Lugares Donde te Ofrecen Algún Servicio

Digamos que estás en un gimnasio, supermercado, oficina de gobierno, o en algún lugar público, y tienes de frente a alguien que te da un buen servicio, y le preguntas:

- *¿Estás "casado" con este trabajo o eres de mente abierta?*

Todo el mundo quiere ser considerado como una persona que tiene mente abierta, así que seguramente te responderá:

- *Sí. ¡Soy de mente abierta! Estos trabajos son buenos, pero no pagan mucho.*

Entonces le das tu tarjeta de presentación y le dices:

- *Sé que estás trabajando. Si te parece podemos hablar luego.*
- *¡Ok! Está bien, ahora estoy trabajando.*

Entonces, ¿qué hacer ahora? Puedes establecer una cita para hablar con tu prospecto cuando salga de su trabajo, lo podrías invitar para una llamada de conferencia, entregar alguna herramienta, invitar a una reunión de oportunidad, o incluso hacer una cita para visitarlo con tu Patrocinador o hacer una llamada entre tres. También puedes darle la "Presentación de Un Minuto".

Ahora imagínate que estás en en la estación de gasolina, o estás siendo atendido por un oficial en el banco, en un taxi, o estás en comiendo en el restaurante, la mesera te atiende y quieres prospectar a estas personas.

Ejemplo en un restaurante y estás complacido con su servicio:

- *Muchas gracias mesera* (procura saber su nombre). *Me imagino que le deben estar pagando muy bien por el gran servicio que brinda.*
- *No. Realmente pagan el mínimo, más las propinas.*
- *¿Has encontrado una oportunidad de ingresos que se haga cargo de ti y de tu familia por el resto de tu vida?*
- *¡Oh, ni siquiera sabía que había oportunidades como esas!*
- *Bueno, entonces tengo que hacerte otra pregunta. ¿Cuánto tiempo inviertes cada semana en busca de ella?*
- *Yo ni siquiera sabía que debería estar buscándola.*
- *Bueno, cuando decidas comenzar a buscarla, aquí está mi tarjeta, me das una llamada.*

Observa que hay dos cosas pasando aquí:

1. Estás creando un prospecto al instante.
2. Has subido a tu prospecto de categoría. De ser un prospecto común y corriente, a quien sólo le interesaba ganar un ingreso a tiempo parcial, a ser un potencial líder quien quiere crear una oportunidad financiera seria de por vida. ¿Esto es bueno, verdad?

Entonces, ¿qué puedes hacer ahora?

Ahora tú podrías establecer una cita para hablar con ellos más adelante. Podrías enviarles a una página web, les das tu tarjeta de presentación, los puedes invitar a una tele-conferencia, puedes prestarle una herramienta como un DVD... tienes muchas opciones. O, simplemente, les das tu "Presentación de Un Minuto".

Cómo Dar una Presentación en Un Minuto

Imagínate que cualquier persona te pregunta, *"¿y de qué se trata?"* Esta pregunta es muy, muy común. Las personas casi la hacen automáticamente por instinto. Les da mucha curiosidad saber de qué se trata. Es aquí donde aprovechas y le dices esto:

"Te puedo dar una presentación completa,
pero dura un minuto completo.
¿Cuándo crees que puedas sacar un minuto completo?"

¿Qué tú crees que contestarán las personas? El ciento por ciento de las personas te contestarán, "¡Ok! Tengo un minuto en este momento. ¡Dime ahora!"

Ejemplo para productos de nutrición y bajar de peso:

- Ok. Para ganarte un extra de $3,000 dólares mensuales tienes que hacer tres cosas.

- **#1: NO cambies.**
  Continúa recomendando todo lo que te gusta. Tu restaurante favorito, tu programa de televisión favorito, el cuido de los niños, la película del cine, continua recomendando todo lo que te gusta.

- **#2: Estamos en el negocio de:** la salud y el bienestar.
  Tenemos un sistema nutricional y rebajar de peso que tiene ricas malteadas, barras de chocolate y vitaminas, que te ayudarán a darte más energía y sentirte como de 18 años. Además, podrás estar contenta porque tus hijos podrán comer una saludable barra nutricional para la escuela y así evitar las comidas chatarras. Por cierto que podrás rebajar uno o dos kilos todas las semanas y mantener un peso saludable de por vida, y...

- **#3: Lo que tienes que hacer es** que en algún momento de tu vida, puede ser en esta semana, en este mes, o en este año, vas a conseguir dos personas que también quieran rebajar y estar saludables, y garantizar la salud de sus hijos.

- Si tú les ayudas a que esas dos personas también le hablen a dos personas más, y así sucesivamente, ellos le hablarán a sus amigos y sus amigos a sus amigos. Eventualmente acumularás 250 a 300 personas, y cada vez que ellos se tomen sus malteadas, coman sus barras y tomen sus vitaminas, por el resto de tu vida, tu recibirás tus comisiones. Y así tú ganarás $3,000 dólares mensuales, depositados a tu cuenta de banco automáticamente. El resto depende de ti. ¿Bueno, que tú crees?

¿Por qué funciona este acercamiento?

Al decir, *"#1 No Cambies"*, estás haciendo que tu prospecto se sienta cómodo, porque a nadie le gusta que le digan que tiene que cambiar. Cambiar de actitud, cambiar de hábitos, cambiar de amistades, cambiar de pensamientos, etc. El cambio resulta ser incómodo. La gente está en su zona de comodidad y no se la trates de cambiar. Además, sabemos que las personas ya siempre están recomendando todo tipo de productos y servicios, lo único es que no les pagan por hacerlo.

Al decir, *"#2 Estamos en el negocio de"* aquí debes explicar claramente cuáles son los beneficios de tus productos o servicios en una manera que ellos lo entiendan.

Al decir, *"#3 Lo que tienes que hacer para ganar $,$$$"*, aquí debes explicar cuáles son las acciones que deben hacer para ganarse esa cantidad de dinero. Lo dices de una manera sencilla. Lo que no funciona es que trates de explicar el plan de compensación completo, porque nadie lo va a entender. La mayoría explica las cosas con lenguaje muy técnico de Redes de Mercadeo. La magia estará en que expliques las cosas en un vocabulario que las personas lo entiendan.

Al final la persona te contestará una de tres cosas. Si quiero, No quiero, o te hace una pregunta. Y eso es todo.

Ahora con esta fórmula podrás conseguir una "catarata" de personas listas para entrar en tu negocio, duplicando esta simple técnica de presentación.

Ejemplo para productos de la piel:

- Ok. Para ganarte un extra de $2,000 dólares mensuales tienes que hacer tres cosas.

- #1: NO cambies.
  Continúa recomendando todo lo que te gusta. Tu tienda favorita, tu bebida favorita, tu libro favorito, una película, continúa recomendando todo lo que te gusta.

- #2: Estamos en el negocio del cuidado de la piel, y tenemos esta increíble crema humectante que hace que tu piel en días se vea reluciente y 10 años más joven con sólo una aplicación de 15 segundos diariamente, y...

- #3: Lo que tienes que hacer es, enseñar este video a tus amistades y pasar algunas muestras y así las personas los prueban por sí mismos. Eventualmente tendrás 40 a 50 personas que tendrán su piel 10 años más joven y los estarán usando diariamente, y así tú ganarás, $2,000 dólares mensuales. Y el resto depende de ti. ¿Bueno, que te parece?

Ejemplo para productos del hogar:

- Ok. Para ganar un extra de $2,000 dólares mensuales tienes que hacer tres cosas.

- #1: NO cambies.
  Continúa recomendando todo lo que te gusta. Tu perfume favorito, tu detergente favorito, tu mecánico favorito, en fin continua recomendando todo lo que te gusta.

- #2: Estamos en el negocio de los productos de limpieza en el hogar, y tenemos unos super detergentes, suavizadores, jabones líquidos, todo antibacterial 100% naturales, biodegradables que dejan toda la casa limpia, resplandeciente y con un agradable olor a limpio y fresco. A las madres les encanta, porque ahora sus hijos están en un ambiente sin bacterias, y...

- #3: Lo que tienes que hacer para ganar unos $2,000 dólares extra mensuales es llenar una aplicación, y compartir unas muestras con 15 ó 20 personas. Ellos su vez harán lo mismo y así acumulas 80 a 100 personas que cada vez re-ordenen los productos a la empresa, tú ganarás de por vida una comisión de sobre $2,000 dólares mensuales. Y eso es todo, ¿qué te parece?

Ejemplo para telecomunicaciones:

- Ok. Para ganarte un extra de $2,500 dólares mensuales tienes que hacer tres cosas.

- #1: NO cambies.
  Continúa recomendando todo lo que te gusta. Tu tienda favorita, tu computadora favorita, tus juegos favoritos, continúa recomendando todo lo que te gusta.

- #2: Estamos en el negocio de las telecomunicaciones, donde tenemos teléfonos inteligentes, GPS, cubiertas de múltiples colores, servicios de conexión al Internet y cable TV con la misma velocidad de la competencia, pero lo único es que al final de cada mes recibirás tu factura con 50% de ahorros, y…

- #3: Lo que tienes que hacer es conseguir otras 30 personas que llenen la aplicación para que reciban los mismos servicios y descuentos que todos nosotros disfrutamos, y así tu recibirás $2,500 dólares mensuales. Como ves todo está en tus manos. ¿Bueno, qué opinas?

Ejemplo para productos de joyería:

- Ok. Para ganarte un extra de $3,000 dólares mensuales tienes que hacer tres cosas.

- #1: No Cambies.
  Continúa recomendando todo lo que hasta ahora has recomendado. La persona que te recorta, que te hace las uñas, la que cuida los chicos, tu libro favorito, tu película favorita, no cambies.

- #2: Estamos en la industria de la joyería de fantasía fina. Donde tenemos una amplia variedad de aretes, sortijas, gafas, pulseras, bolígrafos, relojes, y toda una gran colección que hacen sentirse y verse a la moda, y con buen gusto al vestir, a precios super económicos.

- #3: Lo que tienes que hacer para ganarte $3,000 dólares extra al mes, es pasar a dos personas diariamente, uno de los diferentes catálogos donde hay cientos de prendas para ellos escoger. Así verás como en un tiempo, no sé si en un mes, en un año, o en cinco años, yo no sé... tu conseguirás ocho personas que quieran ganarse $1,000 ó $2,000 dólares extra al mes y así tú recibirás sobre $3,000 dólares extra al mes.

- Y de eso se trata. ¿Qué te parece?

Si tu ejemplo no está escrito podrás escribir tu propio guion aquí abajo. Sólo llena los blancos.

- #1: No cambies... Continúa recomendando todo lo que hasta ahora has recomendado. La persona que te recorta, que te hace las uñas, tu programa favorito, tu restaurante favorito, tu película favorita, no cambies.

- #2: Estamos en la industria de _____
(Describe brevemente tu industria. Recuerda sólo hablar de beneficios).
_____
_____.

- #3 Todo lo que hay que hacer para ganarte extra $_____ al mes es: (Describe brevemente lo que las personas tienen que hacer para ganarse esa cantidad de dinero)
_____
_____.

- El cierre: *¡Y el resto tú lo decides! ¿Qué te parece?*

Otros ejemplos:

- Todo lo que tienes que hacer es invitar dos personas a la tele-conferencia de los Lunes por 10 semanas corridas y podrás comenzar a ganar $1,500 extra dólares mensuales.

- Todo lo que tienes que hacer es ayudar a una persona cada mes a que comience a ganar dinero en tu negocio y así podrás comenzar a ganar $2,000 extra dólares mensuales.

- Todo lo que tienes que hacer es llevar dos invitados a la semana a la reunión de los Martes, por las próximas 8 semanas y así ganarás $1,000 dólares mensuales.

- Todo lo que tienes que hacer es auspiciar dos personas mensuales, por los próximos 6 meses y así ganarás los $1,000 dólares extra mensuales.

Hay muchas maneras de explicar lo que hay que hacer. Busca la cantidad de dinero adecuada y proporcional a tu plan de compensación, y ajusta las cantidades.

(Quiero dar crédito a mi amigo "Big Al" por enseñar estas técnicas)

Como llamar a una persona referida que no conoces, por teléfono:

- Hola Juan, mucho gusto, mi nombre es Roberto Pérez. No tenemos el gusto de conocernos, y te llamo porque tenemos una gran amiga en común que se llama María, ella es nuestra estilista. ¿Te acuerdas de ella?

- Sí, claro.

- Ella me pidió que te llamara, porque quiere que te comparta una oportunidad de negocios donde se puede ganar $5,000 dólares extra al mes. No sé si sea esto algo que te interese, pero ella pensó que sí te podía interesar. ¿Será eso algo que te interesa saber de qué se trata?

-Sí. ¿Dime de qué se trata? Pero no tengo mucho tiempo ahora.

- OK. Perfecto. Te puedo dar la presentación completa pero va a tomar un minuto completo. ¿Cuando crees que puedas sacar un minuto completo?

- Ahora…

- OK. Para ganarse los $5,000 dólares extra al mes lo que tienes que hacer son tres cosas:

(Ahora escoge cual de las presentaciones anteriores de un minuto es la más conveniente).

Con este mismo patrón ahora tú puedes armar tu propia presentación de un minuto. Enseño esta técnica en detalles en mis Seminarios Presenciales. Pendiente al próximo para que asistas junto con tu Equipo. Para recibir las notificaciones de los próximos eventos visita y suscríbete en: www.RedDeMercadeo.com

Tu Asignación:

Espero no haberte saturado de ejemplos. Sólo quiero que te relajes y tengas varias opciones. Ahora tienes un repertorio más amplio, podrás usar el más que te guste y se adapte a tu realidad.

Cómo Conseguir el Número de Teléfono de un Prospecto

Una técnica que podemos aprender de los más exitosos vendedores para conseguir el número de teléfono de una persona es, no pidiendo el número de teléfono, sino pidiendo su tarjeta de presentación. Porque a las personas no le gusta dar sus datos personales, como su número de teléfono o su correo electrónico. Para esto lo que haces es que tú primero le entregas tu tarjeta de presentación y ahora ellos se sentirán en la deuda de reciprocarte. Al tu pedirle su tarjeta de presentación te la darán. Al pedir su tarjeta de presentación no hay presión. Después de todo para eso las tienen, para repartirlas. Verás cómo algunos hasta te escribirán a mano hasta el número de teléfono de su casa.

Luego los llamas, los saludas y les recuerdas donde se conocieron. Utilizas los guiones al momento de llamar. Cuando te pregunten *"¿de qué se trata?"*, puedes utilizar la "Presentación de Un Minuto". Procura decir que con gusto te podrás reunir para darles la presentación o le envías un correo electrónico con alguna corta información. Si durante el proceso has sido amistoso y has creado afinidad, la gente aceptará que le envíes un correo o aceptarán reunirse.

Lo que no te recomiendo es lo que hace la mayoría de los novatos que parecen vendedores desesperados. Ellos hacen una nueva amistad y en menos de 3.5 segundos ya están hablando de su negocio o sacando el catálogo de productos y la libreta para enseñar el plan de compensación. Ese comportamiento es altamente rechazado por la mayoría. Debemos recordar que el 90% de las personas no les gusta que les vendan, no se visualizan como vendedores y odian a los vendedores. No te pongas voluntariamente en esa situación. Crea una relación primero y lo demás vendrá pronto.

Qué contestar cuando te preguntan: ¿A qué te dedicas?

Cuando conoces a nuevas personas te gustaría que te preguntaran *"¿a qué te dedicas?"*, porque esto te llevaría más rápido a dirigir la conversación hacia tu oportunidad de negocio o producto. Hay muchas veces que esto no ocurre, o hay muchas veces que esto se demora. Entonces lo que puedes hacer para acelerar esta pregunta, es que seas tú quien primero pregunte a la otra persona *"¿a qué te dedicas?"*. Una vez lo preguntas, la persona comenzará a decirte a qué se dedica y muchas veces prepárate a escuchar una larga y detallada explicación. Luego de escuchar con atención, ahora es muy probable que te pregunte a ti *"¿y tú a qué te dedicas?"*. Esto te deja con gran ventaja y ahora tienes dos opciones.

Opción #1: Contestación de Principiante Novato

Alejas a tu prospecto diciendo algo de poco valor, como:

- Estoy en una compañía de Multinivel llamada XYZ y vendo un producto AAA.
- Tengo una presentación y un catálogo que te puedo mostrar para que tú mismo lo veas…
- Tengo un Plan B para generar ingresos y hay mucha gente ganado dinero….

- Te puedo enseñar a qué me dedico, pero ahora no te puedo decir, ven conmigo a la reunión el Jueves 7:30 PM para que veas de qué se trata.

Opción #2: Contestación de un Profesional en Multinivel

Mencionas un BENEFICIO FUERTE con el cual creas la CURIOSIDAD para lograr que tu prospecto te diga: "Waaaoo... ¿y cómo es eso? Explícame, yo quiero".

La fórmula está en decir: *"Me dedico a enseñarle a las personas a...* (y le mencionas uno o dos fuertes beneficios)".

Lee los siguientes ejemplos:

- Me dedico a enseñarle a las personas a como ganar un ingreso de 40 horas con sólo 4 horas.
- Me dedico a enseñarle a las personas a ganarse un Mercedes Benz nuevo y pagar sólo $150 dólares al mes.
- Me dedico a enseñarle a las personas como tener un cuerpo en forma y sentirse con la energía de un atleta olímpico.
- Me dedico a enseñarle a los abuelos a recibir un ingreso el triple al que recibían cuando trabajan, mientras siguen disfrutando de su retiro.
- Me dedico a enseñarle a las personas a tener un cutis como una chica de 15 años en sólo 15 segundos al día.
- Me dedico a enseñarle a las personas a como tener unas vacaciones lujosas una vez al año y que su ingreso a tiempo parcial lo pague.
* Mi favorita: Le enseño a las personas como a tiempo parcial pueden tener un ingreso de tiempo completo.

Utiliza esta fórmula junto con tu imaginación y creatividad para crear tu propia respuesta corta que capture la atención de tu prospecto y le dé curiosidad de decirte que le hables más de eso.

Cómo y Cuándo Confirmar Efectivamente la Asistencia a la Presentación

Cuando la presentación es en la casa del prospecto:

Cuando hago una cita para ver a mi prospecto en su casa, no lo llamo para confirmar, simplemente le envío un mensaje de texto diciendo, *"ya voy de camino"*, me aparezco y ya. Si llamo para confirmar aumentan las posibilidades de cancelaciones. El ya estará en su casa y de su casa no se puede ir.

Cuando la presentación es en tu casa o en algún otro lugar:

Confirmar la asistencia a la Presentación creará confianza en tus invitados porque sentirán profesionalismo y organización. Confirma la asistencia por lo menos un día antes de la Presentación en tu casa. Esta es una llamada corta (menos de un minuto). Esta llamada debe ser con entusiasmo y debe incluir:

1. Saludo cordial (llamar por su nombre)
2. Confirmar día y hora.
3. Edificar al presentador

Ejemplo:
- *Hola* (nombre del prospecto), *te habla* (tu nombre). *Te llamo rapidito. Sólo para confirmarte que mañana será la presentación a las* (hora) *en mi casa como habíamos acordado. Como te comenté, la persona que nos va a dar la presentación se llama* (nombre del presentador) *y es una persona muy emprendedora, inclusive le hablé de ti y va a sacar de su tiempo para estar con nosotros. Nos vemos mañana.*

No cometas el error de preguntar: *"¿Vas a asistir, sí o no?"* Tú tienes que asumir que sí van a asistir. Es por eso que la llamada es solamente para confirmar, no para convencer. Si tratas de convencer, lo que ellos percibirán es que les estás rogando y los necesitas con desesperación.

Si sale la contestadora, déjale un corto mensaje confirmando la presentación, con el día, la hora, el lugar y tu número de teléfono. Menciónale que te llame para confirmar su asistencia a la presentación. También puedes confirmarles enviándoles un mensaje de texto.

Cómo confirmar enviando un mensaje de texto:

- *Hola* (nombre del prospecto) *es* (tu nombre). *Sólo para confirmarte que mañana* (día) *es la presentación a las* (hora) *como habíamos acordado, en* (lugar). *¡Nos vemos mañana!*

Experiencias con el Mercado Frío

La clave para conectar con las personas que no conoces será, convertir un desconocido en un "amigo" lo antes posible. Primero tenemos que ganarnos su confianza. Para que se den cuenta que estamos dispuestos a trabajar con ellos y ayudarlos. Mientras más va creciendo la confianza y la relación, más fácil será que ellos escuchen tus consejos y sigan el Sistema para duplicarlo.

Por lo general, las personas que conoces "en frío" los tienes que ayudar a ganar dinero rápido. Si no ganan dinero rápido también tienden a abandonar el negocio rápido. Muchas veces no aguantan suficiente tiempo capacitándose. La forma para que se mantengan construyendo el negocio será que capten la visión y se den cuenta que esto es una oportunidad seria y real.

Mi consejo es que hagas una agenda de trabajo con ellos a la mayor brevedad. Ponle tareas para saber si están enfocados en hacer el negocio o no. Una tarea puede ser, leer un libro o revista sobre el negocio. Si lo leen rápido tienes un buen Distribuidor. Si pasa una semana, te dan excusas y todavía no han leído ni un párrafo, seguramente tienes un buen consumidor.

No Podemos Ser la Piedra en Nuestro Zapato

Hago esta pregunta a muchas personas, *¿la mayoría de las personas que te encuentras a diario, son positivas o negativas?* La gran mayoría siempre me responde que están negativas. Las personas están negativas mayormente por la influencia de la sociedad, por las noticias, baja paga, el tráfico cuando van y regresan de sus trabajos, los jefes, muchas horas de trabajo, un mal trato en el trabajo, situaciones familiares, el aumento en los impuestos, el estrés, los roba sueños, los fracasados, la falta de seguridad en el empleo, falta de reconocimiento, las enfermedades y todo lo que pueda estar pasando por sus mentes.

Hay una realidad, y es que muchas personas no están a gusto con su situación actual; y para los Networkers esto es una buena noticia. Porque recuerda, el propósito de tu negocio es ayudarlos a resolver sus problemas, ¿no es cierto? Porque si ellos no tuviesen esos problemas, tú no tendrías una solución para ofrecerles; y tu trabajo y tu negocio no existirían.

Si a las personas no les gustara viajar, no existirían los aviones ni los pilotos, ni hoteles. Si a las personas no les gustara arreglarse, no existirían las cremas, maquillajes, ni salones de belleza. Si las personas estuviesen saludables, no existirían suplementos nutricionales para ofrecerles. Si no les gustara la tecnología, no hubiese telecomunicaciones, computadoras, ni Internet. Si no hubiese accidentes, no existirían las agencias aseguradoras de autos, ni planes médicos. En otras palabras, tienes trabajo porque con tu trabajo o negocio, le ayudas a resolver los problemas a otros. Tú estás en una Red de Mercadeo porque quieres mejorar tu situación actual y quieres resolverla, ¿entiendes?

Lo que te quiero decir es que si te estás enfrentando con personas que siempre se quejan porque tienen problemas, entonces te salvaste, porque frente a ti tienes un prospecto. Gracias a sus problemas ahora tú podrás resolver los tuyos. Mientras más puntos negativos tengan las personas, mejor será el prospecto, porque cuando están en su zona de comodidad, muchos no quieren salir de ahí y es más difícil hacerles ver que todavía pueden estar mejor.

Cuando alguien se queje de algo, siempre pregúntale, *"¿Quisieras hacer algo para resolverlo?" Te* contestará, *"Sí o No"*. Si te dice *"No"*, déjalo tranquilo, porque seguramente, digas lo que le digas, continuará quejándose. Si te dice, *"Sí"*, entonces debes invitarlo ver una presentación o darle la presentación de un minuto. Moraleja, no podemos ser la piedra en nuestro zapato. De lo que te tienes que cuidar es que no seas tú mismo quien está intentando desarrollar el negocio, mientras te la pasas quejándote por las actitudes negativas de los prospectos.

Mi Experiencia Haciendo Anuncios y Repartiendo Propaganda

Descarté la idea de repartir volantes por la calle, llenar los parabrisas de los automóviles de papeles y pegar propaganda en los postes. Es cierto que logré unas cuantas ventas, pero nunca conseguí un buen Distribuidor. Aprendí que hay que repartir sobre 17,925 volantes para que sólo un prospecto aparezca y llame. Esas prácticas las abandoné porque no duplican. Pero no todo es negativo, porque harás ejercicio y perderás unos cuantos kilos caminando por las calles.

En repetidas ocasiones estuve en el medio de Centros Comerciales con una preciosa mesa de exhibición y degustación de productos. Aprendí que a la gente le encanta probar los productos cuando son gratis y pasaban por la mesa a ver qué les iba a regalar. En realidad perdí dinero y las pocas ventas realizadas casi no alcanzaron a pagar los costos. Los distribuidores que invité para dividirnos los gastos, también fracasaron siguiendo mis ideas. Demás está decirte que las personas que perseguí por los pasillos se molestaban. Pero no todo fue negativo, conseguí saludar a muchos viejos amigos que me desearon buena suerte y fortalecí mis piernas al estar 8 a 12 horas diarias de pie.

Publicar anuncios clasificados en periódicos con titulares como: "Trabaja Desde tu Casa", "Cómo Despedir tu Jefe", "Buscando Ayudantes", "Oportunidad de Negocio"; lo que me ocurrió fue que las personas quienes llaman lo que estaban buscando era un empleo con un salario fijo. Con esta técnica no perderás mucho dinero, pero sí mucho tiempo en el teléfono explicando a los cientos de curiosos que te llaman buscando trabajo a tiempo parcial.

La era de enviar cientos de cartas por correo buscando prospectos terminó. Ya nadie responde a ellos y cuando contestan quieren regalos, descuentos y muchísimos son generalmente personas desempleadas.

No hay nada de malo en hacer esto, son alternativas para estar frente a personas y lograr la oportunidad de tener conversaciones. Habrá alguien que me diga, *"Roberto, yo sí conseguí resultados. Encontré a mi gran súper estrella, María, en una tienda o algún volante que recogió en el piso"*. ¡Excelente! Sí se dan casos que no son la regla, sino la excepción.

La Práctica Hace al Networker Profesional

No importa cuál acercamiento decidas utilizar. Lo importante es que hagas *acción masiva* y uses las herramientas para que despiertes la curiosidad en las personas y el proceso sea duplicable. No te preocupes porque esta Ley #4 (La Invitación) te haya dado mucha información. No trates de aprenderla toda. Simplemente, antes de llamar repasa la información, aplica la que te sea más conveniente y confía en que poco a poco, con la práctica las aprenderás. Este negocio se basa en prospectar muchas personas para poder tener más oportunidades para brindarles la presentación.

"Mientras más contactos
y presentaciones hagas,
mayores serán las probabilidades
de hacer crecer tu negocio"

Ley # 5

Presentaciones en las Casas o Individuales

"Todas las personas que se han inscrito es porque alguien les ha dado una presentación"

El día más esperado por todo nuevo Distribuidor es el día de su primera Presentación. Todo lo que has leído hasta ahora, la introducción, las Leyes #1, #2, #3 y #4 han sido con el propósito de prepararte para este momento, tu primera Presentación en la Casa o Individual. Ese es el día que realmente comienzas a crecer y a duplicar tu negocio.

¿Dónde está la magia? La magia está en hacer las presentaciones sencillas en un ambiente de amistad y de negocio. Casa por casa, presentación a presentación o persona por persona. Tu negocio comenzará a expandirse primero localmente y luego internacionalmente.

El éxito en Redes de Mercadeo va a estar en que una persona pueda poner 3, 4, 5 ó 6 personas en la sala de su casa para darles una presentación y ellos pasen por esta experiencia, y luego lo puedan duplicar. No en una persona que ponga 100 ó 500 personas en un salón en su primera reunión.

Los líderes exitosos lo que hacen es dar muchas presentaciones, muestran lo básico del plan de compensación y cómo se ganan las comisiones.

Cuáles son los Tres Propósitos de las Presentaciones

1. El primer propósito de la Presentación:

Es llevar un mensaje de que sí existe un vehículo financiero real en el cual cada persona podrá obtener ingresos adicionales, ingresos ilimitados, mejor calidad de vida, disfrutar de más tiempo libre y lograr su libertad.

Con la oportunidad que les estás presentando pueden volver a soñar. Van a conocer que pueden contar con un Equipo de apoyo que está comprometido, que tienen un Sistema Educativo y de Duplicación para enseñarles a alcanzar sus metas y sueños en la vida.

2. El segundo propósito:

Es establecer una relación cordial y amistosa, de confianza, entre el dueño de la casa (anfitrión), el presentador y los demás invitados.

3. El tercer propósito:

Es que vas a crear el modelo correcto de cómo duplicar una Presentación en una Casa o Individual. Los invitados van a ver lo que tú estás haciendo y eso mismo es lo que aprenderán. La mejor manera de enseñar es con el ejemplo.

Es por eso que hay que hacer la Presentación lo mejor posible desde el principio. Cuando tú participas o eres quien da la Presentación te estás proyectando como una persona líder, que las personas de tu grupo querrán seguir e imitar.

Tenemos que tener en cuenta que el éxito de la asistencia y la presentación, va a depender 100% en la manera que la persona que va a estar llevando a cabo la presentación en la casa, haya hecho la invitación.

"Cuando sabes qué hacer, puedes hacer lo que sabes"

Cómo Realizar una Presentación Exitosa

Tú no quieres pasar el trabajo de hacer una reunión para luego arruinarla por no saber cómo hacerla. Para una Presentación exitosa ten presente la siguiente lista de cotejo:

1. Selecciona las fechas para dar las primeras Presentaciones en tu Casa o Individuales. La primera presentación en tu casa durante debe ser en la primera semana de iniciar en tu negocio.

   A la primera presentación asisten las personas que te confirmaron y a la segunda y tercera presentación puedes volver a invitar a los que no pudieron asistir a las anteriores. También podrás hacer citas para dar las Presentaciones Individuales con los que no pudieron asistir a ninguna de las presentaciones en tu casa. Esto es parte del Seguimiento.
2. Llama a tus prospectos para invitarlos con no menos de dos o tres días de anticipación a la fecha de la Presentación en tu Casa.
3. Utiliza como guía las invitaciones modelos en la Ley #4 para la Presentación en la Casa o Individual.
4. Ten siempre en mente invitar el doble o el triple de personas (invitar 15 a 20 es lo ideal) porque no todos asistirán. La Regla del 5/1 nos enseña que por cada 5 que se inviten, 1 persona asistirá a la presentación en tu casa.
5. Al momento de tomar la decisión de cuántas sillas vas a colocar es recomendable poner pocas sillas. Es preferible tener que buscar las sillas y colocarlas cuando sea necesario, que tenerlas colocadas y que se vean vacías, porque demostraría que habían más personas que iban a venir y no llegaron. Puedes tener sillas adicionales guardadas.
6. Si hay niños pequeños, lo recomendable sería que otra persona te ayudara a cuidarlos durante la Presentación para que puedas estar presente con tus invitados en todo momento.
7. Si tienes alguna mascota que pueda causar distracción, asegúrate de colocarla en un lugar donde no interrumpa.
8. Procura que el televisor esté apagado, porque puede ser una distracción.

9. Ten una persona encargada de contestar el teléfono por si suena durante la Presentación. El anfitrión debería estar sentado prestando atención y no contestando el teléfono. Haciendo esto estás demostrando a tus invitados que estás en serio y comprometido con lo que estás haciendo.

10. Nunca digas frente a los invitados presentes: *"Invité a más personas, pero no han llegado"*. Porque si lo haces crearás una atmósfera de fracaso sin haber comenzado y das la impresión de que los que ya están presentes no son importantes.

11. Si vas a dar muestras de productos o algún tipo de comida liviana, éstos se sirven antes o al finalizar la Presentación. Nunca los sirvas durante la Presentación, porque los invitados se van a distraer y no pondrán toda la atención al presentador. Recomendamos que no sirvan bebidas alcohólicas de ninguna clase.

12. Asegúrate de tener suficiente cantidad de herramientas: aplicaciones de ingreso, bolígrafos, folletos de presentación para todas las personas que asistan. Los folletos deben tener escrito tu nombre, teléfono y correo electrónico.

13. Ten algún tipo de información o muestras para entregarles a cada uno de los invitados al final de la Presentación. Esto te permitirá dar mayor seguimiento. No es bueno que un invitado se vaya con las manos vacías.

Qué Hacer Antes de Comenzar la Presentación

Seleccionen el área adecuada de la casa donde van a dar la presentación. De acuerdo a la cantidad de personas que asisten puedes dar la presentación en la mesa del comedor, en la sala o en la marquesina.

Procura que haya una buena temperatura para que todos se sientan cómodos y que tengas iluminación adecuada. Ten música popular (conocida y alegre) antes de que lleguen los invitados para dar un ambiente de alegría.

Según vayan llegando los invitados, el anfitrión debe presentárselos al presentador. El presentador debe saludarlos con un apretón de manos y con una sonrisa. Recuerda que la misión es hacer una buena relación con los invitados. Diviértete conociendo a nuevas amistades y disfruta el proceso.

Comienza puntual para beneficio de los que llegaron temprano. De surgir un retraso en el comienzo no debe ser más de 5 ó 10 minutos. No esperes por los que llegan tarde. No digas, *"No vamos iniciar hasta que llegue Juan. Me dijo que llegará en 30 minutos".*

Cómo Comenzar la Presentación

El anfitrión será el que comenzará dando la bienvenida y felicitando a los invitados por haber asistido. Si asisten menos de cuatro personas es recomendable dar la presentación sentado. Si asisten cinco o más personas te recomiendo dar la presentación de pie. No se dan las gracias por haber asistido, porque las personas que asistieron no te están haciendo un favor.

La presentación tiene dos metas:

Primera Meta:

Contestar las posibles preguntas y objeciones de los invitados. Para esto te sugiero que menciones testimonios de otras personas que están teniendo éxito: personas que comenzaron el negocio porque no tenían dinero, no tenían tiempo, no tenían experiencia, otros porque tienen una familia numerosa, son jóvenes, son adultos, otros porque no tenían trabajo y otros porque tenían demasiado trabajo, o la historia que sea. También testimonios de los productos. Con esto, al final de tu presentación los invitados no tendrán excusas por la cual decirte que no pueden desarrollar tu negocio o usar los productos.

Segunda Meta:

Programar la próxima reunión. Cuando termines la presentación deberás promover que las personas asistan a la próxima reunión. Así es que se construye una Red, de reunión en reunión. Lo lograrás si desarrollas la curiosidad y el deseo en ellos. Esto lo logras edificando correctamente las personas que darán la próxima presentación. Así ellos encontrarán el tiempo y las razones para asistir.

Ejemplo de cómo iniciar una presentación en una casa:

- *Les doy la bienvenida a todos y los felicito por haber decidido estar aquí. Les invité para que vean esta oportunidad de crear ingresos que me tiene muy emocionado. Pensé en ustedes porque creo que tienen el potencial para sacarle el máximo provecho en el menor tiempo posible.*

Nunca digas, *"Mi Patrocinador quiere mostrarles algo"*, porque eres tú quien los ha invitado.

Mejor puedes decir:
- *La razón por la que les invité es que deseo compartirles cómo ustedes también pueden beneficiarse para lograr* (una mejor salud, mejor tecnología, belleza, desarrollar un ingreso adicional, tiempo libre, etc., lo que promueve tu Compañía).

Ahora el anfitrión comparte su historia personal en 2 a 3 minutos. Debe ser breve y dejar tiempo para que el presentador haga su trabajo. Luego presenta y edifica al presentador (la persona que va a estar dando la información). Debes decir algo que demuestre que confías en la persona que va a estar presentando. Edifícale:

- *Le damos las gracias a* (nombre del presentador) *porque ha tomado de su valioso tiempo para compartir esta oportunidad con todos nosotros. Es mi amigo, conoce sobre este negocio, es exitoso y viene a compartirlo con nosotros.*

De ahí en adelante el anfitrión puede sentarse, mantenerse atento durante toda la presentación, debe tomar notas y si es posible grabar la presentación para luego escucharla, estudiarla y aprenderla.

Si los invitados ven al anfitrión tomando notas o grabando la presentación, esto le dará más credibilidad al presentador y a la presentación. (Si tú eres el anfitrión, visualízate dando alguna parte de la próxima presentación).

El anfitrión ni ningún otro Distribuidor deberían hacerle preguntas al presentador, solamente los invitados.

Igual el presentador debe comenzar la presentación compartiendo su historia personal. Menciona su nombre, su oficio, las limitaciones de su oficio, cómo a través de la oportunidad pudo sobreponerse a esas limitaciones, etc. Esta corta historia debe ser un testimonio vivo de los retos que ha enfrentado en su vida hasta el momento que le presentan la oportunidad.

Es importante que logremos hacer conexión con los invitados cuando estamos contando nuestra historia. Transmitir las emociones de cómo nos sentimos y el porqué tomamos la decisión de desarrollar este negocio. Más adelante abundaré sobre cómo hacer conexión con los prospectos. Esto puede durar entre 5 a 8 minutos.

El presentador puede comenzar diciendo:

- *Lo que van a ver ahora es una corta y poderosa forma de generar ingresos residuales y al final María usará la pizarra para mostrarles cómo funciona y las opciones para iniciar.*

- *Lo que van a ver ahora es un poderoso video de 20 minutos sobre cómo generar ingresos en esta época, y al terminar María les contestará las preguntas.*

Siempre es bueno anticipar a los invitados algo general sobre la agenda y cómo correrá la secuencia de la presentación. De ahora en adelante mantén la presentación simple y duplicable.

Dónde Dar Énfasis a la Presentación

He comprobado que la parte más importante de la presentación será hablar de dos temas:

#1. Los beneficios principales de las Redes de Mercadeo.

Ejemplo: ingresos inmediatos, tiempo libre, trabajar desde el hogar, escoger con quien trabajas, escoges tu propio horario, ventajas contributivas, ingresos ilimitados, etc.

#2. **Provocar el *deseo* en los prospectos**.

Esto se logra cuando hablas y despiertas sus sueños. Cuando hablas de los sueños ocurre que las personas se emocionan. La emoción es la que logra que las personas tomen la acción y den los pasos para inscribirse contigo en la Red.

La manera de hacerlo es con las preguntas.

Ejemplo:

- *¿Qué te gustaría Tener, Hacer o Ser si el dinero no fuese un obstáculo?*
- *¿Te gustaría poder viajar con tu familia, comprar un automóvil nuevo, mudarte a una casa más grande, ser reconocido, servir de voluntario, etc.?*

Permite que los invitados participen y te digan qué cosas ellos quisieran. Esto creará una buena dinámica de inicio que abrirá sus mentes y el fuerte deseo de tus prospectos para ver tu presentación. Si logras desenterrar sus sueños antes de comenzar la presentación, te garantizo que ya tendrás la emoción de tus invitados arriba y sobre el 50% de la presentación asegurada. Lograr que los prospectos sueñen con las cosas que ellos quieren lograr para su futuro, seguramente será la parte más importante de toda la presentación.

Lo próximo será que los prospectos entiendan que un trabajo como hoy en día se le conoce, ya no es un modelo seguro de tener seguridad financiera. Tener un trabajo regular de 8 horas es muy riesgoso en estos tiempos. Los despidos son la orden del día. Explica que por eso hay que tener ingresos adicionales residuales. Explica por qué una Red de Mercadeo, aunque no es 100% perfecta, sí es una mejor opción.

Como te mencioné, para dar la presentación simple y duplicable, puedes utilizar alguna herramienta como lo es un folleto, video, preferiblemente que sea visual, como un rotafolio, y así mantener la duplicación. Si deseas, también puedes usar una pizarra para mostrar el plan de bonos y comisiones.

Si usaras un folleto o rotafolio, una buena técnica para que la presentación sea mucho más dinámica, es que le pidas a los invitados que participen leyendo parte de la información. Esto mantendrá a los invitados más atentos a la presentación.

Cuando lleguen a la sección de mostrar los testimonios y los productos o servicios, puedes decir:

- *En esta sección no va a dar el tiempo para hablar detalladamente sobre todos los productos/servicios. A las personas interesadas les podremos explicar al concluir. El anfitrión tiene algún "material de seguimiento" con información, que al finalizar la presentación con mucho gusto se los entregará para que lo repasen en sus hogares.*

Recuerda, no es el momento de capacitar a los prospectos de todos los productos/servicios, porque no es una capacitación, es una corta presentación. Habla de los beneficios y la importancia de usarlos.

Prosigue:

- *Los productos/servicio están ayudando a muchas personas a mejorar su salud, tecnología, belleza, café, ayudar al ambiente, hacer su vida más fácil, calidad de vida, etc.*
- *Los expertos consideran que la industria de Red de Mercadeo es la tendencia de más crecimiento en las próximas décadas.*

Luego pasas a explicar el Plan de Compensación. Durante el plan de compensación vas a tomar el control de la conversación.

- *Ahora es que van a poder ver qué es lo que hay que hacer para comenzar a generar ingresos de inmediato. Aquí ustedes tienen varias formas de generar ingresos.*

Explica el concepto básico del plan de compensación. Debes mostrar qué es lo que hay que hacer para generar los ingresos. Lo logras dibujando los círculos. Procura que entienden cómo se logra el crecimiento exponencial. Te recomiendo que no trates de explicar todo el plan de compensación y todos los bonos, porque tus invitados se van a confundir y se van a perder con la explicación. Muestra que pueden ganar premios como los viajes, cruceros, estadías de hotel, automóvil, o lo que sea que tu Compañía premie con los concursos.

El ingrediente más importante durante toda la Presentación será tu entusiasmo y tu energía.

Cuánto Tiempo Debería Durar la Presentación en una Casa

Una Presentación por lo general debe durar entre 35 y menos de 59 minutos y 59 segundos. No es recomendable que la Presentación en una Casa se extienda más de una o dos horas porque dejará de ser duplicable.

Algo muy, pero muy importante es que la Presentación siempre sea la misma, la misma, la misma. No deberías estar cambiando la Presentación, ni haciéndola especial para una sola persona, como por ejemplo, a un profesional de la salud.

Siempre debe de ser la misma presentación, porque esto será lo que creará la duplicación en tu grupo. Si te la pasas cambiando la Presentación dependiendo de las personas que tienes presente, tu grupo nunca sabrá cuál es la Presentación correcta. Eso hará que ellos se sientan inseguros y eso puede retrasar el comienzo de ellos para dar sus propias presentaciones.

Cómo Hacer el Cierre de la Presentación

Concluye la presentación invitando a las personas a que asistan a la próxima reunión central.

Ejemplos:
- *Los felicito por haber tomado la decisión de haber asistido. Eso significa que están buscando hacer un cambio para seguir mejorando en sus vidas y los vamos a apoyar. Durante los bocadillos estaremos contestando cualquier pregunta que puedan tener.*
- *Los invitamos a que nos acompañen a nuestra próxima Reunión Central. Es ideal ver este negocio por segunda vez. Allí conocerán a otras personas, que al igual que todos nosotros, están mejorando significativamente su estilo de vida.*

Al finalizar la Presentación no cometas el error de decir: *"Gracias por haber asistido a la Presentación"*. Porque dar las "gracias" da a entender que ellos te están haciendo un favor a ti. Sin embargo, eres tú quien les estás brindando una oportunidad a ellos.

Tampoco preguntes, *"¿Alguien tiene alguna pregunta?"* ¡NOOO! No lo hagas... Si haces esta pregunta, estarás dando inicio a comenzar una capacitación. Lo único que conseguirás será que la presentación se haga más larga. Las personas comenzarán a preguntar sobre los productos, los ingredientes, los permisos de la Compañía para operar, los familiares del presidente, cual es el signo zodiacal del presidente, el color de las paredes del edificio de la Compañía y una gran cantidad de preguntas.

Una vez terminada la presentación haces el cierre con un llamado a la acción a unirse al Equipo y a tu Compañía para que comiencen a lograr sus metas y sueños. Hazles saber que van a estar en un Equipo donde van a tener el apoyo que necesitan para comenzar a ganar.

Si tu compañía tiene productos de consumo puedes invitar a los asistentes a levantarse para que prueben algunos de los productos (usa vasos y platos sanitarios). No debes servir los refrigerios a las personas en sus asientos. De esta forma se da por terminada la Presentación y ahora puedes contestar las preguntas individualmente de las personas que están interesadas, no en grupo.

Notarás que si asistieron de 3 a 5 personas, de 2 a 3 se acercarán muy interesados en la oportunidad de negocio. Concéntrate en los invitados que muestren más interés.

Luego de dar cualquier Presentación en una Casa o Individual puedes entregar material de seguimiento. Es el anfitrión y no el presentador quien será el responsable de comprar y entregar los materiales de seguimiento a cada invitado para que se lo lleven a sus hogares y lo tengan por uno a dos días para revisarlo.

Ejemplo:

- *Si te presto esta información por 2 días para que la puedas evaluar, ¿crees que la puedas ver?*
- *Sí.*
- *Ok, perfecto.* (y la entregas)

Anota en tu agenda las personas a quienes les entregaste el material de seguimiento. Si no lo anotas en la agenda podrías correr el riesgo de que se te olvide y pierdas tus herramientas. Lo bueno es que el material de seguimiento te pondrá en la posición de tener otro contacto con tu invitado y eso aumenta significativamente las posibilidades de mayor auspicio.

Algunas Preguntas de Cierre Para Terminar la Presentación:

Nunca preguntes: *¿Te gustó? ¿Qué tal? ¿Qué te pareció? ¿Qué piensas?* Si preguntas esto les estás dando la oportunidad de que contesten *"Sí o No"*. Debes hacer preguntas donde te puedan dar respuestas para que ellos mismos escuchen sus propias razones. Las preguntas correctas serían:

1. ¿Qué fue lo más que te gustó?
2. ¿Qué te gustaría que haga ahora?
3. ¿Tienes alguna pregunta que me quieras hacer para ayudarte a tomar una decisión?
4. ¿Conoces a varias personas que les interese (mejorar su salud, bajar de peso, sentirse más juvenil, probar el producto o servicios, etc.) ganar dinero adicional?

En este momento pon atención y escucha las respuestas que te dirán. Cuando utilizas estas preguntas al final de tu presentación, la decisión está en el prospecto, no en ti. De esta forma tú no sientes estrés ni rechazo. Ahora es tu prospecto quien debe decidir, o no hacer nada, o pedirte más información, o probar el producto, o decir que está listo para unirse. Lo interesante es que cierras tu presentación sin presión con estilo y profesionalismo.

Haces un Cierre dando razones específicas para comenzar. Infórmales las diferentes formas con las que pueden comenzar. Me gusta siempre dar tres opciones al final. Por ejemplo:

- Tenemos tres opciones para iniciar.

Opción #1:
- *Nos encantaría que probaran nuestros productos o servicios y te unas como cliente.*

Opción #2:
- *Deseas comenzar a hacer el modelo pequeño de negocio (ventas).*

Opción #3:
- *Deseas comenzar a hacer el modelo grande de negocio (construir la Red).*

Es bueno dar varias opciones porque nadie debería iniciar bajo presión en tu Red. Si lo hacen, eventualmente la abandonarán. La opción que tu prospecto elija será la mejor para ellos y para ti. Si tu prospecto está indeciso, usa la ayuda y experiencia de tu Patrocinador.

Usa la Palabra "porque" en los Cierres

Las personas compran o se unen a la Red por sus razones, no por las nuestras. Por eso, al finalizar la presentación debes darle razones para que se unan y lo logras utilizando la palabra, *"porque"*.

Ejemplo: No es lo mismo decir:
- *"Únete a mi Red"*, que decir…
 "Únete a mi Red, porque te daré apoyo personalizado".

- *"Prueba el producto"*, que decir…
 "Prueba el producto, porque te va a ahorrar dinero".

- *"Adquiere el sistema de duplicación"*, que decir…
 "Adquiere el sistema duplicación, porque aceleras tu conocimiento y el crecimiento de tu Red".

- *"Únete a mi Red"*, que decir…
 "Únete a mi Red, porque tenemos presentaciones semanales".
- *"Únete a mi Red"*, que decir…
 "Únete a mi Red, porque nuestros líderes tienen la experiencia para guiarnos".

La palabra "porque" será una forma de que tus prospectos vean sus beneficios y sus razones para comprar o inscribirse contigo.

Menciona el costo de inversión y las opciones de inicio. Si tu prospecto se interesa por desarrollar el modelo de negocio grande, es recomendable que se conecte al Sistema Educativo de Duplicación inmediatamente. Es importante que las personas nuevas que inician conozcan que son parte de un Equipo de Profesionales y que tienen un Sistema de Duplicación de Líderes que los apoyará. Este apoyo continuará construyendo confianza, solidez y profundidad en sus negocios.

Mantén la Concentración

Mantente enfocado en el tema de negocio o de los productos que estén hablando. No te vayas a desviar y comiences a hablar sobre las últimas noticias, el clima, chismes, deportes, religión, política o cualquier otro tema que desvíe del propósito principal de tu Presentación.

Responde las preguntas de los invitados, aclara sus dudas y que conozcan qué deben hacer para unirse y comenzar lo antes posible a desarrollar sus negocios.

Es importante que tengas siempre tu agenda a la mano para que puedas hacer las citas para el seguimiento y las próximas presentaciones.

Inclusive, para mantener el movimiento de hacer las Presentaciones en las Casas puedes decirles algo como:

- *"Si alguno de ustedes desea llevar esta misma Presentación a su Casa, hoy mismo podemos estar haciendo la cita con usted. Comuníquese con la persona que le invitó para planificar la fecha de su presentación".* Esto es importante para que puedas determinar cómo vas a trabajar con ellos.

Permite que las herramientas trabajen y dupliquen por ti. Si ellos lo ven sencillo, se van a visualizar haciendo lo mismo que tú estás haciendo.

¡Atrévete y Lánzate!

Después de que hayas visto a tu Patrocinador dar una o dos Presentaciones desearás poder dar la Presentación por ti mismo. Esto demostrará que sientes un auténtico entusiasmo por tu propio negocio y que estás comprometido contigo mismo y con tu propio éxito. Una vez la aprendes, y la haces, tus socios aprenderán de ti.

PRECAUCIÓN:
Si el nuevo Distribuidor no da las Presentaciones por sí mismo dentro de un mes, después sería muy difícil que alguien de su grupo lo duplique.

Tu grupo *necesita* verte dando las presentaciones. Si lo haces, ellos se sentirán orgullosos y se inspiran, porque tú serás el modelo para que ellos también arranquen a dar presentaciones rápido.

Dar muchas presentaciones te hace practicar. Te vas familiarizando con los temas y vas perdiendo el miedo al hablar en público. La intención es que puedas comenzar a despuntar con tu liderato para poder hablar en público en la Reunión Central. Hablar en público en la Reunión Central y los Eventos Mayores serán los *detonantes* para que tu grupo te mire como su líder y ellos también quieran asumir su liderato. Verás que todo te irá mucho mejor. Te sentirás triunfando en grande.

Identifica los líderes potenciales y continua desarrollando tu negocio en la profundidad motivando y coordinando Presentaciones en las Casas e Individuales.

Te en cuenta que las personas que se inscribirán lo harán porque creen que uniéndose a ti y a tu compañía mejorarán su calidad y estilo de vida.

No Caigas en la Tentación de Regalar

Nunca regales un "Paquete de Inicio" como "carnada" para que las personas se inscriban. Las personas no tienden a valorar las cosas cuando se les regalan. Ellos son los que deberán hacer la inversión necesaria para iniciar.

Pasados 30 minutos de haber terminado la Presentación, el presentador debería estar despidiéndose de todos en la casa. Esto creará en la mente de los invitados que el negocio se construye invirtiendo poco tiempo y lo hará más duplicable. Si la presentación se extiende y termina muy tarde, entonces los invitados se asustarán y percibirán tu negocio como uno que les consumirá demasiado tiempo.

Que Nada te Detenga

"Cualquier circunstancia la conviertes en tu mayor beneficio"

Conocí a una persona que inició en el negocio, al igual que yo y muchos otros, estando en total bancarrota. Cuando sus invitados llegaron a la sala de su casa les pidió que se sentaran sobre unas cajas. Cuando comenzó la presentación les dijo:

- *Mis amigos, como les dije cuando los invité, hoy vamos a hablar de cómo juntos podemos trabajar para aumentar nuestros ingresos y mejorar nuestra calidad de vida. Como ya se fijaron, no poseo muebles para que se sienten, y esa es la principal razón por la que los invité a mi casa. Con las ganancias de este nuevo negocio lo primero que me compraré serán unos muebles nuevos. ¡Waaooo… y así fue!*

Si tú tampoco tienes muebles, que eso no te detenga. Si tu casa es pequeña, que eso no te detenga. Si tu casa no está arreglada o pintada, que eso no te detenga. Si tu casa está lejos, que eso no te detenga. Cualquier otro obstáculo, que ninguno te detenga. Para lograrlo lo único que debes tener será un gran sueño, tu determinación, enfoque y poner acción. En resumen, utiliza cualquier circunstancia para convertirla en tu mayor beneficio.

Hay Distribuidores nuevos que están muy deseosos de aprender rápido. Cuando hagas Presentaciones en las Casas, los puedes invitar para que asistan contigo a las próximas. De esa forma ellos podrán ver una y otra vez cómo se dan las presentaciones hasta que se las aprenden y las dan ellos mismos.

Usa Vocabulario Entendible

Durante cualquier presentación hay que cuidarse de no usar un vocabulario que los nuevos prospectos no entiendan. Porque si tu prospecto no entiende muchas de las palabras que diariamente nosotros usamos, los vamos a ver mirando hacia al cielo y rascándose la cabeza.

Palabras que decimos y lo que el prospecto podría interpretar:

- Mi **Auspiciador** - Una Compañía que te contrata y te paga dinero por ser su modelo.
- Mi *Sponsor* - Mi jefe el Sr. Ponsor.
- Serás mi *Downline* - Seré tu empleado que te carga la línea.
- Los *PV* aquí son bajos - Los que ganan dinero tienen que ser de baja estatura
- Los *BV* se acumulan - ¿Qué fue lo que se acumula?
- El *Volumen Sube* - La música hay que subirle el volumen.
- No hacemos *Cross Line* - No hacer tortillas de sabor Cross Line.
- Recibes una *Re-Entrada* - Recibo otro boleto para la segunda tanda en el cine.
- Compra el **KIT Básico** - Compro un "KIT" básico de primeros auxilios.
- Ve por *DIAMANTE* - Tendré que encontrar una mina y ensuciarme de tierra.

Si usas estas palabras, por favor, explícalas con cautela o mejor usa una historia.

Nadie es Perfecto

Durante el proceso del desarrollo de tu negocio habrá personas que te harán "cuentos de brujas" para que te desanimes y renuncies a tu negocio. Otros se podrían burlar de ti y no participarán. Otros te contarán historias sobre las pirámides, o te dirán que ellos son profesionales en su trabajo, o que no les gusta este tipo de negocio.

Aunque les cuentes del estilo de vida que muchos ya disfrutan gracias a estos negocios de Redes, la gente nos mirarán a los ojos y hasta podrían pensar: *"No estoy convencido de que esto funcione"*. ¡Es increíble! Sabemos que lo que realmente quieren decir es: *"No estoy convencido de que lo pueda hacer funcionar para mí"*.

No todos los invitados asistirán. Hay veces en que ocurren situaciones ajenas a nuestro control. Algunos invitados les suceden situaciones de último minuto y no asisten a tu Presentación y habrá momentos que nadie asistirá. Prepárate, porque en algún momento te sucederá y no significa el fin del mundo. A nosotros también nos sucedió. Relájate y manténte motivado. Ésta no será tu última oportunidad.

Hay muchas personas que tienen un gran potencial, pero no están dispuestas a pagar el precio del éxito y se quedarán estancadas viviendo un estilo de vida con el que no están a gusto. ¡Pero tú no!

Durante el desarrollo de tu negocio vas a cometer errores, nosotros también los cometimos. Lo importante es que eso no te detenga, sino que aprendas de ellos y sigas adelante.

Si tienes miedos y estás luchando para superarlos, ¡eso es lo importante! Si te quedaste sin palabras en medio de una presentación y se te olvidó lo que tenías que decir, y estás luchando para superarlo, ¡eso es lo importante! Si estás creciendo a tu paso y te estás esforzando para crecer, ¡eso es lo importante!

Todos te estaremos felicitando por tus logros y tu superación. Para mantenerte creciendo lo importante es que te mantengas enfocado en hacer las actividades que te producen ingresos: prospectar, presentar, reclutar y desarrollar nuevos líderes.

Aquí no hay verdugos que te cuestionen el ritmo o la velocidad que llevas. Tú vas a tu paso, pero consistente. Como único pierdes es si renuncias y dejas de luchar, porque ahí es cuando has perdido la fe y has olvidado la verdadera razón por la que comenzaste a desarrollar tu negocio.

Así que recuérdate cada mañana y todos los días la razón de porqué te uniste a este negocio.

"Los que renuncian nunca ganan y los GANADORES nunca renuncian"

Algunos Consejos:

- No reúnas a tu grupo para darle capacitación sobre cómo se hace una presentación en una casa. Mejor los invitas a una presentación en una casa para que vean como tú lo haces con invitados reales en vivo.
- No confundas la reunión en una Casa con la Reunión Central. Recuerda que tu casa no es un hotel para mantenerte dando presentaciones perpetuamente durante toda la vida. Los Distribuidores de tu grupo nunca querrán duplicar ese modelo de expansión. Darás las primeras en tu casa y luego pasarás a dar Presentaciones en las Casas de tus nuevos Distribuidores y así sucesivamente.
- No necesitas usar un cañón (proyector) con pantalla para dar una presentación en una casa, porque no duplica.

Lo cierto es que las personas que más están ganando en estos negocios también son los más que lo están trabajando, y ellos también reciben rechazos; y también han sido los más que no les han asistido personas a sus presentaciones. Pero son los más que se mantienen haciendo presentaciones y se mantienen modelando el proceso de la duplicación.

*"La felicidad no es un destino,
es el camino mismo por el que vamos luchando
en busca de hacer realidad nuestros sueños"*

Nunca retrases dar ningún paso. Enfrenta cada paso y cada momento con valentía. Un líder que retrasa dar cualquier paso está retrasando el proceso de aumentar sus finanzas y que se duplique su propia organización. Practica cómo dar la Presentación, siempre pide y acepta consejos para mejorar.

*"Tú no eres responsable por auspiciar a todo el mundo,
tú eres responsable por ofrecer la oportunidad y que ellos decidan"*

Cómo Hacer una Conexión Instantánea al Dar Presentaciones

Muchos Distribuidores ya dominan la parte de hablar frente a otros, hablar de sus productos y su plan de compensación. Durante las presentaciones con prospectos calificados, las personas se dan cuenta que sí necesitan tus productos y también quieren generar más ingresos. Es decir, les has ofrecido exactamente lo que ellos necesitan.

Sin embargo, al finalizar la presentación el prospecto dice "no". ¿Por qué ocurre esto? La razón es porque tu prospecto no te cree y/o no cree que sea posible para el/ella. ¿Por qué no te cree? Casi siempre es que uno no creó la *mágica conexión*. Es decir, que aunque ellos quieren resolver sus problemas, no se visualizan haciendo el negocio contigo. Ufff... En resumen si no sabes cómo crear una mágica e instantánea conexión, podrás estar matando los prospectos.

La clave para crear conexión está en que tenemos que hablar en el lenguaje que los prospectos ya *creen*. Tenemos que hablar de hechos que para ellos son ciertos. Así creerán las cosas buenas que les presentamos.

Ejemplos de frases que crean conexión:

- Esta economía está malísima.
- Sería bueno no tener que madrugar.
- La gente quisiera tener más libertad.
- Sería bueno poder viajar varias veces al año.
- Qué fácil es subir de peso, pero que difícil es perderlo.
- A la gente no le gusta hacer ejercicios.
- El café es una bebida mundialmente consumida.
- A las personas les gusta verse con una piel saludable.
- Una buena imagen te posiciona como una persona de buen gusto.

Cuando tu prospecto escucha estas frases, casi sin pensar, estará de acuerdo contigo y así es que inicias el proceso de crear la conexión instantánea. Ahora tu prospecto va a creer en ti porque siente que tú eres igual que él. En menos de un segundo va a pensar, *"oye este hombre es un sabio, piensa igual que yo"*. Lo notarás en su sonrisa y su lenguaje corporal.

La situación se te pone mejor si en lugar de un hecho, le mencionas *dos* hechos. Dos hechos que ya él cree, y terminas tu frase con una pregunta. Ahora habrás creado una conexión hipnótica e imperceptible para tu prospecto. Ahora te va a creer más.

Por ejemplo:
- Esta economía está malísima, y la gente está buscando alternativas. ¿Verdad?
- Sería bueno no tener que madrugar, porque es mejor dormir hasta que uno quiera. ¿Súper, no?
- La gente quisiera tener más libertad y no tener que depender de un solo trabajo. ¿Cierto?
- Tiene sentido tener un negocio a tiempo parcial y ganar como uno de tiempo completo. ¿Correcto?
- Qué fácil es subir peso, pero que difícil es perderlo. Hoy la gente está confundida y están buscando en quien confiar. ¿No es así?
- A la gente no le gusta hacer ejercicios, pero sí le gusta estar saludables. ¿Será verdad?
- Millones de personas toman café diariamente. Sería mejor si fuera saludable y que tenga un rico sabor, ¿verdad?
- A las personas les gusta tener una piel saludable y verse sin arrugas. ¿Eso dicen verdad?

Nuevamente, cuando usas dos hechos que tu prospecto ya cree, y cierras con alguna pregunta, tienes el inicio para una conexión automática.

Sólo debes mantener este punto en perspectiva: nunca intentes cambiar las creencias más arraigadas de una persona. Como Networker Profesional, tu trabajo es presentar tus ideas de acuerdo o en la misma dirección de las creencias del prospecto. Demostrarle a alguien que está equivocado nunca te hará ganar un amigo o cerrar una venta. Más que luchar, mejor estás de acuerdo con él.

Imagina que te dice:

- *Esta economía no está malísima. Está buenísima, mejor que nunca, la gente ya se acostumbró y no están buscando alternativas de ingresos.*

No choques con él y no trates de contradecirlo. Si lo intentas sólo alejarás al prospecto. Mejor le dices:

- *Sí. Entiendo tu punto. Y es cierto que sí hay personas que les va súper bien. Precisamente por eso estamos aquí, para reforzar nuestras economías...* y continúas con tu presentación.

El próximo paso para crear conexión será *sonreír*. Cuando dices algo como lo anterior es bueno hacerlo contento sonriendo y subiendo tu cabeza de arriba hacia abajo. Cuando sonríes tu prospecto se va a relajar. Cuando sonríes generas confianza. Cuando sonríes, sellas la conexión. Si no sonríes, entonces no habrá conexión, estarás enviando un mensaje muy incongruente y parecerá que estás enfadado.

Por ejemplo:

- *Poder viajar, es mejor que tener que salir a trabajar. ¿Sería una buena vida?* <sonríes>
- *Qué fácil es ganar peso, pero que difícil es perderlo. Hoy la gente está confundida y están buscando en quien confiar. ¿No es así?* <sonríes>

Estas técnicas te funcionarán de la misma forma para cuando prospectas en frío. Es por eso que para aumentar las posibilidades de que tu prospecto te compre o se inscriba contigo deberás ganarte que confíen en ti al crear esa conexión.

He usado estas técnicas cuando doy presentaciones grupales e individualmente. También cuando hablo en público, por al menos durante 10 años y funcionan.

Otra ley de influencia que debes usar en tus presentaciones son los *testimonios o historias*. Los testimonios (los resultados) sugieren a tus prospectos que tus productos o negocio son aceptables y potencialmente apropiados. Los testimonios son necesarios, funcionan y duplican.

Aprende a dar tu testimonio con alegría y entusiasmo en 45 segundos. Arma y ensaya tu testimonio/historia basado en: primero el pasado (cómo estabas antes), luego el presente (cómo estás ahora) y finalizas con el futuro (lo que visualizas para el futuro). Igual enseña a las personas de tu grupo a dar testimonios de 45 segundos. Testimonios de 10 minutos duermen al más motivado prospecto y alargan las presentaciones. Es mejor tener 10 supersónicos testimonios de 45 segundos que uno maratónico de 10 minutos.

Ocurre que con el uso de los testimonios las personas toman decisiones con base en lo que se conoce como *aprobación social*. De ahora en adelante ellos simplemente imitarán y seguirán el comportamiento de la mayoría. Lo que significa que si una cantidad suficiente de personas está haciendo algo o aceptando algo, otros seguirán sus pasos.

Ejemplos de frases de aprobación social que puedes decir en tus presentaciones:

- En nuestra Compañía están inscribiéndose alrededor de 10,000 personas mensuales.
- La mayoría de las personas sabe que los empleos están escasos.
- La mayoría de las personas prefiere trabajar en su casa, que madrugar y no pelear en el tráfico.
- La mayoría prefiere poder jubilarse joven.
- La mayoría de las personas se inscriben con el paquete familiar.
- 8 de cada 10 reciben su primer cheque en menos 30 días.
- Ya muchas personas saben que tomar vitaminas es saludable.
- Como sabes, es mejor prevenir y tener un sistema inmunológico siempre fuerte.
- Tú sabes que necesitamos tomar algo que nos dé energía después de las tres de la tarde.
- Muchos están de acuerdo en que la primera imagen es la que perdura.
- Con el sistema de duplicación, seis de cada siete personas comienzan a prospectar sin miedo a fallar.
- A muchas personas le gusta el rico aroma a café.
- Todos quieren pagar económico pero, viajar como reyes.
- A las personas les gusta una casa limpia, con aroma agradable y sin gérmenes.

El Arte de Hacer Preguntas para Crear Conexión

El último consejo sobre cómo hacer conexión será aprender el arte de *hacer preguntas*. La realidad es que cuando estamos dando presentaciones los prospectos nos perciben como si fuéramos vendedores. Si quieres influir sobre tus prospectos será muy sencillo cuando les haces preguntas.

Las preguntas hacen que te veas como un amigo que se interesa por entender sus preocupaciones y necesidades. Ese sentimiento logra que tus prospectos se expresen y se sientan más confortables contigo. Las preguntas logran la conexión y rompen la barrera de la imagen de vendedor.

Por ejemplo:
- ¿Cuéntame cómo te sientes en tu trabajo?
- ¿Desde hace cuánto tiempo deseas tener un ingreso adicional?
- ¿Qué no te gusta de tu rutina diaria?
- ¿Qué harías si tuvieras más tiempo libre?
- ¿Por qué quisieras bajar de peso?
- ¿Por qué necesitas más energía?
- ¿Qué te gustaría que te explicara primero?
- ¿Te gusta conservar el ambiente?
- ¿Qué fue lo más que te gustó de la presentación?

En resumen has aprendido a crear conexión:

- Usando frases que los prospectos ya creen.
- Combinando dos frases que los prospectos ya creen y terminando con una pregunta.
- Terminar las frases con una <sonrisa>.
- Usar muchos testimonios cortos y usar frases que crean la aprobación social.

- Hacer preguntas para que tus prospectos se expresen y sientan que escuchas sus preocupaciones y necesidades.

¡Practica y practica! Cuando éstas técnicas entren en tu mente y en tu corazón, serás una persona más influyente, más profesional, lograrás muchos amigos y auspiciarás personas creando la mágica e inmediata conexión.

Manejando Inteligentemente las Objeciones

"Si verdaderamente quieres lograr el éxito, verás que no habrá excusa ni obstáculo que te detenga"

Como sabrás viajo mucho contratado para hablar del tema de "Cómo "Prospectar y Crear la Duplicación MASIVA en Redes de Mercadeo". Una vez me invitaron como capacitador a dar un seminario en una de las ciudades más prósperas y ricas del mundo, Seattle en Washington, en los Estados Unidos.

Antes de iniciar el evento estaba reunido con los máximos líderes y ejecutivos de la región. Les pregunté cuál es la objeción y los problemas principales que enfrentan en ésta próspera ciudad cuando presentan a los prospectos su oportunidad de negocio. Su respuesta casi me rompe el tímpano del oído cuando todos a coro me contestaron, *"que los prospectos no tienen dinero"*.

También me añadieron que querían que la Compañía abriera unas oficinas y un almacén en esa área. Que los productos eran costosos comparados con los de la farmacia. Que las personas siempre se quejaban por la mala economía, que tenían mentalidad de empleado, que estaban abandonando sus familias para mudarse a otros estados buscando mejores oportunidades, etc.

Pensé, wow... ¡Qué casualidad! Porque aquí donde vivo, en la isla más próspera de toda la región del Caribe, Puerto Rico, las personas me dicen exactamente lo mismo. También me dicen lo mismo todos los Networkers con los que he hablado en Mexico, Colombia, Perú, Bolivia, Latinoamérica y Europa.

Así que tenemos que acostumbrarnos a que las personas inicialmente presentan algún tipo de objeción. Ahora veamos cómo ocurre una objeción y lo sencillo que puedes hacer para contestarlas.

Qué es una Objeción y Cómo Ocurre

Una objeción es falta de información. Son preguntas sin contestar que para muchos son como una cortina de humo. Son formas en que las personas han aprendido a responder porque han escuchado a sus amigos al contestar igual, y lo repiten sin pensar. En otras palabras, sin darse cuenta han sido "programados" para responder en automático.

Imagínate que vas a entrar en una tienda porque estás buscando una pieza de ropa y el vendedor se te acerca y te pregunta: *"¿le puedo ayudar en algo?"*, y sin pensar las personas en automático contestan, *"no gracias, sólo estoy mirando"*. ¿Lo has escuchado? ¿Si tú fueras ese vendedor y el cliente te contesta *"no gracias, sólo estoy mirando"*, ¿tú renunciarías al trabajo? ¡Seguro que no! Sin embargo, hay Distribuidores que renuncian a su futuro financiero y abandonan su negocio porque alguien que ni tan siquiera ha visto toda la información le ha dicho, *"no gracias"*. ¡Ahuchh!

Cuando las personas están evaluando tu negocio y todavía tienen dudas, esas dudas también los hacen contestar en automático y crean excusas. Esas excusas los bloquean temporalmente y no les permite tomar la decisión para aceptar asistir a la presentación o de inscribirse contigo en el negocio o comprar tus productos. Toda persona tendrá preguntas, como tú también las tuviste, ¿verdad?

Sin embargo, en muchas ocasiones lo que realmente sucede es que todavía tu prospecto no se visualiza teniendo éxito. Aunque resulta bastante fácil que las personas entiendan cómo funciona el negocio y la compañía, que tiene ventas de millones de dólares, que el plan de compensación funciona y de que hay muchas personas ganando mucho dinero, la verdadera pregunta que ellos se hacen es, *"¿podré yo hacer esto?"* Es aquí donde comienzan a surgir sus preguntas u objeciones.

Te doy una ENORME sugerencia. Cuando alguien esté en desacuerdo contigo, entonces le das las gracias y haces que se sienta contento con la respuesta u objeción que te dio. Así como lo leíste. ¿Por qué funciona? Lo que ocurre es que tú estás volviendo a tomar el control de la conversación y has neutralizado su objeción.

Ideas de lo que puedes decir para neutralizar una objeción y convertirla en un referido:

- *Juan, quiero darte las gracias por mencionarlo. Eso realmente me dice que estuviste atento y pensando. Agradezco ese tipo de análisis de pensamiento.*
- *Juan, creo que estarías de acuerdo en que las decisiones son difíciles de tomar cuando uno no ha visto toda la información completa, ¿verdad?*
- *Está muy bien Juan, puede que esto no sea para ti, pero te animo a terminar de escuchar por unos cuantos minutos más y después de eso…*
- *Si esto no es para ti, entonces te agradezco por tu tiempo. Pero Juan, todavía me podrías ayudar. Ya sabes lo que estoy buscando, y tal vez me puedes dar un contacto que conozcas como referido. ¿Está bien con eso?*

Ésta última se conoce como, "convertir una objeción, en un referido". Funciona muy bien en la gran mayoría de los casos y duplica. Practícala y verás.

Las Apariencias Nos Pueden Engañar

"No creas automáticamente todo lo que crees".

Lo que quiero decir con esto es que no le creas a las personas cuando te dicen que *"no creo que este negocio es para mí"* o *"no tengo dinero", "no soy vendedor", "lo tengo que pensar", "hablaré con mi pareja", "no es mi momento"*. Te pregunto, cuando a ti te hablaron por primera vez de Redes de Mercadeo, ¿saltaste de la alegría convencido que ésta sería tu profesión? Me imagino que no, yo tampoco. Pero mira lo que estás haciendo ahora mismo, leyendo este libro para capacitarte al máximo y mejorar tu estilo de vida. Por eso digo, "no creas todo lo que crees".

Todas las personas quisieran tener éxito, lograr una mejor calidad de vida y lograr seguridad financiera. Sin embargo, lo que sucede es que algunos hacen comentarios sin fundamentos porque en su mente no saben formular las preguntas correctamente. Deja y te explico…

Ejemplos:

Cuando te dicen: *"Es que no tengo dinero"*, lo que realmente te están queriendo preguntar es: *"¿Cómo puedo iniciar en este negocio sin dinero?"*

Cuando te dicen: *"No tengo tiempo"*, lo que realmente te están queriendo preguntar es: *"¿Cómo puedo hacer este negocio, si no tengo tiempo?"*

Cuando te dicen: *"Es que no soy vendedor"*, lo que realmente te están queriendo preguntar es: *"¿Cómo puedo hacer este negocio, si no tengo experiencia en ventas?"* o *"¿Cómo puedo hacer este negocio sin tener que vender?"* ¿Entiendes el punto?

Cuál Será la Actitud que te Salvará

Sobre tu actitud ante las objeciones es que no tienes porqué estar a la defensiva. Tampoco tomes las objeciones como un rechazo a tu persona. Si te dicen que no les interesa, no te están diciendo no a ti, se están diciendo "no" a ellos mismos. Le están diciendo "no" a no beneficiarse de los productos o servicios, le están diciendo "no" a no tener un mejor estilo de vida porque no se visualizan que puedan hacerlo funcionar para ellos.

Muchas personas tienen miedo a salir de su zona de comodidad para hacer un cambio. Se sienten cómodos estando incómodos. En cambio nosotros sí sabemos que ellos sí pueden, pero está en ellos que lo quieran hacer. Aunque tú pudieras sentirte rechazado, la realidad es que hablaste con una persona que no está lista. Así que, cuando te dicen "no", tú simplemente dices, *"¡Próximo!"*

"Nosotros no somos el mensaje, somos los mensajeros"

Tres Simples Pasos para Manejar las Objeciones

Paso #1:
Escucha lo que te dicen y debes estar de acuerdo con ellos.

- Recuerda que esa es *"su"* realidad y no debes chocar con *"su"* realidad.
- No le lleves la contraria a tu prospecto. Valida lo que te está diciendo.
- No interrumpas a mitad de su pregunta creyendo que sabes lo que va a decir.
- No hagas que se sientan mal. Siempre hacemos que se sienta bien.

Paso #2:

Neutraliza la objeción.
Cuando neutralizas la objeción suceden dos cosas:
- Minimizas las posibilidades de que te la repitan.
- La persona se siente cómoda y no siente que está debatiendo contigo.

Paso #3:

Continúa.

Lo que más trabaja con cualquier objeción es decir algo como:
- *"Bueno, por eso es que debes darle una mirada a esta oportunidad"*.

Ejemplo aplicado:

Cuando te preguntan: *"es una pirámide"* le dices:
- *Antes de contestarte, ¿está bien si te hago una pregunta rápida?*
- *Sí.*
- *Si luego de graduarte de tus estudios, tus profesores hubiesen recibido un pequeño porcentaje de tus ganancias por el resto de tu vida, ¿tú crees que tu educación hubiese sido un poco mejor?*
- *Seguro que sí.*
- *¡OK! Así funcionan las Redes de Mercadeo. Tu Patrocinador quiere enseñarte y darte la capacitación para que seas tan exitoso como sea posible, porque la única manera en que tu Patrocinador puede ganar dinero es ayudándote a ti a ser exitoso. Por eso es que debes darle una mirada a esta oportunidad.*

Anticipar las Objeciones Durante tu Presentación Funciona

Una técnica muy efectiva es que anticipes las objeciones antes de que tu prospecto te las diga. Cuando le anticipas las objeciones luego no las podrán usar como objeción. La manera de hacerlo es que mientras estás dando la presentación mencionas las mismas objeciones que tú tuviste cuando te presentaron el negocio a ti.

Por ejemplo:

a. *"Comencé en este negocio, porque no tenía dinero".*

b. *"Comencé en este negocio, porque no tenía tiempo libre".*

c. *"Comencé sin saber nada de ventas y luego me di cuenta que no tenía que saber".*

d. *"Recuerdo que cuando inicié mi pareja no estaba de acuerdo. Con los resultados que tenemos, ahora sí lo está".*

Digamos que por el contrario, tú sí tenías el dinero, el tiempo disponible o la experiencia en ventas. Entonces lo que haces es que le cuentas los testimonios que otros compañeros de tu Compañía tuvieron al empezar.

Ejemplos:

- Durante la pasada reunión Juan nos compartió, *"que su razón para hacer el negocio era que llevaba 14 años como empleado y no tenía el dinero para empezar".*

- Nuestra amiga Lucía nos compartió, *"que comenzó en el negocio porque era madre soltera y tiene tres hijos".*

- Nuestro amigo Ernesto nos compartió que, *"comenzó en el negocio porque tiene dos hijos que pronto irán a la universidad".*

¿Ves que simple?
La objeción principal que escucharás será **"no tengo dinero"**.

- Ok. Entiendo que quieres iniciar, pero no tienes el dinero. Si te diera la idea de cómo comenzar sin tener dinero, ¿lo harías?
- Sí.
- Ok. Lo que vas a hacer es prestar el catálogo. Con eso puedes vender varios productos a tus familiares y conocidos. Ellos te dan el dinero por adelantado. Con ese dinero te inscribes y haces la orden inicial. Cuando te lleguen los productos se los entregas a ellos.

Cuando te dicen: **Mi pareja no me apoya**
(Maneja la objeción contando una historia)

- *Eso mismo le ocurrió a Susana. Su esposo no le dio apoyo porque no creía que ella podía hacer el negocio funcionar. Tres años después ahora ella pudo retirar a su esposo del trabajo.*

- *Es normal que tu pareja no te apoye. ¿Qué tú esperabas? Si tu pareja no sabe de qué se trata y no ha visto lo que tú has visto. Cuando vea de qué se trata, será tu principal aliada(o). Háblale de la visión que tienes de cómo se beneficiará si tú haces funcionar el negocio. Pregúntale qué beneficios le gustaría disfrutar, como: un inolvidable viaje de vacaciones, o cambiar su auto, o remodelar la casa, o conseguir una persona que se encargue de hacer todas las tareas del hogar. Verás cómo se anima y comenzará a apoyarte. Al principio no creas que será fácil, pero permite que te ayude. Vamos a invitarla(o) a la próxima presentación del Equipo para que conozca a la pareja que hablará sobre cómo están teniendo éxito y viviendo la vida que quieren.*

Cuando te preguntan: **¿Cuánto tiempo tienes en el negocio?**

- Tú: 5 meses
- Prospecto: ¿Y te ha funcionado?
- Tú: ¿Cuánto tiempo tienes en tu trabajo?
- Prospecto: 15 años
- Tú: ¿Te ha funcionado?

   ¿Ves que sencillo?

"Somos más grandes que cualquier circunstancia que nos rodea"

Sientes, Sentí y Descubrí

Otra técnica para manejar objeciones es ayudar a los prospectos a entender lo que ellos mismos están diciendo utilizando la técnica: Sientes, Sentí y Descubrí.

Sé cómo te sientes, yo me sentí igual y lo que descubrí fue que…. Esto es corto, sencillo y una poderosa técnica que tendrás para manejar las objeciones.

Ejemplo de Objeciones:

No tengo dinero
No conozco a muchas personas
No me gusta vender

No tengo tiempo
Eso es una pirámide
Es muy lejos

Contestación ejemplo:

- *María, aprecio que me dejes saber eso desde el principio.* **Sé cómo te sientes.** *Permíteme decirte que cuando yo comencé en esto, que estaba mirando este negocio, me* **sentí de la misma forma** *y* **lo que descubrí fue que…** *(aunque no tenía mucho dinero, no tenía tiempo, no conocía a muchas personas, que no me gusta vender o que era muy lejos)…esto no era un requisito para hacer este negocio.*

Además, sé que con el ingreso del trabajo que tengo no me es suficiente para poder… (comprar un carro nuevo o remodelar nuestra casa, retirar a mi pareja de su trabajo, viajar). Tal vez eso tú lo puedas hacer, pero yo no tenía otra forma para hacerlo.

- *Por eso exactamente es que debes darle una mirada a esta oportunidad.*

*"Quien domine manejar las objeciones
tendrá el mundo (y los prospectos) a sus pies"*

Todo Está en Creer

Lo que queremos hacer entender a los prospectos es que esto no es una situación de dinero, tampoco de tiempo. La verdad es que es una situación de CREENCIA. Si ellos creen que ellos no lo pueden hacer, ellos no lo van a hacer. Pero, si ellos creen que sí lo pueden hacer, entonces, ellos sí lo van a hacer.

Si a los prospectos se les presenta correctamente la oportunidad y aún así la rechazaran, esto no significa que no es un buen negocio. Esto significa que ese momento no es el momento adecuado en sus vidas. En estos casos dale su espacio, dales seguimiento cada mes o dos meses y sigue con la próxima persona de tu lista.

"Tu negocio será exitoso, si pones tu FE en ti"

Recuerdo a un compañero en la Red que se puso la meta de reclutar a sus cinco mejores amigos. Todo el tiempo repetía cosas como, *"cuando auspicie a Pablo, Héctor, José, Humberto y Juan, mi negocio sí va a explotar porque ellos son personas de mucha influencia"*. Pasaban los meses y sus cinco compañeros le repetían *"no gracias, eso no es para mí"*. Mi compañero estaba obsesivo compulsivo con auspiciar a quienes no les interesaba. En fin, sus amigos nunca se auspiciaron, así que mi compañero se rindió del negocio y años después sólo se mantiene re-ordenando mensualmente algunos de los productos. Su error fue poner toda su esperanza y FE en la decisión de otras personas. No desperdicies tu tiempo tratando de convencer a un prospecto que no muestra interés cuando hay otras cientos de personas a tu alrededor.

"Unos lo harán... otros no lo harán...
y qué... ¡¡PRÓXIMO!!"

La Magia está en Practicar las Contestaciones

Te aconsejamos que hables con tu Patrocinador para que juntos desarrollen y practiquen cómo contestar las objeciones. Lo más importante es, que sea real. Practica las respuestas hasta que te fluyan de forma natural.

Ley # 6

La Importancia de la Reunión Central

La Reunión Central es la que le da "VIDA" al negocio y al trabajo que se realiza en las Presentaciones en las Casas e Individuales y es una muestra del éxito colectivo.

El propósito de una Reunión Central es darles confianza y seguridad a los invitados y a los nuevos Distribuidores. Conocerán que no están solos y que hay más personas que han unido su visión personal a la visión del Equipo en busca de la realización de sus sueños y metas.

En esta reunión los invitados verán y sentirán en vivo y a todo color la grandeza del negocio y el impacto que está creando en la vida de las personas, en el crecimiento personal y las finanzas. Todos los Distribuidores deberán esperar con entusiasmo este evento. Las Reuniones Centrales se pueden realizar semanalmente o quincenal. Aquí es donde desearás estar en primera fila.

Esta Reunión es creada por todos los integrantes del Equipo. Es más formal y se mantiene un ambiente profesional y de negocio. Es presentada por los Distribuidores del Equipo con más experiencia y crecimiento. Por lo general lleva un formato donde hay un presentador que inicia compartiendo su breve historia sobre las razones por la cual inició en el negocio. Se habla sobre los beneficios de la profesión de Red de Mercadeo, los beneficios que las personas pueden obtener al desarrollar el negocio, beneficios de los productos o servicios, la compañía, los fundadores, testimonios y el plan de comisiones. Además, se da desarrollo personal, motivación y se promueven las próximas actividades.

Esta Reunión debe tener total prioridad sobre las Presentaciones en las Casas e Individuales. El no asistir a la Reunión Central por estar haciendo Presentaciones en las Casas es un error porque el mensaje indirecto que le estarías enviando a tus invitados es que la Reunión Central no es importante.

Cuando un prospecto o Distribuidor te pida que le des una Presentación y ésta coincide con la fecha de la Reunión Central, con mucha confianza y seguridad le podrías comentar algo como: *"Me encantaría reunirme contigo. Sucede que ese día es muy importante porque es la Reunión Central y es cuando nos reunimos todos los socios del Equipo"*. Al contestarle así estás dándole valor y edificación a tu Reunión Central y a la misma vez tu prospecto comenzará a entender desde el principio la importancia de asistir.

Te recomendamos que tus prospectos hayan asistido primero a una Presentación en una Casa o Individual, para que luego asistan a la Reunión Central. No sería recomendable que invites a un prospecto a la Reunión Central si no ha escuchado una presentación previamente. La manera que un invitado podría asistir a la Reunión Central sin haber recibido una Presentación en una Casa o Individual, es si tienes una estrecha amistad con ellos o ya han visto alguna información de seguimiento.

En la Reunión Central tu puntualidad es vital para tu negocio. Al llegar temprano tendrás el beneficio de poder presentarle tus invitados a tu línea ascendente y a los presentadores. Esto creará en tus invitados un sentido de profesionalismo, equipo y familia. Así mismo los Distribuidores de tu grupo irán a presentarte a sus invitados.

Procura cooperar durante la Reunión o cualquier otro evento, ya sea como ayudante de registro, sonido, presentador, ujier, etc., porque el poder cooperar es un privilegio. Así tendrás la oportunidad que los demás miembros del Equipo te observen y en un futuro inmediato ellos lo duplicarán.

"Las actitudes positivas y negativas se duplican.
Lo mejor es duplicar las positivas"

La Imagen Adecuada de Negocio

Soy bien playero. Bien, bien playero. Obsesivo compulsivo playero, jejeje...

Recuerdo la primera reunión que me invitaron en un Hotel. Asistí vestido de playero, con pantalones cortos y en chancletas. Al entrar por la puerta inmediatamente noté que todos estaban elegantemente vestidos y rápido me sentí fuera de lugar. Es obvio que mi Patrocinador no me lo advirtió. Mi baja auto estima me sugirió que me sentara en la última fila, en la última silla.

Hoy día sigo siendo playero y sin embargo, he cambiado. Ahora elijo vestirme adecuadamente, no porque me guste, sino para ayudar a que las personas de mi grupo crezcan más rápido sus negocios. Tal vez tú me digas: *"¡Roberto, no me digas que te vistes así por mí, tú vistes así por ti! ..."*

He aprendido dos cosas fundamentales sobre porqué vestir de una forma adecuada en los eventos:

#1:

Elijo vestirme profesionalmente para cuando las personas en mi grupo me presenten a sus nuevos invitados dar una buena impresión y poder edificarlos. Porque mi vestimenta ayudará a dar una mejor impresión de ellos mismos y a sus invitados.

#2:

Porque la vestimenta acelera el logro de mis metas en el negocio.

Ya no cometo el error de decirles a las personas de mi grupo que se vistan profesionalmente para los eventos. Yo simplemente decidí hacerlo. Cuando ellos descubran que sus negocios se acelerarán el día en que ellos vistan profesionalmente, entonces ellos lo harán voluntariamente y no porque yo, ni nadie, se los tenga que decir.

Tampoco te recomiendo que ahora salgas corriendo a las tiendas e inviertas tu dinero en comprar ropa nueva. Ya llegará el momento cuando las finanzas lo permitan. Simplemente, cuando asistas a un evento elige lo mejor que tengas en tu guardarropa.

Siempre que salgo a una Presentación me miro en el espejo y me pregunto, *"¿Me veo profesional? ¿Estoy adecuadamente vestido para este evento?"*

En resumen, tu grupo necesita de tu edificación y con la vestimenta aumentarás tu imagen y el valor de ellos. Recuerda que nunca hay una segunda oportunidad para dar la primera impresión.

Qué Hace que una Red Crezca o se Caiga

A menudo me preguntan, *"¿Dónde es que crece una Red?"* Siempre contesto, *"la Red crece en los eventos"*. Inmediatamente me preguntan: *"¿y entonces dónde es que se cae una Red?"*, y contesto, *"en los eventos también"*.

Fíjate en esto, ¿dónde un boxeador gana la pelea? En el cuadrilátero, y ¿dónde la pierde? En el cuadrilátero también. Entonces, ¿qué es lo que hace crecer una Red? Lo que hace crecer una Red es cuando en los eventos se crea el ambiente de éxito, de prosperidad, de abundancia, de apoyo, de positivismo y de perseverancia de las personas que allí se reúnen. Tu energía, tu FE y tu entusiasmo son los *detonantes* necesarios para contagiar a los demás. Ese ambiente positivo es lo que provoca que las personas regresen y salgan a poner el esfuerzo.

Para crear ese motivante ambiente en cada evento hay que estar enfocado en ganar. Hay personas que sin darse cuenta destruyen ese ambiente de alegría. Lo hacen con sus comentarios negativos, des-edificantes, críticas o de envidia. Por lo general son Distribuidores más nuevos que llegan contaminados del mundo negativo que los rodea. También hay otros pocos Distribuidores con más tiempo en el negocio, pero que no están trabajando mucho en su desarrollo personal. Ellos arrastran sus problemas a los eventos y crean un ambiente "amargo y de derrota". Nadie quiere asistir a un evento cuando el ambiente está negativo.

Cuando alguien está hablando negativo significa que su enfoque está en otro lugar. Está pensando en problemas y los está manifestando en su propia reunión. Lo peor es que está provocando que otros compañeros también se pongan negativos. ¿Verdad que no sería justo de mi parte que yo le hable negativo a un Distribuidor de tu grupo y te lo cambie a negativo? Imagina que es un padre o madre de familia que está buscando mejorar su situación actual, y por mis comentarios negativos ahora decida abandonar tu negocio. ¿Verdad que nadie merece que le hagan eso? Es por eso que si vamos a cualquier evento y estamos molestos, tristes, negativos o algo no nos gusta, aun teniendo la razón, las demás personas no merecen que los contaminemos. ¿Entiendes el punto? La realidad es que todos tenemos problemas, pero no logramos avances si los llevamos con nosotros.

"Tenemos que aprender a dejar los problemas en la cajuela del auto y no traerlos a la reuniones" Roberto Pérez

Imagina que hay un fuego y alguien tiene dos cubetas, una llena con agua y la otra con gasolina. Si queremos apagar el fuego, ¿cuál de las dos cubetas tenemos que echar? La cubeta con el agua, ¿verdad? Así mismo tenemos que enseñar a nuestros Distribuidores a echar el agua cuando otra persona nos traiga fuegos de problemas, chismes y quejas.

Me he hecho esta promesa: *"En ningún, ningún evento, ni a ninguna persona le voy a hablar de mis problemas"*. Ellos no merecen ni necesitan que yo les ocupe su tiempo productivo con mis cosas personales. El día que una organización pueda superar este nivel de madurez emocional será el gran día que todos serán imparables.

Cuando alguien te diga (o te escriba) algo negativo simplemente lo escuchas y cuando termine le dices, *"entiendo lo que me quieres decir"*. Entonces le cambias su enfoque con una simple pregunta, *"¿y cómo te puedo ayudar a crecer en tu negocio?"*. Verás cómo le ayudas a re-enfocarse sin haberlo lastimado.

Es por eso que cada Distribuidor debe entender que su asistencia y su enfoque en las cosas que construyen lo positivo es crucial para su crecimiento y el éxito de todos. Asiste y mantén el ambiente de éxito en todos los eventos.

Otros Consejos:

Recuerda, nuestro trabajo como Networkers es ayudar a que las personas tomen la decisión. La empresa se encarga de capacitar de los productos o servicios.

Durante las presentaciones de oportunidad no te recomiendo dar capacitaciones sobre los productos, porque los prospectos nuevos no podrán visualizarse duplicando esa presentación. Para las capacitaciones de productos habrá otros eventos diseñados para eso. Lo que ocurre es lo contrario, se confunden con tantos detalles y sienten que no pueden duplicar la explicación. Esto creará dependencia a ti y no independencia. Explica lo esencial y utiliza las herramientas.

Igual ocurre con el plan de bonos y comisiones. No te recomiendo explicar todo el plan de compensación a un nuevo prospecto. En sobre veinticinco años que llevo en esta profesión todavía no he conocido una sola persona que luego de una explicación se lo haya aprendido todo. Nuevamente lo que ocurre es lo contrario, se confunden y se sienten que no pueden duplicar la explicación del plan. Igual esto crea dependencia hacia ti y no independencia. Explica lo esencial y utiliza las herramientas. Promueve a las personas a que asistan a la próxima reunión.

El "Secreto" del éxito ha sido revelado...
"Me convierto en lo que más pienso"

Reglas de Etiqueta para Crear el Ambiente de Exito en la Reunión

Planifica llegar temprano para que te registres y te puedas sentar lo más al frente posible. Notarás que tus Distribuidores e invitados se sentarán a tu lado. Si te sientas atrás, tus invitados y Distribuidores se sentarán atrás. Si te sientas al frente ellos también se sentarán al frente.

1. Cada Distribuidor pagará una cuota de recuperación dependiendo de los costos totales de la actividad. Esto da un sentido de inversión en el negocio de cada persona. Por lo general, los invitados no pagan. Lamentablemente se dan casos donde algunos Distribuidores se hacen pasar como invitados para no pagar. ¡Uuyy!
2. Pregunta, cómo puedes cooperar durante la Reunión.
3. Espera a tus invitados dentro del salón, nunca afuera.

4. Esta es una Reunión de Negocios. Si tú o alguno de tus invitados tuviera que asistir con niños pequeños, lo ideal es sentarse en el área asignada para niños (usualmente en la parte posterior del salón). Sigue las instrucciones de los ujieres.
5. Apaga el teléfono celular o lo pones en modo de vibrar. Para mantener la concentración de todos y por respeto al orador y a los asistentes, nunca contestes el teléfono dentro del salón.
6. Apoya al presentador con tus aplausos y tu entusiasmo. Recuerda que en ese momento el presentador está dando el máximo para ti, para los invitados y para todos los Distribuidores.
7. Mantente atento y sin dar conversación a las personas sentadas al lado, podrías distraer a otros invitados y confundir al presentador.
8. La música popular puede aumentar un 15% los auspicios.

NOTA: Te recomiendo que no lleves a tus invitados "ciegos" a una Presentación Central. Todos tus invitados deberían saber de qué se trata y haber visto una presentación antes de asistir a la Reunión Central.

"Si tuviste una mala semana, necesitas asistir a la reunión, y si tuviste una buena semana, la reunión te necesita a ti"

Los Equipos de Apoyo al Finalizar

Cuando termina la presentación es el momento oportuno para auspiciar a los invitados nuevos. Lamentablemente muchos Distribuidores se ponen de pie y comienzan a hablar y hablar con todo el mundo como si estuvieran en un parque. En lugar de eso, mejor siéntate y apoya a tus compañeros, uniéndote a uno de los Equipos de Apoyo.

El propósito de hacer Equipos de Apoyo es crear la visión, estrechar la relación con los Distribuidores, los invitados y crear nuevo liderazgo.

Te explico cómo funciona el Equipo de Apoyo:
1. Inmediatamente finalizada la Reunión Central puedes reunirte en pequeños grupos (entre 5 a 8 personas) y formar el Equipo de Apoyo. Pongan las sillas en círculos.

2. Decidan quién será el que dirija el Equipo de Apoyo.
3. Inicia dando la bienvenida a los nuevos invitados.
4. Comenta cómo te sentiste la primera vez que viniste a una reunión y comparte cómo tu visión inicial se ha expandido.
5. Es el momento de sacar la Hoja de Inscripción para Nuevos Socios e invitarlos a unirse. Puedes darles material de seguimiento. Saca tu agenda y planifica la próxima reunión en las Casas o Individuales con los interesados.
6. El presentador irá pasando a saludar por cada grupo de Equipos de Apoyo. Cuando se acerque a tu grupo, inmediatamente edifiquen su persona y permitan que diga unas cortas palabras. Muchos líderes del Grupo de Apoyo cometen el error de continuar hablando y hablando mientras el presentador está a su lado y así desperdician la oportunidad de que el presentador los pueda ayudar. El presentador lo que hará será ayudarte y dar edificación a los líderes del Equipo de Apoyo y darle la bienvenida a los invitados.
7. Ten siempre contigo las herramientas: aplicaciones de inscripción, catálogo de productos, bolígrafo, calculadora, etc.
8. Promueve con entusiasmo la asistencia de los invitados a la próxima actividad.
9. Concluye con alguna corta historia que los inspire a tomar acción de inscribirse.

NOTA: Si no tuviste invitados nuevos, de todos modos debes unirte a uno de los Grupos de Apoyo para dar apoyo y planificar sus acciones semanales. La duración total del Equipo de Apoyo no excederá de 15 a 20 minutos.

No deberías secuestrar a los invitados y retenerlos una o dos horas después de haber terminado la presentación, porque muchos trabajan temprano al siguiente día y podrían no volver a regresar si ven que salen muy tarde.

"Tus sueños y tus metas deben ser más grandes que tus miedos"

Hablar en Público Frente a tu Equipo es una Buena Meta

Procurar hablar frente al público lo antes posible. ¿Por qué razón? Porque tu grupo necesita verte y es la mejor manera para que los inspires. Se van a sentir orgullosos de ver a su Patrocinador hablando al frente y lo presumirán con sus invitados. Cuando te vean en tarima tu credibilidad aumentará.

"Hablar en público es un privilegio que no se demanda, se gana"

Debes demostrar que estás comprometido, que estás siguiendo la visión y el sistema de duplicación que tu Equipo sugiere. Si no estás siguiendo el sistema de duplicación del Equipo, seguramente no te pondrán a hablar. Lo otro es que debes estar subiendo de rango, estar activo mensualmente, estar patrocinando personas nuevas constantemente, asistir consistentemente a los eventos, servir como voluntario en los eventos y ser una persona con ética. Nadie que esté haciendo trampa y trabajando sin ética podrá dirigirse al grupo. No lo permitas.

Hablar frente a un grupo conlleva una gran responsabilidad. Si quieres que te pongan a hablar ten paciencia, porque tarde o temprano se darán cuenta que estás poniendo el trabajo necesario y cuando te lo pidan será porque tus líderes saben que ya estás listo y lo vas a hacer bien.

Lo que tú digas puede lanzar a las personas al éxito, o los envía al fracaso. No puedes improvisar. Deberás prepararte y saber exactamente cuál será la enseñanza que compartirás. El Equipo está orgulloso de ti y por eso será que te lo pidan. Cuando te llegue la oportunidad siéntete feliz y orgulloso de ese privilegio. Deberás ser puntual y respetar el tiempo que te den para hablar. Tampoco permitas que se te suba el ego, no caigas en esa adictiva y mortífera seducción. Estás en tarima para *servir*, y no para ser aplaudido. En ningún momento, ni tiempo, te confundas. Comienza a poner el esfuerzo diario y a ganarte esa confianza. Disfruta el proceso de compartir tus experiencias con los demás.

Cuándo y Cómo Comenzar una Reunión Central en una Nueva Ciudad

Tan pronto como en una nueva ciudad exista la cultura de dar Presentaciones en las Casas y hayan varias personas que se comprometan a trabajar en equipo, es el momento correcto de evaluar para comenzar una nueva Reunión Central. Lo que no es recomendable es comenzar una Reunión Central si todavía no hay una cultura de hacer Presentaciones en las Casas.

Primero anuncia a todas las personas que están en esa área y al liderato del Equipo que pronto se va a comenzar una Reunión Central. El anuncio se hace por lo menos con un mes de anticipación para poder comenzar a hacer la promoción correspondiente. El compartirlo y anunciarlo con todo el Equipo logrará que esa nueva reunión tenga más apoyo, asistencia y solidez.

La recomendación es hacer una sola Reunión Central por ciudad. No es recomendable hacer dos Reuniones en la misma ciudad (sólo si es una ciudad muy grande), porque se diluye el esfuerzo y los recursos de todos. Siempre consulta primero con tu línea de auspicio si es el momento correcto o no para comenzar una nueva Reunión Central en una ciudad. Ellos tienen la experiencia, escúchalos.

"El éxito es mejor buscarlo, que sentarse a esperarlo"
Luis Eduardo Barón

Ley # 7

Seguimiento, Capacitación, Seminarios y Convenciones

La Importancia del Seguimiento

En el proceso de seguimiento es que inscribirás sobre el 80% de las personas. El seguimiento es el *proceso* por el cual la mayoría de tus prospectos llegarán a tomar la decisión de consumir los productos o inscribirse contigo en el negocio.

Sin una estrategia de seguimiento adecuada perderás muchas personas. Se ha demostrado que cuando las personas dicen "NO", el 50% no entienden lo que les están ofreciendo; y el otro 50% tienen dificultad en tomar una decisión. Es por eso que debemos continuar con el seguimiento.

Cómo Hacer el Seguimiento

Luego de haber terminado cualquier Presentación notarás que algunas personas se inscriben inmediatamente y otras necesitarán un poco más de tiempo. Es aquí donde comienza el proceso del seguimiento.

Lo que debes hacer es promover que tu prospecto asista a ver otra presentación. Así de simple. Ya sea en una casa, a una Reunión Central, a un Evento Regional. También podría ser una transmisión por internet en vivo o un video grabado. Al promover que tu prospecto asista a otra reunión, tendrá la oportunidad de ver el negocio nuevamente, esta vez presentado por otras personas con otras historias. Este proceso creará sana duplicación y no serás tú quien tenga que estar convenciendo. Usa los eventos como herramienta de apalancamiento masivo.

También puedes entregar información de seguimiento. Puede ser física (DVD, CD, Folleto, etc.), o puedes referirles a una página de Internet donde puedan ver información adicional (video, artículos, conferencias grabadas). Dale a los prospectos un período entre 24 a 48 horas para repasar esa información. Una vez la hayan visto, es el momento ideal para hacerles una llamada entre tres con tu Patrocinador.

Cómo Hacer una Llamada Entre Tres

El propósito de la llamada entre tres es exponer a tu prospecto a que conozca a otras personas que han tenido buenas experiencias, ya sea con el resultado de los productos o con la oportunidad de negocio. Hacer una llamada entre tres te da credibilidad. Mediante este proceso lograrás que se abra más la mente y la emoción de tus nuevos prospectos. No es necesariamente una llamada para cerrar a un prospecto. Es una llamada para hacer un nuevo amigo, darle confianza, edificarte a ti e invitar a tu prospecto a que asista al próximo evento. Este proceso es sumamente duplicable y altamente efectivo:

1. Notifica a tu Patrocinador o línea de auspicio antes de hacer la llamada. Es muy conveniente que tu Patrocinador primero conozca algo general sobre tu prospecto. Dale una corta descripción sobre la situación de tu prospecto. Ejemplo: *"Está bien interesado en los productos o en el negocio, tiene experiencia en redes o no"*.

   Esta introducción a tu Patrocinador puede durar uno y no más de dos minutos, luego cuelga. Recuerda que tu Patrocinador está ocupado haciendo otras tareas y por eso debes ser breve con sus conversaciones.

2. Ahora llamas a tu prospecto y efectúa la llamada entre tres. Antes de conectar a tu prospecto con tu Patrocinador es muy importante que hables positivo y edifiques bien a tu Patrocinador. Menciona algo

positivo de tu prospecto y recuerda edificar más a tu Patrocinador que a tu prospecto.

3. Haz la llamada. Ejemplo: *"Hola* (tu Patrocinador), *te presento a* (nombre del prospecto) *él es mi amigo y está interesado en conocer más sobre* (los productos o el negocio). (Nombre del prospecto), (edifique a la persona con quien va a hablar) *"Jorge es una persona exitosa y tiene mucha experiencia en el negocio, es mi gran amigo"* preséntale a tu prospecto y luego presentas a tu Patrocinador. Permite que ellos hablen y se conozcan.

4. Sé breve en la llamada y deja que tu prospecto se exprese para que tu Patrocinador pueda escucharlo y hacer el trabajo. Recuerda no dar toda la información y dejar a tu prospecto con "hambre".

5. Respeta el tiempo de tu Patrocinador. Cuando esté hablando con tu prospecto no le interrumpas, ni le corrijas aunque se equivoque. Muchos Distribuidores interrumpen e interrumpen.

6. Enseña, duplica y disfruta con tu grupo los resultados.

La llamada entre tres te permite aprender mientras escuchas a tu Patrocinador hablar con tu prospecto. Escucha y luego deja que ellos te den su evaluación. Las llamadas entre tres logran que maximices tu tiempo.

Lo importante en estos procesos de seguimiento es que no se presione al prospecto a tomar la decisión de comprar o inscribirse. Esto no se trata de hacer una venta.

Puedes usar tecnología como Skype, Webinars y Hangouts para hacer video llamadas gratis entre tres o de grupos. Decida lo que decida el prospecto, mantente positivo. Recuerda que esto es un proceso y unos se inscribirán más rápido que otros. El seguimiento siempre será tu actividad más productiva.

El Propósito de las Conferencias Grupales Telefónicas

Las conferencias telefónicas grupales son otra herramienta para crear interés en tus prospectos, clientes y Distribuidores. Por lo regular los Equipos ofrecen estas conferencias telefónicas que te dan más conocimiento y te apoyan en el desarrollo de tu negocio.

Estas llamadas dan mucha credibilidad y emoción porque son cortas y sumamente duplicables. Muchos Equipos se reúnen por teléfono (10 a 15 minutos) temprano en las mañanas antes de llegar a sus trabajos. Se motivan, hacen planes y metas de trabajo para ese específico día. Usualmente son hechas por Distribuidores exitosos quienes comparten sus experiencias. Verifica cuándo es la próxima llamada de conferencia y conéctate con tu Equipo.

Capacitaciones o Transmisiones en Línea (Webinars o Hangouts)

Con los Webinars o Hangouts puedes dar presentaciones y capacitaciones en VIVO a través del Internet a las personas que se encuentran a larga distancia o en otros países. Esta es una excelente herramienta tecnológica para mantenerte conectado con toda tu organización.

Al usar estas aplicaciones, tus transmisiones quedarán grabadas y las podrán volver a ver una y otra vez, sirviendo como herramienta de capacitación. Las posibilidades son infinitas y muchos de estos servicios son muy económico y otros gratis. Es sencillo aprender a utilizarlas, divertidas y disfrutarás viendo tu grupo crecer.

Cómo Efectuar un Seguimiento Después de una Nueva Inscripción

Por lo general, un nuevo Distribuidor se siente solo, está perdido y no tiene un rumbo claro para desarrollar su negocio. Los nuevos distribuidores que entran en tu Red no conocen que pueden recibir apoyo de su línea ascendente. Lo que puedes hacer es darles una llamada telefónica de bienvenida ofreciendo tu apoyo. Es muy simple y te puede salvar muchas personas.

Ejemplo de lo que puedes decir cuando les llames:

- *Hola Juan, mucho gusto mi nombre es Roberto Pérez. No tengo el gusto de conocerte, pero te estoy llamado para felicitarte porque eres parte de nuestro Equipo. Si eres como la mayoría de nosotros debes tener muchas preguntas para saber cómo comenzar. ¿Tendrás alguna pregunta con la que te pueda ayudar? ¿Qué te gustaría saber en primer lugar?*

Esta apertura les da permiso para hacer "preguntas muy básicas" y les hace sentirse más cómodos con tu apoyo. Recuerda siempre edificar el Equipo, el sistema educativo de duplicación, su Patrocinador personal y las personas en la línea ascendente de tu equipo. Promueve a que asista a la próxima presentación.

Edificar y Promover los Eventos es la Clave

Las personas que más ganan dinero también son los más que promueven los eventos. Porque cada evento está diseñado con el propósito de crear el ambiente de crecimiento y motivación para ti y los grupos.

El corazón de este negocio se basa en las emociones, sentimientos y relaciones entre las personas. A las personas les gusta encontrarse con los demás para conocerse, aprender, compartir sus experiencias y logros. En los eventos presenciales es que se crea lo que le llamamos "el pegamento" o "magia entre las personas". Los eventos presenciales son el lugar perfecto para lograr esta conexión tan necesaria.

Es por eso que cada evento hay que promoverlo como uno máximo. Un evento no basta con sólo anunciarlo, hay que promoverlo. Debes crear una sensación de curiosidad en tus invitados y en los Distribuidores. Promueve estas actividades con pasión y entusiasmo. Si viniera a un evento el mejor orador del mundo, y la promoción es muy pobre, ¿cuántas personas piensas que podrían asistir? Definitivamente, muy pocas.

Como líder, da el ejemplo siendo uno de los primeros en registrarte y comprar los boletos para los eventos. Esto reflejará tu nivel de compromiso, un mayor éxito para ti, para tu negocio y el grupo lo duplicará.

Todos los Eventos del Equipo se Deben Auto Financiar

Si quieres que tu Equipo se duplique, deben poder duplicar los eventos. Cada evento siempre conlleva unos costos de preparación, (hotel, sonido, muestras de productos, invitado especial, promociones, boletos, etc.). Cada evento se debe auto financiar y la manera de hacerlo es con la venta de los boletos.

No funciona y no duplica cuando hay un sólo líder Distribuidor quien sea el que cargue con toda la responsabilidad financiera de pagar por los costos de un evento. Si eso ocurre el Equipo entero sufre, porque la mentalidad de escasez y la dependencia se propagan en la organización y luego nadie querrá organizar eventos.

Tampoco funciona que sea un pequeño grupo de líderes quienes paguen por los costos del evento. Debería ser cada uno de los integrantes del Equipo, por igual, quienes pagan sus propios boletos. Un buen Networker es un buen promotor de eventos y un buen vendedor de boletos. Imagina, ¿qué sucedería si tú das el máximo y promueves el evento entre todas las personas de tu grupo? Lo que sucederá es que más personas de tu organización asistirán al evento y se expondrán a la información y motivación que crean estas actividades.

Un Equipo organizado tiene la estrategia de vender boletos por adelantado. Según se acerca la fecha del evento pueden ir aumentando de precio. Quien compre los boletos por adelantado los podría comprar con menor costo. Esto incentiva a que las personas compren sus boletos tan pronto se anuncia el siguiente evento y así se cubran los costos totales del evento, garantizando el éxito de la asistencia.

Los líderes más astutos siempre aprovechan estas oportunidades y compran boletos adicionales para usarlos como promoción con sus futuros invitados. Saben que al comprar más boletos tendrán más invitados y aumentan las probabilidades de que sus negocios crezcan mucho más rápido.

Siempre habrá varias personas que cuestionan esos costos y dicen: *"Si él es el que más está ganado dinero, debería pagarlo todo"*. Otros dicen, *"Yo vine a ganar dinero no a gastarlo"*. Otros dicen, *"Si hay que pagar, no asisto"*. Lamentablemente si éstas personas no cambian su mentalidad y esa actitud, serán los que más perderán en el negocio y abandonarán muy pronto.

Como ya te había comentado, hay casos en que Distribuidores buscarán la manera de ingeniárselas para no pagar y tratar de entrar gratis. El Equipo debe manejar a estas personas que no quieren aportar para los eventos por el bien común de su propio Equipo. Personas con esa actitud son negativas para el Equipo y deberían llamarles la atención. Si alguien no tuviese el dinero para pagar la entrada del próximo evento, lo que puede hacer es vender productos o auspiciar personas. De esa forma ganará el dinero para poder obtener su boleto, asistir al evento y financiar cualquier otro costo. Si alguien te dice que no va a asistir, entonces crea en la persona la sensación de que es importante para el crecimiento de su negocio que pueda asistir y que se estaría perdiendo de un evento espectacular. Si por alguna razón extraordinaria no pudiese asistir, no le hagas sentir mal. Como quiera le seguirán amando.

En resumen, lo que hace que un evento sea exitoso en asistencia no es el orador invitado, sino el entusiasmo, la pasión y el compromiso de cada uno de los Distribuidores en registrarse rápido y promover el evento para que haya una mayor asistencia.

"Apalanca tu crecimiento con los eventos"
Roberto Pere

La Importancia de las Capacitaciones

¿En cuánto tiempo crees que se forma un campeón olímpico? ¿En una semana, en un mes, en un año? Sabemos que varios años son necesarios para convertirse en uno de los mejores. En esta profesión es igual y para eso tienes las capacitaciones.

Como parte de este desarrollo los integrantes del Equipo crean diferentes capacitaciones con temas variados que pueden incluir: cómo desarrollar la Red, cómo invitar irresistiblemente, cómo dar seguimiento, el uso correcto de las herramientas, desarrollo personal, testimonios y beneficios de los productos, reconocimiento a los Distribuidores que están progresando dentro del negocio, promociones, noticias, motivación, etc. Estos eventos son vitales para el crecimiento de la Red.

La Importancia de los Seminarios

*"El propósito de cualquier evento
es inspirar a que las personas quieran salir
a comerse el mundo"* Roberto Pérez

Los seminarios y los eventos regionales son actividades muy importantes y necesarias, donde se exponen los Distribuidores más exitosos, los invitados especiales o los ejecutivos corporativos. Aquí es donde las personas capturan la visión grande que tiene el Equipo y donde se logran los anclajes y los compromisos emocionales. Aquí es donde se logra la efectiva y masiva *Aprobación Social*, y donde tu negocio se multiplica.

La realidad es que he visto pocos Equipos que saben organizarse para lograr tener sus propios eventos. Hay que haber mostrado el camino para que las personas entiendan la necesidad y el valor de estos eventos.

*"Para celebrar un evento productivo
los integrantes del Equipo se tienen que comprometer"*

Un día reconocí y decidí que se podía hacer la primera Convención de nuestro Equipo. Imagínate que emoción. Primero hablé y confirmé la asistencia de los presidentes de la Compañía. Luego el apoyo y la asistencia de la línea de auspicio. Estimé los costos del Hotel y el evento en general. Con la visión y compromiso pagué los adelantos con mi tarjeta de crédito para separar los tres días del evento en el Hotel. Mi inversión personal estaba estimada entre $30,000 a $35,000 dólares. Anticipadamente les adelanté mi secreto a varios de los líderes para saber su posición. Estaba listo y contento para hacer el evento más grande de mi carrera y así disfrutar ver el crecimiento de todos. Con casi todo listo y con más de cuatro meses de anticipación, entonces cité a una reunión con mis 25 líderes, los de más altos rangos para darles la sorpresa del año. Aquella reunión nunca se me va a olvidar porque fui yo quien se llevó la sorpresa. Algunos líderes ya tenían otra agenda, que fue boicotear y no apoyar el evento.

Durante aquella fallida reunión tuve que bañarme de paciencia y tolerancia. Aunque ocho o diez aplaudieron y celebraron la noticia, otros estaban neutrales y los restantes comenzaron fuertemente a cuestionarme. Dijeron cosas como, *"¿por qué no se les consultó primero? ¿por qué el costo de los boletos?* Otros creían que hacía un evento para lucrarme de ellos, lo cual no era cierto. Uno de ellos hasta me ofreció ser accionista con la intención de compartir la mitad de las ganancias. Por más que les expliqué, ya ellos tenían una imagen negativa creada. En ese momento me di cuenta que no tenía un Equipo trabajando unido. Tenía un grupo de personas sin una visión a largo plazo y velando por sus intereses personales. El egocentrismo y la falta de desarrollo personal nubla la visión del éxito colectivo.

Aún así la promoción continuó y una pequeña guerra se inició, y luego se intensificó. La Compañía y la línea de auspicio infructuosamente trataron de hacerles ver los beneficios del evento, pero lamentablemente todo esto llevó a una profunda e irreparable división. Finalmente, el evento se realizó, pero fue uno de poca asistencia y ambiente falto de energía. Y, ¿quién crees que tuvo la culpa? ¡Yo!

Me costó entender que finalmente fuera yo el responsable por los resultados. Mi buena intención estaba a un alto nivel, pero no mis conocimientos y mi liderato. Al final todos los que boicotearon terminaron asistiendo. Ellos no promovieron el evento con pasión, sino con resignación. Así que las personas de sus grupos, pocos asistieron y casi todos desaparecieron del negocio. Los demás grupos que trabajaron y apoyaron el evento, sí crecieron. Tuve varios miles de dólares en pérdidas, pero lo que hoy me alegra fueron las docenas de grandes experiencias aprendidas. En sólo cuatro meses crecí más de lo que me hubiese tardado una década en aprender. Nuevamente gracias a todas esas situaciones negativas que me hicieron crecer.

¿Cómo es posible que yo me sentara con 25 personas a la vez a intentar planificar un evento de esa magnitud? ¿Cómo es posible que intentara hacer un evento cuando los líderes no estaban 100% comprometidos? ¿Cómo es posible que intentara hacer un evento tan grande, cuando no había creado una mentalidad de unión y trabajo en Equipo? No supe mostrar la visión y los retos en el camino. Yo veía el camino, pero no logré que ellos lo vieran. Tal vez había escogido mal los líderes o tal vez usé una mala estrategia. Pero lo importante fue que aprendí mucho y ahora no me vuelve a ocurrir. Tuve que pasar por ese camino para ahora poder anticipártelo.

Aprendí que hay que trabajar con las personas que son leales y están comprometidos con el Equipo. Aprendí que hay que desarrollar y trabajar un círculo íntimo de personas.

Ahora quiero que te evalúes. Te pregunto, ¿has capturado tú la visión de tu Equipo? ¿Estás tú ayudando y promoviendo los eventos? ¿Eres un cuestionado o promotor? Al final lo más valioso será lo que has aprendido y lo que puedes aplicar. Debes capturar la visión del cuadro completo cuanto antes para poder ser útil al Equipo y que tu Red sea la que crezca.

"Un Equipo en Red crecerá proporcional al tamaño y el compromiso de sus líderes"

Los Eventos Regionales
(Rallys)

Por lo general estos eventos se efectúan tres o cuatro veces al año en las diferentes ciudades donde el negocio se mueve más rápido. Son eventos sumamente especiales. Vas a querer promover y asistir al mayor número posible de estos eventos.

Estos son eventos más formales donde se pueden presentar la oportunidad de negocio, los productos, dar capacitación, hacer reconocimientos y motivación para desarrollar entusiasmo.

El éxito de estos eventos dependerá en gran medida de la capacidad de los expositores, el ambiente de éxito creado por todos y la calidad de su producción. Por eso recomiendo encontrar un Centro de Convenciones u Hotel de buena categoría, 4 ó 5 estrellas porque proyectará un ambiente de prosperidad, seguro y cómodo. Además, le da la imagen correcta a tu negocio de grandeza y abundancia. Los prospectos se inscribirán más rápido y los Distribuidores se comprometen. No es lo mismo hacer un evento en un Hotel barato que en uno lujoso. ¿Cuál tu prefieres?

Como mencionamos anteriormente y repito, la magia de financiar un evento está en que los costos se cubran con la venta adelantada de los boletos. Esta estrategia te ayudará a tener más invitados nuevos y duplicará en tu Red.

"Un buen Networker es un buen vendedor de boletos"

No es recomendable que los Distribuidores estén esperando que sea la Compañía quien produzca todos los eventos. Si la Compañía hace o apoya un evento está bien. Un Equipo organizado siempre realiza sus propios eventos.

Si un evento no se financia con la venta de boletos, entonces nadie querrá hacer futuros eventos. Cuando se copia correctamente el modelo de financiar los eventos con boletos, todos pueden crear y duplicar estos eventos. El negocio crece y se duplica más rápido.

Cada integrante del Equipo tiene la opción de comprar un boleto, dos boletos o diez boletos. Cuando un Distribuidor compra diez boletos tiene el incentivo de un gran descuento en el precio. El beneficio es que ahora su propio boleto le saldrá más económico y tendrá adicionales para (vender o regalar) a sus prospectos. Verifica si en tu Equipo están vendiendo los boletos en cantidades con descuento y aprovéchalo. Te funcionará y duplicará la asistencia de tus invitados.

Durante mis Seminarios Presenciales acostumbro a explicar en detalles cómo implementar esta ingeniosa y duplicable estrategia de auto financiar los eventos.

Los Eventos Crean el Ambiente de Éxito

Asistí a un Evento Regional en México de un día de duración. Habían entre 400 a 500 personas de toda la República. El evento fue uno muy lucido. Recuerdo que la Compañía anunció nuevos productos, nuevas herramientas, se premiaron los ganadores de los concursos, premios a los Distribuidores más destacados, buena música, en resumen fue todo un éxito.

Justo al finalizar, muchos brincamos de alegría y casi corriendo fuimos al área de la tarima a saludarnos, felicitar a los ganadores, sacarnos fotos, celebrar y despedirnos.

En medio de todos esos abrazos y alegres sonrisas, a unas 12 ó 15 filas atrás reconocí a una dama de nuestro Equipo junto con sus tres nuevos Distribuidores que no nos acompañaron a celebrar aquel explosivo e inolvidable momento. Confundido caminé rápido hacia ella y le sugerí que se uniera al grupo y nos acompañara a todos en la tarima. Ella con un rostro bien molesta y de una muy, muy mala forma me dijo, *"¡Yo no voy a celebrar nada!"*. Sorprendido, muy amablemente le pregunté, ¿qué había ocurrido? y si le podía ayudar. Su contestación me dejo frío, *"Roberto, pero tú no ves que mi líder me ha dejado sola. Tiene como 50 personas encima. Están todos buscándolo para sacarse fotos con él. Está allá con su esposa de lo más contento. Están los corporativos con él, no ha tenido la cortesía de venir a buscarme y me ha dejado sola"*. Le sugerí que nos acompañara a todos y que su líder seguramente no la había visto. Peor fue su contestación, *"¡Yo me voy ahora mismo y por haberme dejado sola, ya no me interesa trabajar este negocio y a él que ni me vuelva a llamar!"*. Así se volteó y se fue. Tristemente esa fue la última vez que la volvimos a ver. Demás está decirte que sus invitados también desaparecieron. Hay personas que emocionalmente están muy comprometidos y no tienen el enfoque correcto cuando asisten a un evento.

Cuando asistimos a cualquier evento debemos preguntarnos, ¿cómo le puedo sacar el máximo provecho a este evento? ¿Qué yo necesito aprender para ser más efectivo y desarrollar más rápido la Red? ¿Qué será lo primero que pondré en práctica tan pronto salga del evento? ¿Qué nuevas buenas relaciones podré hacer en el evento? ¿Qué podré aportar para que el evento sea uno más exitoso? Imagina cuán productivo sería un evento si todos se hicieran las mismas preguntas.

Cómo Puedes Maximizar un Evento

Enfócate, mantente positivo, entusiasmado y demuéstralo. Sé abundante con los aplausos. En tus conversaciones edifica a todos los líderes, ya sea en el baño, comiendo, en la registración. Evita los destructivos chismes. Demuestra tu madurez emocional. Viste adecuadamente de Negocio. Si estás cansado, no te la pases diciendo que estás cansado. Sé puntual. Siéntate lo más en frente posible. No te la pases de turista caminando por todo el salón, ni hablando por teléfono. Respeta el enfoque de quienes están sentados a tu lado, no les des conversación. Concéntrate en el evento y en la gente. Disfruta.

Tu meta principal deberá ser el llevar la mayor cantidad de personas de tu Equipo al próximo evento. Decide jugar en grande y regístrate para el próximo evento y la próxima convención.

Consideraciones Durante un Evento

Como líder tienes que cuidar el ambiente de los eventos. He visto errores de coordinación que los han deslucido. Si se hace algo indebido, que incomode, habrán personas que abandonarán la Red. Aquí te comparto algunas de las consideraciones a la hora de crear eventos:

- Comienza la promoción con suficiente tiempo de anticipación para que más personas asistan.
- Escoge un buen lugar que vaya de acuerdo a la imagen que quieren proyectar. Hoteles 4 ó 5 estrellas o Centros de Convenciones son los mejores.
- Promueve la venta de boletos por adelantado. Ten la opción de comprar boletos por cantidades: un boleto, dos boletos o diez boletos.
- Ubica la pantalla a un lado del salón. No va en el centro. En el centro quien va es el orador. Coloca el cañón en una posición donde la luz no le dé en la cara a los presentadores en ningún momento.
- El equipo de sonido va ubicado en la parte de atrás del salón, nunca al frente. Si lo colocan al frente creará distracciones innecesarias. Tengan una persona a cargo del sonido. Prueben el volumen de sonido y pongan baterías nuevas a todos los micrófonos para evitar que a mitad de presentación tengan que interrumpir para cambiarle la batería.
- Tener listas las mesas de los productos, letreros, promociones, etc.
- La mesa de registro va colocada afuera del salón del evento, nunca adentro.
- La temperatura del salón debería estar a 18 C. (66 F.). El aire encendido por lo menos una hora antes de iniciar. Cuando el salón se va llenando de personas la temperatura aumentará.
- Reúnete con el Equipo que participará durante el evento una hora antes de iniciar y coordinen los detalles de último minuto.
- Repasen el tiempo que tendrá cada orador para que no se excedan de su tiempo. El orador que no respete el tiempo asignado creará un problema a los siguientes oradores y al evento en general. Tengan una persona dedicada que vele por los tiempos.
- Comiencen puntual y terminen puntual. Respeten los tiempos de recesos.

- No repartan o promuevan ningún tipo de bebida con alcohol durante las actividades. Las personas cambian su comportamiento y dicen cosas de las cuales después se pueden arrepentir.
- No usen los eventos para celebrar cumpleaños, aniversarios, fiestas de navidad, año nuevo o cualquier otra actividad personal. En la Red hay personas de múltiples costumbres, religiones y habrá personas que se van a sensibilizar con estas celebraciones. No es el lugar adecuado, no hacen falta y no duplica.
- No permitan que algún compañero se encapriche de entregar regalos especiales en público. Eso alarga las presentaciones y podría hacer sentir mal a los excluidos. Discutan si será o no necesario. Lo que ocurre es que los demás líderes sentirán la presión de también tener que hacer regalos a sus líderes y por eso es que no duplica.
- Si tienen algún entretenimiento durante el evento, procuren que no sea peligroso. Fuego, acrobacias, lanzar objetos al público, etc. Si ocurre un accidente, el evento completo se irá abajo. Nunca los arriesgues.
- No tengan como entretenimiento a personas con poca ropa. Aunque sea artístico y no lo veas, se desviará el mensaje. Recuerda que siempre habrá personas sensibles en el evento, y una reunión de negocios no es el lugar para ello. Enfrentarás gente ejerciendo presión para que se haga. Como líder debes ser juicioso con todos y no caer en la tentación. Pueden organizar otro evento fuera del negocio para ello.
- No usen vocabulario adulto, algunas personas se pueden ofender.
- Diviértete disfrutando lo que haces. Lo que hace un evento divertido es que los presentadores conecten con la audiencia, los hagan sentir bien y que pueden lograrlo.

A muchas personas les agradan estas actividades, aun así tendrás algunas que no estarán de acuerdo. Todo evento del negocio puede ser exitoso sin tener que recurrir a los extremos.

La Gran Convención Anual

Recuerdo cuando mis Patrocinadores me recomendaron asistir a mi primera convención. Era en la ciudad de Atlanta, Georgia en los Estados Unidos. ¡Claro que me encantó la idea de viajar! Una de las cosas que más me motivaba a asistir a la convención era que en tarima iba a haber un panel con los diez líderes que más estaban generando ingresos. Imagina qué gran oportunidad para aprender. El problema era que yo estaba en la total bancarrota y no tenía el dinero para viajar.

Sin embargo, lo que hice fue que agarré el catálogo de productos y me puse a vender productos para ganar dinero. También auspicié a más personas y con las comisiones ganadas reuní el suficiente dinero para comprar mis boletos de avión. Tuve que actuar rápido. No tenía tiempo de darme excusas.

El segundo problema fue que no tenía dinero para pagar por el cuarto de Hotel. Lo que hice fue que le pedí a mis amigos que por las tres noches que duró la convención me permitieran dormir en el piso de su habitación. Igual, no tuve tiempo de darme excusas. Admito que le tuve que pedir permiso a mi ego, para permitirme dormir en el piso, pero mi deseo de progresar era tan grande que los obstáculos los vi pequeños. No había nada más importante que viajar y aprender de los que ya tenían el éxito que yo quería tener.

Tampoco tenía dinero para comer, así que durante los recesos comía de las muestras que regalaron en la convención y tomaba agua en la fuente para calmar mi insoportable hambre. Y como ya sabes, no tenía tiempo de darme excusas.

Hoy te digo que me alegro de haberlo hecho. Porque aquella primera convención fue la que cambió mi perspectiva y mi visión del negocio. Tener la oportunidad de conocer en persona a los presidentes y ejecutivos de la Compañía, estrechar sus manos, sacarme fotografías con ellos, escuchar a los 10 mayores generadores de ingresos y todo el ambiente de éxito que allí se respiraba, me ayudó a aumentar mi creencia y seguridad.

En mis inicios estaba muy enfocado en promover y vender el producto porque eso fue lo que aprendí de mi Patrocinador. Asistí a aquella Convención porque quería asegurarme que estaba haciendo las cosas correctamente y quería escuchar a las personas que más estaban ganando dinero en la Compañía.

Una sola frase cambió mi futuro:

Los primeros nueve líderes que hablaron durante aquella Convención enfatizaron mucho en hablar sobre los beneficios de los productos y la misión de ayudar a las personas en la salud. Eso me encantó.

Sin embargo, cuando habló el último de los líderes, el que más dinero ganaba de todos los nueve anteriores juntos, mencionó una frase que cambió el futuro de mi carrera como Networker, y dijo, *"Soy el más que gana dinero, no porque promuevo los productos, sino porque promuevo la oportunidad de negocio"*. Eso me sorprendió, pero no lo entendí. El continuó diciendo, *"La cantidad de ceros en mi cheque, demuestra a cuánta gente he ayudado con la salud"*. Y cerró diciendo, *"Si ustedes quieren ayudar a las personas en la salud, entonces enfoquen en aumentar su cheque"*... Wow... que cambio tan grande de paradigma tuve. La enseñanza detrás de esas cortas y ciertas frases habían acabado de pagar todos los sacrificios que enfrenté para asistir a aquella Convención. Unas cuantas frases habían cambiado la manera en que desarrollé mi estrategia de negocio para siempre. Cuando regresé a mi casa me sentía tranquilo, satisfecho e imparable. Así fue que mis ingresos comenzaron a aumentar.

Hubiese sido fácil escoger quedarme en casa, no esforzarme y no invertir aquel dinero en el viaje. Pero me hubiera quedado como estaba, sin aprender e ignorante. En resumen, mi historia como Networker Profesional recién comenzaba.

La convención es el evento cumbre más importante del año. Está diseñada con el propósito de capturar la gran visión de la compañía. Nos adelanta de gran manera en el conocimiento y aumenta nuestro nivel de creencia. La creencia es lo que motiva a que las personas pongan el esfuerzo diario.

Este es un gran momento para celebrar, educarnos e inspirarnos. Se fortalecen las relaciones entre los compañeros y se crean nuevas relaciones. Aquí es cuando la compañía *"tira lo mejor por la ventana"*. No es lo mismo "que nos cuenten de la experiencia", "a que *vivamos* la experiencia".

La compañía invierte mucho en estos eventos para el beneficio de los Distribuidores, exponiéndonos a excelentes oradores quienes nos comparten sus experiencias y nos enseñan cómo superarnos para poder desarrollar más rápido nuestros negocios. No existen tecnologías (transmisiones, Hangouts, salas virtuales) que puedan sustituir la emoción y entusiasmo que se vive en una Convención. La compañía da reconocimientos y celebra el logro a todos los Distribuidores que han sobresalido por sus esfuerzos y ascensos durante el año.

Multiplicas tus Ingresos
Promoviendo de Evento en Evento

Una Red de Mercadeo se construye de evento en evento. ¿Por qué? Porque los eventos hacen que ganes más dinero. Promover los eventos es una destreza que se aprende. En el Internet puedes conocer personas y crear una relación, pero en los eventos es donde se sella la relación. Los eventos crean la necesaria Aprobación Social. Los eventos te ayudan a acelerar tu capacitación y la de tu Equipo.

Por eso es que cuando alguien me dice que no asistirá a un Evento Mayor o a la Convención porque no tiene dinero, yo no le puedo comprar esa excusa. Si le compramos esa excusa, le haremos un daño a ese Distribuidor. Si es una persona que realmente quiere tener éxito en el negocio debemos darle ideas e inspirarlo. Hacerle saber que para el crecimiento de su negocio es importante asistir a estos eventos porque ahí es donde van a escuchar las mejores historias de éxito y aprender de los líderes que más dinero están ganando.

Una fuerte característica de un líder es que siempre se las ingenia para asistir a los eventos. Una razón válida para no asistir a una Convención es que por las leyes de emigración de su gobierno no le den el permiso de la VISA para poder viajar o una tragedia mayor personal o familiar. Todas las demás serían un puñado de excusas que harán sentir bien sólo al Distribuidor que las da, pero lamentablemente lo mantendrán en la misma situación financiera de la cual quiere salir.

Muchos de los nuevos Distribuidores se resisten a asistir a los grandes eventos porque aún no entienden el valor de la experiencia y el conocimiento que recibirán. Se resisten porque sienten que llegaron al negocio para ganar dinero, no para gastarlo. Esa reacción de escasez o de pobreza es la que los mantiene en ella.

CUIDADO: Si un Distribuidor no asiste a la Convención o a cualquier otro evento, jamás le digas nada que lo haga sentir mal. No tenemos ese derecho. Si alguien no asiste, siempre debe sentir que es valioso para el Equipo y lo siguen apreciando igual.

En sobre 25 años que llevamos en esta profesión jamás hemos faltado a una Convención Anual. Inclusive compramos los boletos para la próxima con un año de anticipación. Siempre estamos preparados y promoviendo.

"Las convenciones te hacen ganar dinero"

Cómo se Aprovecha y se Desperdicia un Evento o Convención

En una ocasión viajé a una convención en la ciudad de Utah en Estados Unidos. Dos de mis compañeros en la Red, en lugar de llegar con la actitud de aprender, absorber información, compartir y disfrutar la convención, se fueron de paseo. Se fueron de compras (shopping), a visitar los diferentes restaurantes, discotecas y no estuvieron enfocados en la convención. Se acostaban de madrugada, se levantaban tarde y llegaban a las cuatro de la tarde al evento. Amanecían sin ánimo y muertos de cansancio. Me dio pena con ellos porque las personas que asistieron de su grupo se dieron cuenta que sus "líderes" no estaban comprometidos. Demás está decirte que las personas de su Red que asistieron se molestaron con ellos y esa línea completa (incluyendo mis dos amigos) desaparecieron del negocio.

¿Qué aprendí? Está bien que alguien quiera aprovechar el viaje e ir de paseo, de tiendas, a saborear diferentes y ricas comidas típicas en diferentes restaurantes, discoteca, etc. Yo también lo he hecho, y seguro tú también lo podrás hacer. La manera en que nosotros lo hacemos es que nos vamos varios días *antes* (no después) para poder hacer todas esas divertidas actividades y luego poder concentrarnos 100% en la convención. Siempre que termina la Convención tenemos las baterías cargadas y nos gusta regresar a trabajar.

"Una de las metas de cada Distribuidor debe ser asistir a la Gran Convención Anual"

Cómo Garantizar que Tu Red Sea Perpetua

El arma más potente y rápida para hacer crecer tu Red será la asistencia de tu grupo a una Convención. Si promueves la asistencia a la convención y logras que por lo menos 75 a 100 personas de tu grupo asistan, tu futuro financiero estará perpetuamente garantizado. La razón es porque habrá muchas personas que capturen la visión grande del negocio. Esa visión es la que los inspirará a continuar construyendo sus Redes eternamente, superar cualquier situación y mantenerse enfocado pase lo que pase. Inclusive, si tú te detuvieras de construir tu Red, aún así habrá suficientes personas que continuarán adelante sin ti. Tú mismo no los podrías detener. A eso le llamo verdadera duplicación e ingreso residual. Asistir y promover los grandes eventos será tu garantía de éxito.

Ayuda a las personas a asistir a los eventos

Puedes envolverte en la planificación y ayudar a que las personas asistan a tu próxima convención. Puedes ayudarlos a conseguir pasajes de avión más económicos, habitaciones de hoteles, alquiler de autobuses o cualquier otra actividad que promueva la asistencia a la convención.

¡Haz de tu convención, tu vacación!

Dale un valor añadido al evento

Diviértete en tu convención y busca una buena excusa para asistir. Busca darle un valor añadido. Te daré un ejemplo. Una vez nosotros planificamos viajar con un grupo desde Puerto Rico hasta una Convención que fue en Arizona, USA. Para darle un valor añadido lo que hicimos fue viajar tres días antes para juntos visitar el Gran Cañón de Colorado. Fue espectacular y todo un éxito. Planifica con tus líderes, dales algunas idea y sean creativos. Esa visita al Gran Cañón fue el valor añadido que provocó que más personas asistiesen y a la vez estrechara la relación entre los Distribuidores.

¡Verifica la fecha de la próxima convención, anótala en tu agenda y comprométete a asistir! Recuerda promoverla con tu corazón.

*"Los más que ganan dinero
siempre asisten a las convenciones"*

Ley # 8
"Primera Ley de Riqueza"

La Importancia de la Consultoría (Asesoría) y la Edificación

"Todos los mejores deportistas, compañías y líderes del mundo tienen consultores.

Mientras más alta su posición, más consultores tienen a su alrededor"

¿Por qué Desarrollar Buenas Relaciones?

Porque tu negocio y tu cuenta de banco van a crecer mucho más rápido. Porque vas a aprender más rápido. Porque todo el mundo te querrá apoyar. Porque podrás recibir los mejores consejos para crecer tu Red. Porque los Distribuidores aceptan consejos sólo de personas con quienes tienen buenas relaciones y sienten respeto por ellos. Para poder tener una buena y sincera consultoría hay que desarrollar buenas relaciones.

Cuando no hay una buena relación, las personas no prestarán atención a lo que les tienen que decir. Toda decisión que tus Distribuidores tomen estará basada en las buenas relaciones que tengan contigo. Si violas el principio de construir buenas relaciones con tus Distribuidores, tú y tu negocio serán quienes lo sufran.

Desarrollar buenas relaciones es una de las pocas partes dentro del Sistema de Duplicación donde puedes ser creativo. Sé una persona llena de valores para que los demás permitan que tú los puedas guiar. Más que un negocio, tus valores crearán una fuerte amistad y una Red de por vida. Nuevamente la acción clave son las buenas relaciones.

La Consultoría o Asesoría = Verificando y Ajustando tu Progreso

Recibir consultoría significa pedir consejos que te ayuden a mantener la dirección y el enfoque productivo en tu negocio. Una persona que está enfocada en desarrollar una Red grande debe aprovechar cada oportunidad que tenga para recibir de su mentor o de su línea de auspicio los consejos que le ayudarán a escalar al próximo nivel.

Esto es sumamente importante. Te lo repito: es sumamente importante. Tan importante como tu éxito o tu fracaso. Nadie creará una Red sólida por sí solo sin una buena consultoría. Imagínate si tuvieras que cruzar a pie a través de un campo minado. ¿Cómo lo harías? Seguramente siguiendo los consejos del que ya lo cruzó, porque el éxito deja pistas.

Hemos encontrado que una gran mayoría de las personas que no tienen éxito fallaron al no pedir consultoría o porque recibieron consultoría de las personas equivocadas. Sin la consultoría de tu línea de auspicio ascendente vas a cometer serios errores y te podrías sentir perdido.

La clave está en recibir consejos de personas que estén conectadas 100% al Sistema de Duplicación.

¿Qué es lo que un Networker necesita es para poder subir al próximo nivel de rango en su Compañía? Para eso lo que haces es que te reúnes por lo menos una vez al mes con una persona (en persona o por teléfono) que ya está en el siguiente rango superior al tuyo. Supongamos que tú estás en un rango que se llama Bronce y el próximo rango es Plata. Entonces te reúnes con uno que ya sea Plata. Una vez logras el rango de Plata, entonces ya no recibes asesoría de un Plata, ahora pedirás la consultoría de alguien que esté en Oro y así sucesivamente. Cuando sigues subiendo de rango, sigues buscando asesoría con el siguiente rango más alto. Eso funciona y duplica.

Lo que no puede ocurrir es que todo el mundo quiera recibir consejería con la persona del más alto rango en el Equipo. Supongamos que la persona de más alto rango tiene 50,000 personas en su grupo y los 50,000 traten de que él sea quien los asesore. Eso es imposible, no funcionará y no duplica. Es imposible que alguien pueda dar asesoría mensualmente a

50,000 personas. Es por eso que cada cual debe pedir consultoría sólo a la persona que está en el siguiente rango.

Una persona que no está bien conectada al Sistema no podrá ayudarte como tú quisieras. Peor aún, un mal consejo te podría hacer perder tiempo, dinero y hasta fracasar.

Sin embargo, eres tú quien debe escoger tu mentor, que esté en rangos mayores al tuyo, y tomar la iniciativa de solicitarle que te asesore. Puedes decirle a tu mentor: *"¡Yo quiero aprender de ti! ¿Cómo puedo hacer para escalar el próximo rango?"* ¡Absorbe como una esponja todo ese conocimiento que te van a brindar! ¡Eres tú quien lo necesita! Porque así, más adelante, le podrás pasar ese conocimiento a otros.

En ocasiones he escuchado a Distribuidores decir: *"¡Es que no me llaman!"* Bueno, si eres tú quien necesita apoyo o consejos, no esperes a que te llamen. Agarra el teléfono y comunícate con tu mentor porque también deben haber otras personas llamándole. Da siempre tú el primer paso, toma la iniciativa y sé tú mismo el líder que estás buscando.

De lo que todos se tienen que cuidar es de no caer en llamar a los líderes en la línea de auspicio para estar siempre chismeando o quejándose. Tus líderes no son un basurero. El tiempo de tus líderes nunca se demanda, es al contrario, uno es quien se lo tiene que ganar.

No malgastes tu tiempo hablando con tus líderes para repetirles lo contento que estás con los productos. No inviertas horas hablando por hablar. Ya no tienes que convencer a tus líderes, ellos ya están inscritos. Mejor aprovecha ese tiempo hablando con prospectos nuevos.

Tu mentor siempre estará ahí en la mejor disposición de apoyarte, sintiéndose feliz y alegre de que tú también quieres comenzar a brillar por luz propia. En estos negocios de Redes tú nunca estarás solo, porque siempre cuentas con una línea de auspicio comprometida que te puede orientar y guiar.

Otro de los mayores beneficios de la consultoría es que te permite analizar objetivamente tu progreso de acuerdo al plan que has establecido. Sabrás cuál es tu situación y podrás hacer ajustes a tiempo para saber si realmente te estás dirigiendo a lograr tus metas. Pídele a tu mentor que siempre te proponga retos y acéptalos.

La manera de hacer la consultoría es reuniéndote (por lo menos 20 a 40 minutos) y explicando *exactamente* cuál es el plan de trabajo que estás siguiendo diariamente y mensualmente. Sólo así tu mentor te podrá orientar adecuadamente.

Si omites información o le das información falsa a tu mentor, entonces recibirás una asesoría incorrecta y distorsionada creada por la propia falta de información. Nuevamente la palabra clave es *exactamente*.

"El logro de tu meta está asegurada desde el primer momento en que te comprometes con ella".

Preguntas Guías para Verificar tu Progreso Durante la Consultoría

- ¿Cuál es tu rango actual?
- ¿Cuánto fue tu consumo personal este mes?
- ¿Cuantas presentaciones diste en el pasado mes?
- ¿Cuántos nuevos Distribuidores entraron en tu grupo este mes?
- ¿De éstos nuevos, cuántos se conectaron al Sistema de Duplicación
- ¿Cuántos Distribuidores en tu organización están dando Presentaciones en las Casas y/o Individuales?
- ¿Cuánto fue el promedio de volumen mensual en tu grupo?
- ¿Cuántos Distribuidores asistieron al último gran evento?
- ¿Cuántas líneas tienen líderes comprometidos?
- ¿Cuáles son los próximos audios que escucharás?
- ¿Cuál será el próximo libro que leerás?
- ¿Cómo va la promoción del próximo evento?
- ¿Cuántas nuevas personas han subido de rango o posición?
- ¿Cuál es la próxima capacitación o seminario al que asistirás este mes?
- ¿Cuántos de tus Distribuidores asistirán a los próximos eventos, seminarios y la convención?

Consejo: Cada consultoría siempre debe ser privada, nunca grupal. Continúa haciendo proyecciones diarias, semanales y mensuales.

Un error muy común es que los líderes fallan en identificar a sus líderes. Los líderes duplican a otros líderes y los líderes capacitados son los únicos que construyen grandes Redes. Con esta consultoría podrás reconocer a los potenciales líderes en la profundidad de tu organización y desarrollarlos.

"Tu libertad consiste en tu capacidad de elegir"

Luego de compartir lo que has hecho, escucha con detenimiento los consejos que recibirás. Anota, analiza y actúa. Comparte tus sueños y tus metas con tu línea de auspicio y tus Distribuidores y dale seguimiento a lo que escribes.

A la misma vez debes estar en comunicación con los miembros de tus equipos descendentes para compartir y duplicar la asesoría que recibiste. Reúnete en privado con ellos. Cuando ellos te hablen, escúchalos, presta toda tu atención y entiéndelos. De lo que debes estar consciente es que nunca le compres sus excusas.

¿Qué no debes preguntar?

Sabemos que los resultados en el negocio siempre varían de persona en persona. Por eso en este negocio es imposible compararse con los demás, porque cada cual tiene su propio ritmo de progreso. Así que nos debemos de privar de caer en hacer preguntas a nuestros compañeros de sus asuntos personales.

Ejemplo: *"¿Cuánto dinero estás ganando?, ¿Cuántas personas tú inscribes mensualmente?, ¿Cuánto tiempo llevas en tu rango?, ¿Cuántas personas tienes en tu grupo?, ¿Por qué ya Juan no asiste a los eventos?, ¿Qué pasó con el que siempre daba el gran testimonio que ya no lo ponen a hablar?, ¿Por qué María habla si ella no está activa?"*

Ninguna de estas preguntas ayuda a pagar las cuentas de quien las pregunte. Lo que gane cada cual es asunto de cada cual. Lo que hace o no hace es su situación personal y cada cual ganará según su esfuerzo.

Hay otras preguntas aún más personales que tampoco se deben hacer. Como por ejemplo: "*¿Por qué tu pareja no te apoya?*, *¿Por qué no te has comprado un auto nuevo?*, *¿Por qué ya no trabajas junto con María?*, *¿Por qué vives en la misma casa?*, *¿Por qué no vistes trajes de $5,000 dólares?*, *¿Por qué no te has retirado de tu trabajo?*, *¿Por qué no alquilas una oficina?*, *¿Si viajas mucho, por qué no te compras un avión?*", etc., etc., etc. ¿Por qué? ¿Por qué? ¿Por qué? A nadie le deseo que caiga en la trampa de estar cuestionando los *¿por qué?* a otras personas. Seguramente a ti tampoco te gustaría que se metieran en tu vida privada. Meterse en la vida privada de los demás no ayudará a nadie. No somos detectives, somos Networkers Profesionales.

En vez de ponerte a preguntar a los demás el *¿por qué?*, lo que más te va a ayudar es hacerte esas mismas preguntas a ti mismo, en forma de <COMO YO> y así, sí te funcionarán.

Ejemplo:

- "*¿CÓMO YO puedo ganar más dinero? ¿CÓMO YO puedo inscribir más personas? ¿CÓMO YO puedo asistir al evento? ¿CÓMO YO puedo hacer para que mi pareja me apoye? ¿CÓMO YO puedo comprar un auto nuevo? ¿CÓMO YO me retiro de mi trabajo? ¿CÓMO YO me puedo comprar un avión?*" Ves que así te ayudará más, porque todo regresa a ti y es donde único tú tienes el control.

Las Acciones que te Brindan Resultados

Para ganar dinero y lograr tus metas debes de conocer EXACTAMENTE cuáles son las actividades que hay que realizar cada día, las que te producen ingresos. Una idea para que te des cuenta cómo está tu nivel de productividad es la siguiente. Cada vez que realizas una actividad, otórgate una puntuación. De esa forma verás cuáles son tus debilidades y fortalezas y dónde deberás enfocarte más.

La siguiente gráfica te mostrará cómo ser más productivo anotando tu actividad diaria.

Acciones Personales	Valor	L	M	M	J	V	S	D
Capacitación personal lectura - audios	1							
Asistir a un evento	1							
Hacer nuevo contacto	1							
Enviar información contacto (Email)	1							
Hacer cita	2							
Dar presentación	5							
Patrocinar	10							
Lanzamiento 48 horas	15							
Escribe el Total de Puntos Diarios								

Total de Puntos en la Semana _____

"Enfócate diariamente en las actividades que brindan resultados"

* *Tienes permiso de sacar copias a esta gráfica, para utilizarla diariamente y que puedas medir tu progreso semanal.*

Para mantenerte en la curva del crecimiento pregúntate: "¿Qué estoy haciendo hoy para acercarme más a mis metas?"

Libros Recomendados

Existen muchos libros y excelentes publicaciones de auto-ayuda, superación y desarrollo personal. Pregunta, ¿cuál es el libro del mes que está recomendando el Equipo? Adquiérelo y léelo. Más importante que leerlo, es ponerlo en práctica y en acción. Las acciones que estés tomando determinarán tu propio progreso. Algunos libros que recomendamos son:

- Cómo Ganar Amigos e Influenciar Sobre las Personas – *Dale Carnegie*
- Piense y Hágase Rico – *Napoleón Hill*
- Desarrolle el Líder que está en Usted – *John Maxwell*
- Las 21 Cualidades Indispensables de un Líder – John Maxwell
- Las 17 Cualidades Esenciales de un Jugador de Equipo – John Maxwell
- Las 17 Leyes Incuestionables del Trabajo en Equipo - John Maxwell
- Los Principios del Éxito - *Jack Canfield*
- Desarrolle los Líderes que están Alrededor de Usted – John Maxwell
- La Ciencia de Hacerse Rico - Wallace D. Wattles
- Papá Rico, Papá Pobre – Robert Kiyosaki
- Cómo un Hombre Piensa - *James Allen*
- El Vendedor Elegantemente Irresistible - *Alejandro Pagliari*
- Te recomendamos ver la película: The Secret (El Secreto)
- Libros con temas sobre negocios de Multinivel.
- Cualquiera otro que te recomiende tu línea de auspicio.

Puedes encontrar otros productos recomendados en:
www.RobertoPerez.com
Manténte constantemente escuchando y leyendo libros positivos.
Te recomendamos entre 15 a 30 minutos de lectura diaria.

La Edificación

La edificación es una ley de riqueza en Redes de Mercadeo. Es el proceso de crear una imagen positiva de una persona, del Equipo y de las personas en tu Compañía. La edificación es una destreza que se aprende.

Un ejemplo de cómo funciona: Digamos que nos invitan a ir a escuchar un concierto de música, ¿qué será lo primero que tú y yo preguntaremos? ¿Quién será el cantante? ¿Verdad? Es más, el sólo hecho de ir a escuchar cualquier concierto de música que uno no conozca al cantante, no motiva mucho. Lo que hará que más personas asistan al concierto será, cuán reconocido es el cantante. Si el cantante es famoso, las personas asisten. Por el contrario, si nadie habla, si nadie conoce, si nadie edifica o habla bien del cantante, muy pocos asistirán. Lo mismo se aplica a las Redes de Mercadeo.

Digamos que quieres hacer una presentación en tu casa y tu Patrocinador será quien va a ir a darla. Como tus prospectos seguramente no conocen quien es tu Patrocinador, entonces muy pocos asistirían a tu presentación. Pero si tú edificas bien a tu Patrocinador, ahora sí que tus prospectos tendrán el deseo de conocerlo y aumentará significativamente la asistencia a tu presentación. La edificación brinda credibilidad y autoridad. La edificación es una herramienta muy poderosa.

Recuerda, cuando edificas o hablas bien de otra persona o evento, lo que estás logrando es crear una imagen positiva de la persona de la cual estás hablando o de un evento, y eso va a provocar que tus prospectos deseen asistir a la presentación o al evento.

> *"Cuando uno aprende a edificar a las demás personas, uno es el que más que gana"*

Qué Puedes Decir para Edificar para que tus Prospectos Asistan a una Presentación

Ejemplos:

- *"Mi Patrocinador es una persona muy exitosa y nos viene a compartir cómo nosotros también podemos ser exitosos".*

- *"Mi Patrocinador es una de las nuevas estrellas nacientes en el Equipo y está creciendo muy rápido. El viene a mi casa el Jueves en la noche para mostrarnos cómo nosotros también podemos generar ingresos serios".*

- *"Durante la Convención podremos escuchar a los Millonarios del negocio, quienes nos contarán cuáles fueron sus retos y cómo los vencieron para acortarnos años de aprendizaje y acelerar nuestro crecimiento".*

En resumen, si quieres que tus prospectos vean una presentación en tu casa el enfoque primordial está en la credibilidad de la persona que dará la presentación. Si quieres que tus prospectos vean un video o una presentación en línea, el enfoque primordial es a la credibilidad de la persona que dará la presentación. Si quieres que tus Distribuidores asistan a la Convención, el enfoque primordial es a los expositores que van a estar participando en la Convención. Cualquier otra acción que quieras que tus prospectos o Distribuidores tomen, la proyección que tú des en la edificación, será lo que logre los resultados. Cuando uno comprende el poder de edificar a los demás y no fijarse en sus debilidades, uno estará directo en el camino de lograr un auténtico Equipo.

Una Red exitosa no se puede desarrollar sin edificación, ¿por qué? Porque las organizaciones crecen tan rápido que es imposible llegar a conocer a todas las personas personalmente. Pero, con el proceso de la edificación todas las personas te podrán conocer a ti, creando una imagen positiva de tu persona. Cuando tú edificas a otros, tu grupo hará lo mismo contigo, te edificarán a ti y así sucesivamente se duplica.

Dónde Comienza la Edificación

La edificación comienza en el hogar. Tú puedes ayudar a lograr cosas asombrosas en la vida de otras personas cuando comienzas a expresar elogios positivos sobre esa persona en específico, como por ejemplo: motivar a tu pareja e hijos, en lugar de burlarse, criticarlos y echarles la culpa.

Así mismo la edificación se aplica a tu línea ascendente. Es normal que al principio algunos lo hagan sólo porque se les enseña, sin entender el porqué. No te preocupes porque tu línea ascendente está pensando en tu éxito.

Aunque no siempre tienes que estar de acuerdo con tu línea ascendente, o pensar que todo siempre es perfecto; te pregunto, si no estuvieras de acuerdo con algo, ¿para qué divulgar tus diferencias e ideas contrarias con otras personas? El divulgar lo negativo creará serias dudas y estas dudas crearán a su vez confusión, que a su vez causará el fracaso y generará miedo, culminando en la paralización del crecimiento de tu propio grupo.

*"Es verdad que una persona siempre tendrá
razones para criticar, pero recordemos que...
una persona poniendo el esfuerzo vale más que mil críticos"*

Una característica de un verdadero líder es la *lealtad*. Si ya te has unido a un Equipo a desarrollar tu negocio comienza asumiendo la lealtad hacia él. Comienza a creer en ti mismo con tanta fuerza que el mundo no pueda evitar creer en ti.

Puntos Importantes Sobre la Edificación

- La edificación primero nace en ti.
- La edificación ayuda a crear el nuevo liderato.
- La edificación crea un sentido de seguridad; la seguridad brinda confianza entre los Distribuidores y estimula a la acción.
- La edificación crea lealtad y un ambiente de confianza, que a su vez da poder a tu línea de auspicio, que a la vez regresa multiplicada a ti.
- Nos debemos mantener siempre edificando en cada oportunidad que hablemos con personas.
- La edificación transforma tu grupo y apoya en el crecimiento. Eso duplica.

¿Qué Vamos a Edificar?

1. **El Equipo:**

   Cuando primero edificas al Equipo, estás dándole seguridad a los Distribuidores de que están trabajando con las personas correctas y en el Equipo correcto. Si ellos se sienten seguros, entonces comenzarán a moverse y pondrán la acción.

2. **El Sistema Educativo y de Duplicación:**

   Cuando edificas el Sistema Educativo y de Duplicación estás creando en tu grupo la confianza de que existe una forma probada y duplicable, que inclusive aún cuando tú no estés presente, tu Equipo podrá seguir creciendo. El Sistema podrá mantener a cada Distribuidor en la dirección correcta hacia el éxito en todo momento.

3. **Tu Línea de Auspicio:**

   Edifica constantemente a toda tu línea de auspicio que esté haciendo el trabajo correctamente (conectados 100% al Sistema). Cuando edificas a los que están comprometidos, estás estableciendo la credibilidad y la autoridad de estas personas. Al edificar a otros, a la misma vez te estás edificando a ti mismo, porque dejas ver tu nivel de compromiso, el apoyo que le estás dando a los otros miembros del Equipo y tu propio nivel de seriedad. Cuando estamos edificando creamos confianza a través de las relaciones personales. Mientras más edificas el liderato de los Distribuidores en tu Equipo, más el liderato te podrá edificar a ti también.

   Erróneamente muchos creen que cuando edifican a los demás ellos se empequeñecen y es completamente lo contrario. Mientras más edificas a los demás, más uno se engrandece.

4. **Tu Compañía:**

   Cuando edificas tu compañía estás desarrollando confianza y seguridad de que la gerencia de la compañía está capacitada para continuar en crecimiento, y proporcionando una oportunidad real y sólida a largo plazo.

5. La Profesión de Red de Mercadeo:

No ayuda a nadie el celebrar el fracaso de las demás Compañías. Habla positivo de todas las Compañías en nuestra profesión y así todos creceremos.

Lo que no puedes confundir es sobre-edificar los títulos o las posesiones materiales. Cuando uno se enfoca en los títulos o posiciones que se alcanzan, los Distribuidores se confunden y buscan la manera de comprar los títulos. También suena contradictorio el edificarse a uno mismo. Se puede confundir o convertir en "el Yo".

¿Qué es lo que hay que edificar en las personas? Se edifican sus valores. El quién es esa persona como ser humano y cómo está aportando al crecimiento de todo el Equipo.

La edificación crea un precedente. Provoca que las otras personas deseen conocer y atender a todo lo que les dirá la persona que van a escuchar. Porque a través de la experiencia de esta persona, los demás podrán también inspirarse para lograr sus propios sueños.

"Nosotros escogimos ir a la luna, no porque es fácil, sino porque es difícil" John F. Kennedy

La Inmunización o el "Síndrome de la Estrella de Rock"

La inmunización o el "Síndrome de la Estrella de Rock" es un mal que envenena el alma y el negocio. Comienza a ocurrir cuando los consejos que recibes de tus Patrocinadores ya no los escuchas, ya no te hacen efecto, ya no te motivan y no los pones en práctica.

Cuando los Distribuidores reciben por mucho tiempo consejos de su Patrocinador y luego uno comienza a tener éxito, es normal que comience el fenómeno del "síndrome de la inmunización". El problema está cuando el Distribuidor ya no escucha a su Patrocinador. Comienza a perder dirección y comienzan a ser menos ojos apoyándole y velando por sus mejores intereses. Pueden comenzar a cometer errores que cuestan tiempo, dinero y en el proceso se pierden muchas personas, e inclusive podría resultar en la desaparición de una organización, porque han perdido el enfoque. Al principio uno no lo nota. Estos resultados negativos se observan meses después.

Hay que estar atento porque cuando algunos Distribuidores están creciendo en el negocio y asumen un rol de "líder", se confunden entre el éxito, la fama o el egocentrismo. Entonces creen que ya lo aprendieron todo y sin percatarse comienzan a cometer serios errores en la Red.

Por eso es un gran error el dejar de solicitar consultoría. La consultoría siempre debes ser tú quien la solicita. No importa en qué nivel de éxito te encuentres, porque el mantener una comunicación efectiva con tu Patrocinador y línea ascendente siempre es beneficiosa para ti.

Los presidentes de las compañías multimillonarias, los jefes del gobierno, los líderes, y las personas con puestos importantes, todos tienen un grupo de asesores. Nuevamente, sé humilde. Pendiente de que la inmunización o "Síndrome de la Estrella de Rock" no te ciegue.

Nunca te creas superior por los elogios y los aplausos que te dan. El día que te los creas, florece el egoísmo. Mientras más grande tu ego, peor será. Mientras mayor sea tu éxito, permanece más humilde. Si te inmunizas a los consejos de tu línea de auspicio, indirectamente se lo transmitirás a tu propia organización y se duplicará en tu contra. Recuerda que el resultado será que ahora tu organización también se inmunizará a ti y estarías evitando que tu propio grupo también pueda escuchar consejos de otras personas exitosas en tu línea ascendente. Si esto sucede será porque has sembrado la duda. Por eso es tan importante siempre dar edificación constante a tus líderes, para cuando comiences a inmunizarte de tu grupo, entonces tu grupo pueda escuchar a los líderes de tu línea de auspicio ascendente, quienes te volverán a edificar nuevamente a ti. Tu línea de auspicio lo que desea es ayudarte a que ganes más y que tu éxito continúe en aumento. Escucha y confía en ellos. No los ataques, con razón y sin razón.

Lo bueno de este ejercicio es que quien más que se beneficia eres tú mismo. Así podrás hacer los ajustes necesarios y desarrollar nuevas estrategias para continuar creciendo tú como persona y tu negocio.

"No hay ocupación más noble en el mundo que asistir a otro ser humano y ayudar a que alguien tenga éxito"

Cómo Dar el Reconocimiento

El reconocimiento se le da a la persona que está poniendo el esfuerzo correctamente. Resalta la producción y el aporte hecho al Equipo y a sus Distribuidores, no necesariamente a la posición o los títulos. Deja que sea la Compañía quien se enfoque más en los reconocimientos y los rangos o títulos. El nombrarte y diferenciarte constantemente por los títulos o rangos lo que hace es que te distancia de las personas de tu Red. Sí, admito que tiene un efecto positivo de crear cierto respeto, pero cuidado que no se exagere.

Cada líder quiere ser reconocido por sus esfuerzos, pero algunos se preocupan tanto por alcanzar mayores títulos que se vuelven inútiles para la organización. Resulta agotador tener que trabajar con alguien que exige constantemente el reconocimiento personal y es incapaz de dar acciones desinteresadas al Equipo. Los líderes tienen que ser útiles al Equipo.

Por el contrario, cuando pones énfasis en la producción, tu atención y tu energía se dedican a cumplir el trabajo. De esa forma crearás un espíritu de trabajo. Si el Distribuidor está cumpliendo con los principios escritos en este libro edifícalo y motívalo a continuar.

Cómo Desarrollas Relaciones Más Profundas

La relación entre los miembros del Equipo se fortalecen profundamente al asistir y cooperar en las actividades sociales. Ejemplo: fiestas en una casa, pasadías, giras, etc. En otras palabras, en todo momento que se produzca un ambiente que ayude a fortalecer las relaciones con los miembros del Equipo.

Además, pueden ponerse de acuerdo para salir en grupos a compartir juntos viendo casas, carros o tiendas, para alimentar sus sueños. Esto funciona y duplica.

Ley # 9
"Segunda Ley de Riqueza"

La Duplicación

*"Casi todo lo que quieres tener ya otro lo hizo.
Lo que tienes que hacer es duplicarlo"*

¿Qué hay que Duplicar?

Tú eres el modelo de líder y vas a duplicar tu propio liderato. Vamos a "Seguir y Duplicar un Sistema". Edificas el Sistema de Duplicación, identifica nuevos líderes y les promueves a que ellos también se conecten al Sistema de Duplicación. Si quieres que se desarrollen nuevos líderes, recuerda que es imposible que tú solo lo puedas hacer. El sistema será quien lo haga por ti; porque la realidad es que no puedes estar el 99.99% del tiempo con todas las personas de tu grupo para enseñarles todo a ellos.

La base para que se duplique una Red está en tener un sistema escrito y explicado paso por paso; porque así será como podrás duplicar una Red cuando tú no estás.

Los únicos que podrán construir organizaciones gigantescas, que se mantengan, serán los que se conecten a un sistema y lo promuevan a sus Equipos. Por eso el propósito de este libro es ayudarte con esa tarea tan importante: desarrollar a cada integrante de tu negocio a convertirse en un líder con el conocimiento profesional que le llevará a crecer una Red inmensa y productiva.

A través del proceso de construcción y duplicación de la Red desarrollaremos profundas amistades con muchas personas. Esta amistad sincera, con respeto y amor, permitirá que podamos influir en ellos a tal grado que nos permitan desarrollarlos como líderes capaces de impactar la vida de muchos más. Aquí es donde podemos dejar un legado porque hemos contribuido a cambiar vidas.

"No tienes que cargar con toda la organización sobre tus hombros, mejor los conectas al sistema y así todos van de la mano". Roberto Pérez

Cómo se Duplican Nuevos Líderes

Primero aprendes y aplicas estas 9 Leyes, porque así es como irás adquiriendo el conocimiento profesional para desarrollar la Red. Luego, con tu ejemplo, le podrás servir como *modelo* a tus Distribuidores. Comienza esta estrategia desde tu primer día.

La Duplicación es como entregar el batón en una carrera de relevo. Si no pasas el batón, no podrás ganar la carrera. En este negocio es igual. Tienes que pasar el batón varias veces (o sea, enseñar los pasos para la duplicación). Mientras más veces lo pases, más líderes duplicarás.

Plan de Acción Masiva
para el Crecimiento y la Duplicación

Los 6 pasos que hay que duplicar:

1. Desarrollar buenas relaciones con todos los integrantes.

Ya te habíamos mencionado esto. Al cultivar buenas relaciones se crea la *conexión* entre las personas y se fortalece la confianza. Esta confianza crea la amistad y el ambiente saludable para que se duplique la Red.

Cultiva siempre la integridad y los valores para que tus Distribuidores tengan la confianza de trabajar contigo.

La mejor manera para que una persona quiera construir una organización es crear en ellos el *deseo* de construirla. Para que ellos hagan el trabajo, ellos tienen que *querer* hacerlo, y la mejor forma es mediante las buenas relaciones enfocando en sus sentimientos. Comparte lo más que puedas con ellos. Especialmente comparte tus sueños, porque eso creará que ellos también compartan los suyos. Los sueños crean emoción y esa emoción pone a las personas a hacer el trabajo necesario. Si ellos sienten que tú realmente los vas a ayudar, ellos abrirán sus corazones y podrán trabajar en armonía y con dedicación.

Comprende que las personas son tu bien más preciado. El verdadero líder es la persona que otros siguen gustosa y confiadamente. Sé un modelo que otros sigan. Rodéate de personas que tengan los mismos intereses de progresar, que estén dispuestos a trabajar mano a mano contigo y crea un *círculo íntimo* con ellos que aporte y complemente tu liderazgo.

Hay veces en que nosotros vemos en las personas un potencial que ellos mismos no lo han visto. Creemos en ellos más de lo que ellos creen en sí mismos. Edifícalos para que ellos comiencen a creer más en sí mismos, porque en la medida en que los ayudes, serás doblemente recompensado. Así funciona la vida y el negocio. Si das, recibes.

2. Objetivo y meta – Inscribir de 10 a 20 nuevos Distribuidores durante tus primeros 30 a 90 días.

Es muy importante comenzar con un buen impulso. Para algunos esta tarea será uno de los más grandes retos y será también la que más hará crecer sus negocios. Esto se logra haciendo Presentaciones en las Casas o Individuales y promoviendo la asistencia a los eventos. Comprométete con tus Distribuidores que se comprometen a desarrollar el negocio y ayúdalos a inscribir a las primeras dos personas en 24 a 48 horas. Esto creará una mayor emoción de comienzo rápido que los demás querrán imitar. Este crecimiento es crucial para tu éxito. No importa si ya llevas tiempo en tu negocio, piensa que cada día es el primer día en tu negocio. Eso te mantendrá poniendo el esfuerzo como desde el primer día que iniciaste.

He grabado unos audios específicos que te ayudarán a crear toda una ola de acción y resultados masivos. Se titula "El Plan de Arranque Explosivo en 30 a 90 días", los cuales te van a ayudar a entender y maximizar este proceso tan importante de arranque. Escúchalos, los necesitarás.

3. Identifica los líderes

De esos 10 a 20 que se inscribieron, *identifica* los futuros líderes que van a desarrollar el negocio, en quiénes vas a concentrarte y trabajar *diariamente*. Reúnete y completa junto con ellos el Lanzamiento del Negocio y la Entrevista al Nuevo Distribuidor (Las 48 Horas).

Un error común es pensar que te vas a duplicar con todos los 10 a 20 que inscribiste. Esto regularmente no sucede. Es más, si intentaras trabajar con todos a la misma vez, no te daría el tiempo. Tienes que escoger con quienes vas a concentrarte. Eso será con quienes están realmente interesados y comprometidos en desarrollar la Red. Una cosa es estar interesado y otra es estar comprometido. Comprometido significa que nada ni nadie te va a desviar de mantenerte hablando con personas, prospectando personas, dando presentaciones, reclutando y duplicando el proceso.

Cómo Identificar un Líder

- Aplica los principios de Las 9 Leyes y está conectado 100% al Sistema de Duplicación.
- Utiliza los productos o servicios diariamente.
- Da presentaciones de oportunidad constantemente.
- Toman acción y suben de rango rápido.
- Siempre están dispuestos a ayudar como voluntarios.
- Asisten a las actividades y a los eventos consistentemente.
- Tienen un gran sueño, buena actitud y siempre edifican a los demás.
- Trabajan en equipo, están totalmente comprometidos con hacer realidad sus sueños y lograr sus metas.
- Te llaman para coordinar presentaciones con prospectos y eventos.

Con estos criterios quiero que pienses en las personas en tu organización y con "ojo de águila" identifica los potenciales líderes y trabaja directamente con ellos. Ahora analízate a ti mismo y descubre si tú sigues todos estos pasos.

Líderes	vs.	**Seguidores**
Inician		Reaccionan
Hacen la lista, toman el teléfono y prospectan		Escuchan y esperan que el teléfono suene
Emplean tiempo planificando, anticipan los posibles problemas, se enfocan en las soluciones		Desperdician el tiempo viviendo de día en día y quejándose de los problemas
Invierten tiempo aprendiendo y desarrollando líderes		Pierden tiempo con la gente
Dan presentaciones solos		No dan presentaciones
Asisten a los eventos		Asisten a los eventos cuando pueden o no asisten

Selecciona esos nuevos líderes Distribuidores que quieren hacer el negocio AHORA, no mañana ni después, los que lo están haciendo AHORA.

"Toda persona que aplique estos principios obtendrá el éxito sin importar su experiencia o profesión previa"

Dónde Enfocarte para Desarrollar una Organización Grande

Es preferible enfocarse en trabajar eficientemente con pocos que aprendan el conocimiento correcto, que con muchos que tienen la buena intención, pero no están dispuestos a seguir el Sistema Educativo de Duplicación.

Esto es contrario a lo que algunos piensan. Lo que sucede es que cuando trabajas eficientemente con unas pocas personas, puedes ser más efectivo en dedicarles el tiempo de calidad que ellos se merecen para que puedan adquirir el conocimiento y lo puedan duplicar de la forma correcta desde el principio.

Sabemos que algunos lo harán rápido, otros lo harán a su ritmo, otros se quedarán sentados viendo qué pasa y no harán nada, y terminarán desistiendo. Tendrás muchas personas y todas son muy importantes. Tu meta es motivar e inspirar a todos, pero sería prácticamente imposible tratar de invertir tiempo para desarrollarlos a todos, simplemente porque no todos lo van a hacer. Así que escoge a los líderes en quienes vas a invertir tu tiempo para ayudarlos a desarrollarse y a seguir el Sistema de Duplicación.

"No podemos obligar a ganar a quien está dispuesto a desistir"

Cómo Desarrollar la Profundidad

Comienza haciendo las primeras Presentaciones en tu casa o individuales. Auspicia a diez personas lo antes posible y sube a los próximos rangos lo antes posible.

Identifica varios líderes con quienes vas a concentrarte en trabajar. Observa el ejemplo en la siguiente imagen: María, la líder de tu equipo izquierdo y Jorge, el líder de tu equipo derecho.

Hazles saber que tu compromiso es apoyarlos a llegar a la posición que ellos desean lograr.

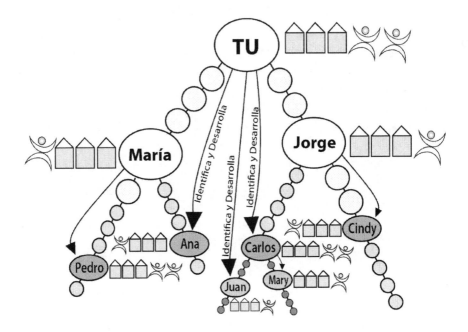

Ahora, cada uno de ellos va a duplicar y hacer las Presentaciones en sus Casas, de la misma forma ellos repetirán el proceso que tú les modelaste. Ellos harán Presentaciones en las Casas de las personas que ellos recluten.

Ejemplo: María y Jorge auspician a 10 personas cada uno y comienzan a crecer sus grupos, y tú vas a apoyarlos a desarrollar líderes en sus negocios, identificando y seleccionando a dos (2) nuevos líderes en su profundidad. Ejemplo: Ana y Carlos, a quienes tú les vas a enseñar y duplicar con ellos, lo mismo. Mientras María y Jorge trabajan y desarrollan a Pedro y Cindy, tú continúas identificando líderes a ambos lados y repites el proceso. Esto promueve el desarrollo de la profundidad y el trabajo en equipo.

*El ejemplo anterior se aplica a todo tipo de plan de compensación.

"Un verdadero líder no da órdenes, da el ejemplo"

4. Mantenernos siempre reclutando

Vamos a continuar inscribiendo entre 1 a 3 nuevos Distribuidores mensuales (también incluye a nuevos clientes). Es importante que tu grupo vea que te mantienes inscribiendo nuevos Distribuidores. Si te detienes, tu grupo también lo hará. Inicialmente no lo notarás, pero sí en varios meses después lo vas a notar. Nunca pares de reclutar.

5. Desarrollando los nuevos líderes

Procura desarrollar líderes, no seguidores. Los líderes no nacen, los líderes se desarrollan mediante un proceso de desarrollo personal. Cuando inscribas a nuevos Distribuidores ayúdalos a que entiendan este proceso de desarrollar su liderato. Si solamente inscribes y no desarrollas líderes, tendrás que seguir construyendo el resto de tu vida. Ayúdalos a desarrollarse como líderes promoviendo el Sistema Educativo de Duplicación desde el *principio* y no tendrás que volverlo hacer.

Desarrolla en tus Distribuidores una visión amplia del proceso completo para crecer profesionalmente en el negocio. Tus Distribuidores entenderán que ellos mismos serán los arquitectos de sus propios triunfos. Serán los constructores de su futuro siguiendo Las 9 Leyes, presentando la oportunidad y desarrollando relaciones sólidas.

También crecerán como líderes demostrando un espíritu de trabajo en equipo, ayudando a capacitar a todos los integrantes, a evaluar sus propios éxitos y a encaminar a los demás.

Una vez tú hayas desarrollado líderes, ya ellos podrán desarrollar a otros, y tú continúas identificando nuevos líderes en la profundidad de tu negocio. Verifica quien en tu grupo inscribe a un nuevo líder con buen potencial, adóptalo y desarróllalo. Cuando haces esto estás ayudando a fortalecer tu organización y la de ellos también.

Si pagas el precio del éxito, te esfuerzas y tienes disciplina día tras día, mes tras mes, año tras año, verás que podrás transformar tu vida y lograrás mayor prosperidad más allá de lo que jamás te hayas imaginado.

NOTA:
Debes mantener comunicación con tus líderes constantemente.

"Duplicación = Éxito"

6. Repite el Proceso de los 5 Pasos Anteriores
Mantén una base de clientes del producto o servicio.

Procura mantener de 5 a 10 clientes fijos que te compren los productos. Estos podrían ser los familiares o amigos que decidieron no construir la Red y prefieren comprarte los productos a ti. Eventualmente ellos te podrán referir más clientes o personas potenciales que se podrán convertir en constructores de la Red.

Siempre que vendas algún producto obtén una ganancia por las ventas. Inclusive a familiares y amigos. Recuerda, tienes en tus manos un negocio, y un negocio es para que te produzca dinero, no para regalar los productos. Pero, si quieren comprar los productos a tu mismo precio, entonces recomiéndales que se inscriban y ellos los ordenen.

*"Tu máximo gozo vendrá de contemplar el crecimiento
y el desarrollo de cualquier persona en el Equipo"*

Ahora imagínate, ¿qué sucedería si cada uno de tus nuevos Distribuidores se conecta 100% al Sistema, lo modelan y lo duplican a sus grupos? ¡Tu crecimiento y tus ingresos serían inimaginables!

El hecho es que una vez comienzas a crear el hábito de que tus distribuidores sigan las enseñanzas del Sistema de Las 9 Leyes, será mucho más sencillo continuarlo. Pero, si tú como líder, no lo promueves, ¿quién piensas que lo va a promover? Y si no conocen esta información, ¿quién piensas que se las pueda enseñar en tan corto tiempo?

*"Las personas te seguirán no por lo que tú has logrado,
sino por lo que has hecho por ellos"*

Hay que Duplicar Todos los Principios y Conceptos Aprendidos

1. Hay que duplicar Las 9 Leyes en Red de Mercadeo.
2. Hay que hacer una constante Lista de Prospectos.
3. Hay que aprender a Invitar Irresistiblemente.
4. Hay que duplicar las Presentaciones en las Casas e Individuales.
5. Hay que dar Seguimiento profesionalmente.
6. Hay que tener una base fija de clientes.
7. Hay que identificar y desarrollar los nuevos líderes con el Sistema de Duplicación.
8. Hay que asistir y promover los eventos mayores con boletos.
9. Hay que duplicar la Integridad y la Edificación.
10. Hay que trabajar con Pasión y disfrutar el proceso completo.

Duplica el amor. Para poder dar amor, primero hay que ser amoroso. Con amor habrá la conexión para poder transferir valores. Las personas necesitan sentirse apreciadas y valoradas, no utilizadas.

Invierte tiempo demostrando tu verdadero aprecio y amor a cada uno de los integrantes del Equipo. No importa si le conoces o no, la sonrisa es el lenguaje universal. Muestra respeto y jamás supongas que las personas saben lo que sientes por ellos, mejor demuéstraselo.

El Reto Más Grande del Líder es Mantener el Acto de la Duplicación

*"No es lo que le dices a las personas,
sino lo que ellos ven que tú haces"*

Debes estar bien claro y pon atención; escucha esto bien… aquí toda tu fuerza y toda tu energía debe ser para que los nuevos Distribuidores aprendan a duplicar el Sistema. Si lo haces bien, las personas lo aprenden bien y te crece la Red. Si lo haces mal, lo aprenden mal y tendrás que volver a construir la Red.

¿Cómo es que los seres humanos aprendemos? Aprendemos por lo que vemos, por lo que escuchamos y por lo que repetimos.

Tenemos que conectar a cada nuevo Distribuidor, el que está enfocado en desarrollar el negocio, al Sistema Educativo y de empoderamiento que está motivando a muchas otras personas a alcanzar sus objetivos. El Sistema representa en cierto sentido una universidad continua con "profesores" que han acumulado muchos conocimientos y están dispuestos a compartir con los demás los muchos años de experiencia para que la organización de todos crezca.

Si por la razón que sea, piensas que tú no eres un gran líder que mueve multitudes y a quien las personas no desean seguir, no importa. Porque el verdadero líder es el que ejerce su influencia en dar lo mejor a los demás.

Te darás cuenta que a lo largo del proceso de la construcción de tu negocio en Red de Mercadeo tendrás que ejercer diferentes tipos de roles: de compañero, de motivador, de asesor, de capacitador, de comunicador, consolador, figura paternal, psicólogo, socio, amigo y muchos otros. Sin embargo, de todos ellos, el modelo principal será tu *comportamiento*.

Cómo Identificar y Corregir Cuando se Detenga el Crecimiento

En ocasiones notarás que el crecimiento se des-acelera o se detiene. La manera de identificarlo, para corregirlo, será dando vuelta atrás al Círculo de Las 9 Leyes.

¿Qué ocurre cuando la Ley #9, la Duplicación, no se efectúa?

Por ejemplo, si estás notando que el grupo no está "Duplicando" que es la Ley #9, entonces significa que algo estás pasando por alto en la Ley anterior que es la Ley #8, que es la Consultoría y la Edificación. Verifica qué puedas estar pasando por alto en la Ley #8 para corregirlo. Una vez corregido notarás que tu grupo comienza a duplicar.

¿Qué ocurre cuando la Ley #8, la Consultoría y Edificación, no se está llevando a cabo?

Cuando las personas no te piden la Consultoría ni están Edificando, significa que están trabajando solos y no están Capacitándose como sugiere la Ley #7, que es Seguimiento, Capacitación y Eventos.

¿Qué ocurre cuando la Ley #7, no se está realizando?

Cuando las personas no asisten a las Capacitaciones, Seminarios o Convenciones, significa que la Ley anterior, la #6, no se está promoviendo la asistencia a estos importantes eventos.

¿Qué ocurre cuando la Ley #6, la Reunión Central, tiene poca asistencia?

Si ves que hay poca asistencia en la Reunión Central, significa que no se están efectuando las Presentaciones en las Casas o Individuales, que es la Ley #5. Y así sucesivamente.

Las Ocho Destrezas que Debes Dominar

1. La destreza de conseguir prospectos y escribir una lista.
2. La destreza de aprender a invitar irresistiblemente.
3. La destreza de cómo presentar el negocio.
4. La destreza de saber dar seguimiento profesional *(no perseguimiento)*.
5. La destreza de ayudar a los clientes a saber cómo re-ordenar los productos.
6. Enseñar a los distribuidores a iniciarse correctamente para duplicar el sistema establecido por el equipo.
7. La destreza de aprender a promover los eventos.
8. Aprender a edificar a tu equipo, el sistema, la línea de auspicio, la empresa y la profesión de Red de Mercadeo.

Cómo Invertir Tu Tiempo Productivamente

Del tiempo que vas a separar para desarrollar tu negocio dedica por lo menos el 80% a los distribuidores que se comprometen a desarrollarse como líderes. Es importante que aprendas a duplicar el proceso de desarrollar el negocio para que puedas enseñarle a las personas que van iniciando contigo a que ellos también se dupliquen.

¿Cuánto tiempo crees que te tomará ganar $100,000 dólares extra en tu trabajo actual? ¡Sólo imagina! Esto es como un cambio de carrera que lo puedes convertir en tu "Plan A". Continúa en ascenso hasta maximizar el plan. Para esto es imprescindible que te enfoques 100% en ellos y no en ti.

Vamos a cultivar los valores y la amistad que nos une. Vamos a dejar atrás los chismes y todos los temas no productivos que destruyen las organizaciones. Los máximos líderes son aquellos que se interesan por los demás y derraman sus esfuerzos en ellos.

En resumidas cuentas el mensaje esencial de este libro es:

"Uno no puede triunfar solo. Si uno desea crecer en el negocio, hay que desarrollar nuevos líderes, trabajar unidos en equipo, mantener la duplicación y ayudar a crecer a los demás".

Debes edificar y levantar a otros líderes potenciales. Debes ser parte integral del Equipo, no ser sólo un espectador. Ayuda a que los demás capturen, implementen, colaboren en materializar la visión común del Equipo y la compañía. Es la única forma de que todos, simultáneamente se ayuden a crecer sus Redes.

"Nos duplicamos o morimos. El 10% de nuestro negocio somos nosotros y el 90% es la duplicación"

La mayoría de las personas desarrollan este negocio en el horario de 6:00 PM a 9:30 PM. Supongamos que decides dedicar 10 horas a la semana para desarrollar tu negocio (dos horas diarias por cinco días a la semana). Estas 10 horas puedes dividirlas de la siguiente forma:

- El **80%** del tiempo que le dedicas a tu negocio (8 horas) lo inviertes prospectando y dando presentaciones a nuevas personas.

- El **19%** del tiempo (1hora y 50 minutos) capacitando a los nuevos y conectándolos al Sistema.

- El **1%** del tiempo (10 minutos) resolviendo problemas. El 90% de los problemas se resuelven llamando directamente a la compañía.

Cómo Lograr que tu Pareja te Apoye

No hay nada que motive más a una persona que su pareja le apoye. Cuando tu pareja te apoya ya no es una sola persona trabajando. Ahora son dos personas creando una potente energía para producir mayores resultados.

Desafortunadamente el 80 por ciento de las parejas piensan que su pareja no va a tener éxito en el negocio de Red de Mercadeo. Esta desconfianza lo que logra es que se disminuya la energía, crea problemas y provoca que muchos terminen renunciando a construir su nuevo negocio, y como consecuencia renunciar a lograr las metas y sueños que habían visualizado.

¿Cuál es una de las principales razones por la cual una pareja no da apoyo? La razón principal es porque no conoce cuáles son los beneficios que va a recibir si su pareja logra tener un gran éxito en el negocio.

Un consejo para lograr que tu pareja te apoye es que se sienten a hablar. Compartan cuáles serían las cosas que quisieran disfrutar o tener en los próximos meses. ¿Qué diferente quisieran tener o lograr en sus vidas que los haga más felices? Si tienen hijos, que ellos también estén presentes.

Por ejemplo, en el caso de la *mujer*, tal vez le encantaría ir a un día de Spa y salir renovada, remodelar la cocina, decorar la casa, tener una persona que venga a cocinar a la casa, muebles nuevos para el hogar, ir a comprar ropa nueva, zapatos, un carro nuevo. Disfrutar de un fin de semana en un bonito hotel, ir de vacaciones a una playa. Sea cual sea su contestación esa es la motivación interna que ella tiene.

En el caso de un *hombre*, tal vez quisiera cambiar su automóvil, un apartamento nuevo, hacer arreglos al hogar, viajar a ver su juego de deporte favorito, nuevas herramientas para la mecánica. Tener más tiempo para practicar algún deporte, tener más tiempo para viajar y disfrutar con la familia.

Si tienen *hijos* puedes preguntarles ¿qué quisieran tener o hacer diferente? Viajar a Disney, ir de crucero, una bicicleta nueva, un celular nuevo, una tableta, una computadora, su cuarto remodelado, o alguna otra idea.

Cuando ya sabes qué es lo que los motiva a cada uno. Lo que ellos van a estar viendo son los beneficios que ellos van a poder recibir en cuanto tu negocio esté siendo exitoso. Esas son las razones por las cuales tú vas a estar trabajando y desarrollando tu negocio. Lo que esto va a provocar es que ellos se emocionen y de ahora en adelante te motiven para que sigas adelante, y lo más que van a querer es que tú tengas éxito.

Lo mejor que te puede suceder es que van a estar pendientes de tus pasos, de lo que estás haciendo, de que tú te mantengas prospectando personas, que salgas a dar las presentaciones necesarias y hacer lo que sea necesario para que, además de que tú tengas éxito, ellos también puedan disfrutar de los resultados.

Inclusive, una vez al mes puedes tener una cita con tu pareja para salir juntos a comer, al cine o de paseo. Pueden conversar de cómo te ha ido y del entusiasmo que tienes por lograr mayores niveles de éxito para el beneficio de todos, como pareja y como familia.

Para hacerlo más divertido juntos como pareja, o con los hijos, busquen fotografías de todo lo antes mencionado. Con estas fotos de todas las cosas que quieren lograr, pégalas en un cartel donde las puedan ver todos los días. Cada día que te levantes lo miras y dices, "¡Hoy voy por lo que más quiero. Voy a la conquista de mis metas y sueños. No habrá nada ni nadie que me detenga de lograrlo. Y cada obstáculo que se me presente lo sobrepasaré porque yo me lo merezco, mi pareja se lo merece y mi familia se lo merece!"

Si aún así tu pareja no te quiere apoyar, por la razón que sea, puedes decirle: *"Entiendo que no me quieres apoyar. Sólo te pido una cosa. Si no me apoyas, por lo menos no me desanimes a luchar por nuestros sueños. Dame la oportunidad de luchar por lo que queremos para nosotros mismos y para nuestra familia".* Te aseguro que cuando comiencen a ver tu pasión, tu entusiasmo y tus logros, eso los va a inspirar a unirse en tu camino al éxito. Sé la luz que ellos quieren ver en el camino. Demuéstrate a ti mismo, que tú lo puedes hacer y que las metas y sueños que todos tienen valen la pena luchar por ellos.

Verás como la actitud de todos cambia y te van a impulsar a que tengas éxito en el desarrollo de tu negocio.

Cuándo Renunciar a tu Trabajo Actual

Al leer este sistema de duplicación y comprender cómo desarrollar correctamente tu negocio, habrá personas que se sientan tentados por renunciar a su trabajo actual para comenzar a tiempo completo. Nuestro consejo es que *no lo hagan*. Sin embargo, cuando sea el momento oportuno, lo reconocerás. Cada persona es diferente. Reúnete con tu línea de Auspicio para que te den asesoría sobre este tema. Si en un futuro contemplas renunciar a tu trabajo actual, entonces es porque ya deberías estar generando por lo menos por tres meses consistentemente más dinero que en tu trabajo actual. Recuerda incluir los beneficios médicos, seguros y contribución a tu retiro. La clave está en ser consistente.

"El Sistema no te va a construir el negocio.
Pero si pones a funcionar el Sistema,
sí va a mantener la estabilidad y el crecimiento de tu negocio"

Identificando los "Asesinos del Negocio"

"La actitud correcta al principio asegura el éxito al final"

Existen varias formas en que instantáneamente se pierde la integridad y la credibilidad. A continuación una lista de las cosas que más daño hacen al negocio:

1. El no darse cuenta que el Sistema de Las 9 Leyes están completas y probadas. Omitir, cambiar o agregar alguna Ley confundirá y pondrá en riesgo el proceso de crecimiento y la duplicación de su grupo. Dejar de soñar en grande. No tener una visión clara y metas definidas. No comprometerse. Los únicos que pierden son los que no invierten en su crecimiento personal y los que abandonan.
2. No respetar los principios por los que se rige tu Equipo.
3. Manejar quejas y problemas frente a otros Distribuidores. Cuando tengas alguna situación con alguna persona, se pueden reunir en privado y arreglen cualquier diferencia. Las buenas noticias las compartes con tu grupo (down-lines) y los problemas sólo los discutes con tu Patrocinador (up-line).
4. No tener las herramientas o muestras para dar el seguimiento, porque no crea duplicación y pierdes tu esfuerzo.
5. El chisme, la falta de edificación a los líderes o a cualquier miembro del Equipo, será mortal. Siempre rebota al que lo inicia o lo repite.
6. Entrar en temas de controversia como la política, la religión, fanatismos deportivos y asuntos personales entre parejas, divide y aleja las personas de la Red.
7. Pedir prestado dinero o tarjetas de crédito a cualquier integrante del Equipo. Se pierde la relación Patrocinador~Distribuidor y se convierte en una relación Prestamista~Deudor.
8. Pedirle a tu línea de auspicio que te coloquen nuevos Distribuidores en tu grupo. Es mejor concentrarse en prospectar e inscribir nuevos Distribuidores personalmente.
9. Tratar de inscribir a los Distribuidores que tienes en tu grupo o de otros grupos en cualquier otra Red de Mercadeo. Muy rápidamente todo el

mundo se entera y al momento se pierde la credibilidad. Podrías perder tu contrato como Distribuidor.

10. Tratar de persuadir a que un Distribuidor de otro grupo se cambie de línea para asociarse contigo. ¡Eso es MORTAL! Comienzas a perder la credibilidad como líder y podrías perder el contrato como Distribuidor en la Compañía.

11. No robar a los Distribuidores la oportunidad que tienen de aprender. *"No le demos el pescado, mejor les enseñamos a pescar"*. ¿Cómo? Haciéndole las tareas que les corresponde aprender a ellos. Por ejemplo: Darle todas las presentaciones, inscribir a otros, hacerle sus pedidos de productos, cambiarle su orden de re-compra mensual, resolverle sus problemas, porque esto detiene la duplicación y tú te estarías convirtiendo en servicio al cliente.

12. Sacarle copias a las herramientas. Pierdes integridad, no es profesional, no es duplicable y retrasará el crecimiento.

13. Venderle productos a otros Distribuidores, porque evita que los demás Distribuidores en la línea ascendente cobren comisiones de esas compras.

14. Invertir inicialmente tu dinero en anuncios promoviendo los productos en la radio, televisión, los periódicos y/o revistas es poco duplicable y hay que tener muchísima experiencia. El Distribuidor se desgasta y puede ser muy costoso. Si estás consciente de lo que eso conlleva, entonces, puedes intentarlo sabiendo que funciona, pero no duplica.

Este es un negocio serio que podrá cambiar positivamente tu futuro y el de toda tu familia por las próximas generaciones. Si lo haces bien será muy próspero. Hay un dicho que dice: *"si lo hace mal, entonces prepárese para tener que volverlo a hacer"*.

La Integridad

La integridad se define como la igualdad entre lo que uno dice y lo que uno hace. Es el elemento más importante del liderazgo y el más relevante en el futuro de tu negocio. La integridad es la base para que los demás se dupliquen. Será lo que creará el ambiente y la confianza hacia ti como líder.

Las personas con integridad no tienen nada que esconder ni nada que temer. Sus vidas son libros abiertos. Una persona con integridad es la que ha establecido un sistema de valores ante el cual se juzga a sí mismo durante su vida.

"La integridad no es tanto lo que hacemos, sino lo que somos"

El quebrantar el principio de la integridad desgasta el liderato porque creará desconfianza, inseguridad como líder y esa inseguridad producirá que la organización se detenga. Cuando uno pierde la integridad, uno es el que más pierde.

"Triunfa mediante la integridad y no mediante la exageración"

Trabaja con integridad y tu grupo duplicará tu integridad. Si trabajas con deshonestidad, lamentablemente el grupo lo duplicará y no crecerá. La integridad es tu activo más preciado en tu negocio; protégela, no la vendas, ni la negocies por nada. La integridad se mantiene con tus comentarios y tus acciones a diario. Te toma mucho tiempo ganártela y un segundo para perderla. La integridad da como resultado una reputación sólida, no solamente una imagen. La imagen es lo que la gente piensa que somos. La integridad es lo que realmente somos.

"Tu ejemplo no es la principal influencia sobre los demás, es la única"

Ten Integridad
para Ganar Influencia y Credibilidad

Mientras más integridad muestres, más confianza tendrá la gente en ti, y como consecuencia te conferirán el privilegio de influir en sus vidas. Con deshonestidad, menos confianza depositará la gente en ti y más rápidamente perderás tu posición de influencia.

Todos somos personas de influencia. Influenciamos en todo momento en las personas que nos rodean, ya sea de forma positiva o negativa. ¿De qué forma quisieras influenciar en los demás? De seguro que de forma positiva. Para esto debes actuar de la forma correcta, con la verdad siempre primero de frente. Cuando se actúa de forma deshonesta, sin integridad, hablando a espaldas de los demás, la influencia será negativa.

Inicialmente las personas observan la forma como interactúas con los demás y luego en la forma en que interactúas con ellos. La manera en que te vistes, te arreglas, saludas, los miras, les estrechas la mano, los atiendes, te desenvuelves con el grupo y te despides. En resumen, la forma en que te proyectes será la forma como te percibirán. Si te perciben como amable, atento, buen oyente, confiable, respetuoso y positivo, comenzarás a influenciar positivamente en los demás y crearás las bases para desarrollar una Red grande.

Por el contrario, si pones poca atención al saludar, tienes una mirada perdida, saludas sin ánimo, escuchas poco, hablas mucho, y te la pasas quejándote, entonces te percibirán como alguien negativo e influenciarás muy poco en los demás; y se te hará difícil desarrollar líderes positivos.

Uno puede influenciar temporeramente al hacer un favor a otra persona, pero la verdadera influencia proviene de lo profundo del carácter. Inicialmente carecemos de influencia sobre los demás. Mediante el proceso de la edificación tu línea de auspicio te dará esa influencia inicial que necesitas para que los nuevos comiencen a escucharte. Esa influencia te durará sólo un corto tiempo. Tan pronto comienzas a interactuar con ellos, tus comentarios y tus acciones construirán o destruirán esa influencia. De ahí en adelante sólo tu integridad, actitud y comportamiento determinarán el futuro de esa relación.

La avaricia, baja autoestima, inseguridad, egocentrismo, necesidad de poder, orgullo, venganza y la impaciencia son algunas de las características que desgastan la influencia.

No preguntes:
"¿Qué puede hacer mi línea de auspicio por mí?"

En vez pregúntate:
"¿Qué puedo hacer yo por el Equipo?"

"Si tus acciones crean un legado que inspire a otros a soñar más lejos, aprender más, hacer más y a convertirse en más, serás un excelente líder"

Construyendo tu Negocio
a Larga Distancia

Una de las mayores ventajas de este negocio es que puedes expandirlo a larga distancia. Cuando hablo de larga distancia me refiero a personas que viven a tres horas o más de manejo en auto o en otros países.

Construir tu Red a larga distancia le da una enorme estabilidad a tu negocio. Sin embargo, hay un aspecto que debes considerar al momento de expandirte. Te sugiero que primero aprendas a desarrollar el negocio exitosamente en tu área local, porque así adquieres la experiencia y la seguridad financiera necesaria para que luego puedas viajar y duplicar lo mismo en otras áreas o países.

Ventajas al Expandirte

- Proteges tu negocio contra cualquier adversidad climatológica. Ejemplo: huracanes, terremotos, fuegos. Donde vivimos en Puerto Rico ya hemos tenido la experiencia de sufrir el embate directo del ojo de dos huracanes. Esto nos paralizó el negocio por meses, porque muchas personas sufrieron pérdidas en sus hogares y tienen que incurrir en gastos no esperados. Otros perdieron sus empleos. Al haber un desastre de la naturaleza ocurren interrupciones en las entregas de los productos y habrá eventos cancelados, entre otros.

- Consolida y diversifica tu negocio protegiéndolo contra recesiones económicas. Ejemplo: huelgas, despidos, cierres de bases militares, ataques terroristas.

- Puedes compartir más con tu pareja durante los viajes.

- Puedes obtener beneficios contributivos por la inversión en los viajes. (asesórate con tu contador)

- Puedes aprovechar los viajes para aprender y escuchar los audios del negocio. No digas: "esta ciudad está a tres horas de distancia". Mejor piensa: "esta ciudad está a sólo tres audios de capacitación".

Retos al Expandirte

- Los viajes cuestan dinero y cuanto más lejos, mayor es la inversión.
- Es un reto a tu actitud. Podrías llegar al lugar de la reunión y tal vez encontrarte con pocos invitados o quizás ninguno asistió a la presentación.
- Al expandirte debes duplicar un líder con el conocimiento correcto, no un seguidor que dependa de ti, para que él pueda continuar haciéndose cargo de esa área.
- Cuando viajes procura tener una agenda súper llena de citas y Presentaciones planificadas.

En resumen, la mayor de las ventajas al expandirte es que le das estabilidad a tu negocio contra cualquier factor local fuera de tu control. Asegúrate de contar con las herramientas necesarias para expandirte, como: las llamadas telefónicas entre tres, información de seguimiento, ya sea física o virtual, el servicio de llamadas en conferencia como Skype, e-mails, tu página de Internet, presentaciones a través del Internet (Webinars, Hangouts) y las páginas web de tu Equipo y la Compañía.

Cómo Expandirte Internacionalmente a través de las Redes Sociales

"El éxito parece estar conectado a la acción"

Las redes sociales son una poderosa forma que tienes para expandir tu negocio tanto local como internacionalmente.

Cuál es la estrategia efectiva para mercadearte en las redes sociales e Internet

Para hacer un buen "mercadeo" usando las redes sociales lo primero que debes de tener es la mentalidad correcta para que te genere resultados positivos para tu negocio. Porque sin una mentalidad correcta podrías arruinar no sólo tu reputación, sino también podrías afectar la oportunidad de otros Distribuidores y hasta de la Compañía.

Hay variedad de opciones en las cuales puedes decidir abrir una cuenta para promocionarte, y es GRATIS. Por el momento las más conocidas son: Facebook, LinkedIn, YouTube, Google+, Twitter y Skype.

Estas redes sociales están creando un impacto positivo nunca jamás experimentado aplicado a los negocios desde el hogar, las Redes de Mercadeo y a las grandes corporaciones.

El primer paso es crear tu página. Tienes la opción de que tu página sea "Privada" o "Pública". Si es privada entonces nadie te va a poder encontrar en las búsquedas, y si te encuentran no van a poder ver nada en tu página, sólo verían tu foto de perfil y de portada.

La mejor opción para que seas visible a todos es poner tu página como "Pública". De esa forma las personas te van a poder encontrar en las búsquedas o si de alguna forma llegan a tu página van a poder ver lo que tienes publicado.

Beneficios que te da el tener una página en las redes sociales:

1. Vas a crear tu imagen con lo que publicas a través de las fotos, videos y mensajes.
2. Te dará credibilidad al instante.
3. Te dará resultados inmediatos.
4. Se convertirá en el magneto que te atrae a nuevos prospectos.
5. Va a trabajar por ti las 24 horas del día, los 7 días de la semana, a través del mundo entero.
6. Sobre todo, será la forma donde te podrás comunicar directamente con cada persona en cualquier momento.

El propósito de tu página web será que las personas te comiencen a conocer por lo que ven y leen en tu página.

Vamos a tomar de ejemplo a Facebook que es una de las más utilizadas en este momento. Puedes crear una página Personal o un "Fan Page" enfocado en tu negocio. Pero para poder crear un "Fan Page", debes primero tener o haber creado una Página Personal. Repito: A través de tu Página Personal es como único vas a poder crear tu "Fan Page".

Cuáles son las Diferencias entre una Página Personal, un "Fan Page de Negocio" o un "Grupo"

1. En la Página Personal sólo puedes tener hasta 5,000 amigos, y cuando llegues a esa cantidad será el final de tu crecimiento en Facebook.
2. En los "Fan Page" no hay límite de amigos. Tu crecimiento será ilimitado.
3. Según las políticas de Facebook las Páginas Personales no pueden ser usadas para hacer negocio. De encontrarlo podrían cerrar tu cuenta en cualquier momento.
4. Los "Fan Page" son para promover negocios. Así que es mejor hacerlo bien desde el principio.
5. Es más fácil que una persona le dé "Me Gusta" ("LIKE") a un "Fan Page", que solicitar de Amigo a una persona que no conocemos.
6. Las personas que le dan "Me Gusta" (LIKE) a tu página, ya vas a saber que son personas o prospectos calificados a los cuales "Les Gusta" lo que haces y promueves.
7. Los "Fan Page" son encontrados en los motores de búsqueda como Google, Bing y Yahoo.
8. Con una Página Personal, la oportunidad de que eso ocurra es mínima.
9. Páginas de Grupos: se trata de reunir personas con intereses comunes y así construir un "nicho de mercado". Todas las personas que se unen a ese Grupo publican y comparten ideas relacionadas al tema del Grupo. Ejemplo: Redes de Mercadeo, salud, tecnología.
10. En el Fan Page eres tú quien publicas la información de TU negocio.

Una vez has creado tu página, decide qué tipo de página quieres. Si es una Página Personal, un Grupo, un "Fan Page" enfocado en Negocio, Productos, Figura Pública y otras opciones que te ofrecen.

Tu primera imagen ante las personas será tu foto de Perfil y Portada (Timeline), éstas deben proyectar profesionalismo. Esa foto va a ser tu "marca" personal. Tener una foto de perfil efectiva atraerá un número mayor de personas y te hace sobresalir e irresistible para la gente que no conoces. He recibido solicitudes de amistad de "superman", el hombre araña, drácula, perros, gatos, alcohólicos, chicas muy sexy, flores, montañas, envases de productos, y hasta una mosca... ¡je, je, je! Ninguno fueron mis amigos. Evita fotos con animales, caricaturas, con personas al lado o ingiriendo bebidas.

Ya teniendo tu foto de perfil y portada, el siguiente paso es que las personas conozcan algo de ti. Tanto en la vida, como en las redes sociales cada persona tiene una historia única. Para darte a conocer deberás escribir brevemente la tuya en la sección de "Sobre Mi". Pero a las personas no les interesa tu historia. Lo que les interesa es saber cómo tu historia los inspira a ellos a lograr más. Recuerda, "los Hechos Hablan, pero las Historias Venden".

Busca ese "algo" que te hace diferente y único en tu personalidad. Ese detalle que atrae a la gente a seguir leyendo para conocer más sobre ti. Ese momento interesante donde decidiste cambiar, mejorar y dar un paso adelante para lograr más. Esa inspiración que los mueve a querer conocerte, escucharte y hacer negocios contigo. A través de tu historia es donde van a empezar a confiar más en ti, tanto las personas que te conocen, como las personas a las que quieres atraer. Con tu historia, las personas van a descubrir que tú los vas a poder ayudar porque tienes una solución para el problema que ellos quieren resolver.

Cuál es la Mentalidad y el Ambiente en las Redes Sociales

Una Red Social (a través de tu página personal) no es un lugar donde las personas entran para comprar productos, ni para buscar un negocio, ni para ser bombardeados con promociones. El propósito principal es entrar a la red para *conectar* con otros y *socializar*. Hay muchas personas que están buscando y necesitan lo que tú tienes, pero hay una forma correcta de llegar a ellos. Si lo haces bien los atraes a ti y si lo haces de la forma incorrecta, los alejarás de ti.

Imagina que estás llegando a una gran fiesta donde hay muchas personas, y están reunidos tus mejores amigos y los amigos de ellos. Te darás cuenta que los temas que se hablan en las fiestas generalmente están basados en la familia, los buenos tiempos, noticias y muchos temas relacionados entre amigos.

Este es un ambiente perfecto donde se están construyendo nuevas amistades, ¿verdad? Ese es el mismo ambiente que reina dentro de las redes sociales. Son millones de personas compartiendo como si fuera una gran fiesta, pero virtual.

Ahora imagínate que una persona llega a la gran fiesta y a toda prisa inmediatamente comienza a repartir sus tarjetas de presentación, a hablar sólo de sus nuevas promociones, sus productos y sobre su gran oportunidad de negocio. Te darás cuenta que las personas poco a poco comenzarán a rechazar ese tipo de conducta y lo peor es que eventualmente casi nadie querrá saber de esta persona y muchos lo eliminarán de su lista de amigos.

Esta persona estará haciendo lo que se conoce como S.P.A.M. y acabará "quemando su imagen" como comerciante, ¿verdad? Esa persona habrá perdido su credibilidad y la oportunidad de desarrollar su negocio.

Cuál es la Estrategia Correcta en las Redes Sociales

La estrategia correcta está fundamentada primero en construir *buenas relaciones*. Para atraer a las personas primero debemos darnos a conocer, agradarles y ganarnos su confianza. Algunos ya son tus conocidos, pero una gran mayoría serán personas desconocidas que se harán tus amigos sociales y hasta buenos amigos.

Las redes sociales harán que las personas se comuniquen contigo para comprar tus productos o servicios, o unirse a tu negocio de Red. Una vez estos potenciales clientes se comunican contigo, ahora es que comenzarás una relación más estrecha con ellos.

Recuerda, esta estrategia consta en olvidarte del dinero y del negocio que promueves, y primero te enfocas en desarrollar buenas relaciones.

En otras palabras, en las redes sociales primero haces amigos y construyes buenas relaciones, una vez te has ganado su confianza, estarán más abiertos y receptivos de escuchar tu propuesta de productos o negocio. Esto lo lograrás usando la Ley de la Correspondencia: "Primero dar y después recibir". Primero creas una fuerte relación ayudando y dando información valiosa para tus amigos o prospectos. A esto se le conoce como "Mercadeo de Atracción", que funciona donde las personas son quienes te buscan a ti, no tú a ellos.

Esta es una naturaleza humana. Si das algo a alguien, las personas también querrán corresponderte a cambio. Así es como son las redes sociales.

> *"El buen Mercadeo de Atracción funciona cuando agregas valor y las personas son quienes te encuentran a ti, no tú a ellos"*
> Álvaro Mendoza - Experto en Marketing de Respuesta Directa

La Clave es Ofrecerles Contenido de Gran Valor

Si constantemente publicas en tus páginas información positiva con buen contenido escrito o en videos que ayude y aporte valor, las personas estarán más receptivos a escuchar y saber de ti. Las personas empezarán a seguirte cuando vean que tu contenido es interesante y útil para ellos.

En Internet tu imagen o marca personal lo es todo. Debes encontrar algo que te haga único en la red y eso es tu reputación.

Recuerda tener en cuenta que tu compañía de Red de Mercadeo no debe ser tu marca. Tu marca personal eres tú mismo. Nuestra recomendación es que no planifiques toda tu campaña de promoción basada sólo en tus productos o compañía de Red de Mercadeo. Debería estar basada en mercadearte a ti, a tu imagen y el beneficio que recibirán las personas que se unan contigo.

¿Te ha sucedido que cuando alguien te solicita de "Amigo", antes de aceptar su solicitud, visitas su página a ver quién es? Cuando vemos las páginas de las personas, eso nos dice sus agendas y qué tipo de persona pueden ser. De la misma forma te va a suceder a ti. Cuando solicitas a alguien de "Amigo", antes de que te acepten, van a visitar tu página para conocer algo de ti. Y la primera impresión que les vas a dar es lo que ven en tu página.... y "¡¡yess!!" Ahí es donde debes tener una página que represente quien eres tú... No tu negocio, ni los Productos que promueves. Nuevamente, lo primero que promocionas en tu página eres TÚ. Tú te vendes a ti primero. Porque contigo es la persona con quien ellos eventualmente se van a unir para construir un negocio o comprar productos.

El Próximo Paso es Comenzar a Hacer Publicaciones

Para que te mantengas *visible* entre tus amigos deberás hacer publicaciones constantes. En tu página personal las mismas deben ser adecuadas para que asegures que las personas totalmente extrañas les de curiosidad. Deben ser variadas, como por ejemplo: mensajes positivos, noticias positivas, artículos de interés relacionado al tema de tu negocio, un video divertido, un video motivacional o algo de tu negocio.

Aléjate de hacer publicaciones que crean controversias y dividen a las personas. Evita los comentarios políticos, religiosos, críticos, guerras, videos de contenido sexual, abusos y mensajes en cadena.

La idea es que las personas que visitan tu página les guste lo que ven y se queden más tiempo en ella. De esa forma van confiando más en ti. Si las publicaciones son en tu "Fan Page", ahí las puedes hacer más enfocadas en tu negocio.

Si estás desarrollando tu negocio a tiempo parcial y quieres que se mantenga creciendo, deberás mantenerte prospectando de dos a cinco personas diariamente. Y esto lo puedes hacer en Facebook en menos de una hora. Pero si tu intención es ser más exitoso deberás prospectar por lo menos a 10 personas diariamente. Y esto lo puedes hacer en Facebook en menos de dos horas.

Te vas a encontrar con diferentes tipos de personas en las Redes Sociales:

- Personas que tienen sus páginas abiertas al público.
- Personas que todo lo tienen privado.
- Los que se conectan todo el tiempo.
- Los que se conectan muy pocas veces. Si ves que alguien no publica hace mucho tiempo, no desperdicies tu tiempo con estas personas.
- Quienes están abiertos a hacer nuevos amigos.
- Quienes no aceptan a nadie que no conozcan, sólo a familiares y conocidos.
- Los que sólo publican lo que venden, todo negocio.

El mantenerte haciendo publicaciones diarias atractivas va a resultar en que las personas compartan tus publicaciones, lo que te traerá que más personas te soliciten de "Amigo", aumentando tu círculo de amistades y prospectos. Procura escribir enfocado en el público al que deseas atraer y verás como algunas personas van a responder a lo que publicas, preguntándote, ¿de qué se trata?

Comienza a ampliar tu círculo de amigos en las redes sociales solicitando amigos, uniéndote a grupos y dando "Me Gusta" a los "Fan Page" de tu interés.

En Facebook podrás solicitar amigos diariamente, pero deberás tener en cuenta que si solicitas demasiados el mismo día, te podrán enviar un aviso de que estás solicitando demasiadas personas, y te podrían penalizar cerrando tu cuenta. Así que comienza solicitando entre 5 a 10 amigos nuevos, entre días.

Una idea para aumentar tu círculo de amigos es enviar mensajes en privado a las personas desconocidas que deseas solicitar de amigos. Escribe su nombre y un mensaje con el que puedas conectar con esa persona.

Por ejemplo:

- ¡Hola María! Te felicito por las publicaciones que haces, o…
- Veo que tenemos en común algunos amigos, o…
- Vi una foto que publicaste, ¿dónde es ese lugar tan lindo? o…
- Tengo amigos que también son maestros, o…
- Tu página me apareció como alguien que me sugiere conocer.
- Después de ver tu página, estoy de acuerdo. Me gustaría poder conectarnos como amigos en la red. ¿Me podrías enviar una solicitud de amistad?
- Estoy teniendo problemas con enviarte la solicitud de amistad. Podrías por favor, enviarme una. Gracias… (tu nombre).

Las personas con las que vas a estar conectando, la mayoría de las veces serán desconocidas. Por lo cual habrá algunas razones por las cuales acepten o no acepten tu solicitud de amistad, entre ellas están:

- Cuando van a tu página no les gusta lo que ven en tus publicaciones.
- Tu foto de perfil y la portada no les inspira confianza.
- No se conectan con frecuencia a sus páginas.
- Simplemente no te conocen y tampoco te quieren conocer.

Si esto sucede significa que no son las personas correctas que estás buscando. Nuevamente, recuerda, cuando comiences a hablar con las personas no te enfoques en brincar y comenzar a venderles tus productos o hablarles de tu negocio; primero establece una conexión, una amistad.

La clave para evitar el rechazo es "NUNCA" hablar de tu negocio en detalle hasta que hayas aprendido que la persona con la que estás hablando tiene una necesidad o un interés en tu negocio, producto o servicio, del cual tú le vas a poder ayudar.

Cuando te aceptan de "Amigo" o tú aceptas a alguien, inicialmente, escucha más de lo que hablas. La forma para poder escucharlos es tú haciéndoles preguntas para que los puedas filtrar, calificarlos como un prospecto, no convencerlos.

Ejemplo:

1. Acabo de aceptar tu solicitud de amistad y quería darte la bienvenida al círculo de amigos.
   Soy de (país y ciudad) ¿y tú?
2. Por cierto, ¿a qué te dedicas?
3. ¿Cuánto tiempo lo has estado haciendo?
4. ¿Te gusta lo que haces?
5. ¿Alguna vez has pensado en hacer algo diferente?
6. ¿Estarías abierto a escuchar algo diferente donde puedas hacer algo de dinero, adicional a lo que actualmente estás haciendo?
7. Haces una cita para mostrarle una corta Presentación (por Skype) o le envías la herramienta que estén utilizando, que puede ser el enlace de un video para que lo vea en ese momento.

Si el prospecto no tiene el tiempo en ese momento, haces una cita para que luego la vean juntos. (No le envíes el "enlace" de la Presentación porque la idea es que tú se las expliques a ellos y si la ven por ellos mismos puede ser que no la entiendan y la respuesta probablemente sería un, ¡no me interesa! o podría ser que no saquen el tiempo para verla).

Al terminar de darles la presentación pregunta: *¿Qué fue lo más que te gustó?* Escucha lo que te contestan y aclara sus preguntas. Si te dice los productos: le hablas algo de los beneficios de los productos y lo refieres a que vea la página de Internet donde hay más información. Si te dice que lo más que le gustó es el negocio: le hablas del negocio y hasta puedes hacer una llamada entre tres con tu Patrocinador para darte apoyo con su testimonio de negocio.

Da seguimiento profesional para que eventualmente puedan probar los productos o inscribirse para desarrollar el negocio y comenzar el proceso de duplicación. Siempre pide referidos y continúa expandiéndote.

Mientras más tienes algo en común con la persona, más fácil será conectar con ellos en cualquier red social. Responde a lo que ellos te contestan, enviándoles siempre un mensaje que termine en una pregunta para seguir construyendo la relación.

Utiliza cada oportunidad para fortalecer la relación dándole 'Me Gusta', comentando, compartiendo sus publicaciones, publicando y enviando mensajes.

Espera a que ellos te pregunten a qué te dedicas tú, que te pregunten sobre tu negocio. POR FAVOR SÉ PACIENTE. El Mercadeo de Atracción funciona.

Un punto que debes tener en cuenta al momento de hacer publicaciones es que cuando ESCRIBES EN MAYÚSCULAS SE CONSIDERA GRITAR. Así que, si lo haces, procura que sea sólo para llamar la atención en algunas palabras y no en un mensaje completo. Además, cuando se escribe todo en MAYÚSCULAS se hace más difícil leerlo.

Recuerda siempre esto: quien hace las preguntas será quien tenga el control de la conversación. Siempre responde a lo que te contestan y vuelves y haces preguntas que lleven a las personas a continuar hablando de ellos.

Cuando tú haces las preguntas vas a poder llevar la conversación por donde tú quieres que vaya y los vas a ir calificando. Vas a ir conociendo cuáles son sus necesidades y problemas, los cuales tú les puedes ayudar a resolver. Conociendo esto vas a poder manejar las objeciones mucho más fácil.

Si lo que estás buscando es construir tu negocio, en una red social vas a poder hablar con muchas personas, pero si no sabes cómo comunicarte para que inicien la conversación, será sólo una diversión y una gran pérdida de tiempo.

Para mostrar tu negocio utiliza las herramientas: videos, página web, la aplicación de Skype, porque si las personas viven a distancia vas a poder hablar virtualmente con ellos y hacer video conferencias.

También si tienes la aplicación del "Messenger" de Facebook o WhatsApp instalada en tu celular inteligente, podrás hablar por teléfono con cualquier persona, en cualquier parte del mundo "GRATIS". Sólo utilizas la conexión de Internet.

Utilizar las redes sociales como una herramienta de trabajo significa hacer "Marketing de Atracción". Que lo que hace es cautivar el mercado al que estás dirigido para que quieran hacer negocio contigo, por quien tú eres y por lo que ellos ven tu página.

Para comenzar rápido, inicialmente tus prospectos son tus amigos actuales. Te vas a sorprender de cómo a muchos de tus amigos actuales de Facebook nunca les has hablado.

¡Aquí está cómo funciona!

Mientras la mayoría de los principiantes están ocupados tratando de hacer una venta, tú te destacas porque eliminas la agenda de ventas de tu página de Facebook. Durante una conversación casual con tus amigos o con personas que son completamente desconocidas puedes determinar las necesidades de una persona y vas a poder ver si puedes ayudarlos o servirles.

Poco a poco te vas a ir estableciendo en la mente de las personas como una persona positiva, emprendedora que los puedes dirigir a soluciones útiles y establecerte como un amigo en el que pueden confiar o como un experto en tu campo; y convertirte en la persona que atrae a los demás hacia ti.

Sobre todas las cosas... DETÉNTE de hablar de ti mismo, tus experiencias, tu negocio, tus cualidades, etc., porque tus conversaciones no deben ser sobre ti ... Se deben tratar sobre ELLOS.

Atraer Constructores de Negocio es tan fácil como Atraer Clientes para tus productos o servicios. Si no estás teniendo los resultados que deseas, las razones son obvias, fáciles de identificar y simples de solucionar.

Recuerda que tu página de Facebook cuenta tu historia por ti. Te da credibilidad instantánea, simpatía y estatus; te prepara el escenario para conversaciones ideales.

Llenar las necesidades y deseos de tus clientes potenciales es una prioridad durante una conversación. Utiliza los ejemplos que te mencionamos para hacer unas cuantas preguntas sencillas y descubre si las personas con las que hablas tienen un problema que puedes ayudarles a resolver antes de hablarles de tu negocio.

Cuando se trata de llegar a desconocidos, enfócate en conectar con ellos y atraer a las personas adecuadas que necesitan tus soluciones, y de esa forma tendrás prospectos calificados acercándote a ti cuando estén listos.

Para tener más ideas específicas de cómo tener conversaciones efectivas con seis tipos de prospectos a través de las redes sociales puedes obtener en www.RedDeMercadeo.com una herramienta que se titula los "Escritos Millonarios de las Redes Sociales".

Cómo Ganar la Confianza de los Prospectos Publicando Tus Videos

Opino que los videos son la más rápida y mejor forma de posicionarte como una persona de confianza y como un experto. Son una de las armas más poderosas que tendrás en las redes sociales para desarrollar tu negocio.

Algunos beneficios de grabar videos son: las personas te conocerán tal y como en realidad eres, vas creando tu imagen y comienzan a confiar en ti. Al compartir videos con información de valor vas ganando lealtad hacia tu persona de quienes te ven y te escuchan, y por consecuencia a tu oportunidad de negocio. Te ven en acción y te ayudará a "conectar" mejor con tus posibles prospectos.

Puedes publicar tus videos tu página de Facebook.com, YouTube.com o Vimeo.com

Consideraciones al Grabar un Video

Grabar un video frente a una cámara puede ser algo incómodo para muchas personas. Pregúntate, ¿qué es más importante para ti, la incomodidad o el miedo de grabar un video, o tus ganas para progresar?

Mi primer video lo planifiqué casi por un mes. Duró sólo cuatro minutos y me demoró sobre seis horas terminar de editarlo. ¡Wow!... ¡Qué agonía sufrí! Mi problema era que quería ser perfecto y ese era mi miedo. Tampoco dominaba el programa (software) de edición de videos. Por eso te recomiendo que no trates de ser perfecto. Con la práctica sólo te tomará minutos. Hoy día es diferente porque con la tecnología ya puedes grabar un video de buena calidad con los teléfonos inteligentes y en sólo minutos está publicado.

Con eso dicho ahora viene lo más importante del video que es, *tu mensaje*.

Lo primero que debes hacer es definir cuál será la enseñanza o mensaje que quieres transmitir. Cuando comiences a grabar te sugiero que captures la atención de las personas desde el inicio. Esto lo logras diciendo de qué se trata el tema que vas a hablar, porque un buen titular hará que las personas deseen quedarse viendo tu video completo. Luego das el cuerpo del tema, le sigue el cierre que puede ser un breve resumen de lo dicho y finalizas con un llamado a la acción. El llamado a la acción puede ser invitando a que te llamen, a que asistan a un evento o que te escriban un mensaje pidiéndote más información, etc.

Mi consejo es que grabes los videos cortos, con una duración entre dos a cinco minutos me funcionan muy bien.

Habla en singular, no en plural. No digas, "amigos que me escuchan". Mejor dices, "amigo que me escuchas", esto es para que la persona que está viendo el video sienta que tú le estás hablando a él.

Esta idea de grabar videos es una que puedes realizar en los momentos libres. Recuerda que siempre la acción más importante es mantenerte prospectando personas y dando presentaciones.

Algunos Detalles Técnicos

Es muy importante que estés pendiente de la iluminación. Procura que tengas buena luz en tu cara para que las personas vean tus ojos y expresiones faciales. Mira a la cámara, no al piso ni al cielo. Procura tener las menos distracciones posibles en la parte de atrás, a menos que desees resaltarlas. Tu voz debe escucharse fuerte y con claridad.

Advertencia:

Si quieres ser reconocido como un profesional te advierto que no uses los videos para criticar otros productos, personas o Compañías. Mejor aprovecha la oportunidad de crecer tu imagen. No grabes un video sólo por grabar un video. Cada uno debe tener un mensaje con un propósito que ayude a tus videntes. No uses música o imágenes de fondo si no tienes los derechos de autor, porque recibirás un aviso, te podrán cerrar el canal y perderás todo tu trabajo. No caigas en decir *"si otros usan canciones o imágenes con derechos de autor, entonces yo también las puedo usar"*. Lee las políticas y regulaciones y síguelas. ¡Te lo dice la voz de la experiencia!

Comienza inmediatamente a grabar videos. Simplemente enfócate en transmitir tu mensaje de la mejor forma posible, con alegría y entusiasmo, y verás como las personas reaccionan. Recuerda que podrás hacer ajustes o eliminar cualquiera que no te guste o no te funcione. No te detengas, porque haciendo esto tu negocio de Red se podrá llenar de nuevos prospectos altamente calificados.

MicroBlog

Un ejemplo de un Microblog lo es **Twitter.com** Con este sistema puedes mantenerte en contacto con tus clientes y Distribuidores en "tiempo real" enviando cortos mensajes de hasta 140 caracteres. El beneficio es que puedes enviar mensajes instantáneos a los teléfonos celulares de las personas que hayan elegido voluntariamente seguirte y así compartir noticias de último minuto.

También puedes usar las aplicaciones de **WhatsApp** y **Telegram** para teléfonos inteligentes. A través de estas aplicaciones gratuitas podrás tener comunicación al instante con toda persona en cualquier parte del mundo. Te permite crear grupos de personas para que todos a la misma vez reciban el mismo mensaje escrito, de voz, fotos o videos. Como ya te habíamos mencionado, en este momento tanto WhatsApp y Facebook te permiten hacer llamadas telefónicas a tus contactos teniendo conexión a internet, sin costo adicional de tarifas telefónicas de larga distancia. Es muy, muy potente. ¡Descárgalas gratis ya!

Tener Tu Propio Dominio.com

Otras herramientas usadas por los más expertos en las Redes de Mercadeo son los dominios o páginas Web.

Esto significa el comprar un dominio (domain) para que puedas tener tu propia página web con tu propia dirección "URL". Ejemplo: www.TuNombreyApellido.com. (que hoy día tiene un costo muy económico). De esta forma podrás tener tu propio e-mail: Tu_Nombre@Tu_Dominio.com. Usar esta técnica será una de tus mayores "armas". Te dará una presencia o categoría mayor dentro de las redes sociales y al tener tu dominio propio complementará tu presencia como un experto Profesional en Red.

Una vez tengas tu dominio registrado y tu página web en el servidor, entonces podrías continuar con lo que se conoce como un Auto Respondedor (auto responder). Más adelante te hablaré sobre ello.

Bitácora o "WebBlog"

Un ejemplo de un WebBlog es wordpress.com. Un lugar donde puedes publicar textos, videos o artículos personales, apareciendo primero el más reciente. Aquí tú decides qué dejar publicado o lo que desees eliminar.

Ahí podrás publicar tus noticias, artículos, eventos, fotos y tienes una gran cantidad de otras utilidades de manera gratuita en la cual podrás mantener contacto constante con tus potenciales clientes, prospectos y Distribuidores.

Cómo Atraer Tráfico a Tu Página Web

Si ya tienes tu propia página Web, te comento que para tener un sitio exitoso en el Internet las personas tienen que visitar tu página. Estos son algunos consejos para que tengas más visitas.

- Menciona el nombre de tu página web (URL) en tus mensajes de voz y contestadora de teléfono.
- Escribe tu URL en cada promoción que hagas, incluyendo tus tarjetas de presentación.
- Cuando escribas un mensaje en las redes sociales concluye compartiendo tu URL.
- En cada mensaje (e-mail) que envíes escribe tu URL.
- Escribe mensajes de buen contenido en grupos relacionados a tu mercado finalizando con "Cortesía de (tu URL)".
- Participa en grupos de discusión, salas virtuales y "chats" de tu mercado.
- Promuévete en los motores de búsqueda (pago por "click"-PPC).
- Cuando grabes videos menciona o escribe tu URL.

Cómo te Sirve un Auto Respondedor

Un auto respondedor es una herramienta muy potente que te permite recolectar los correos electrónicos de manera automática de tus amigos, prospectos, clientes y Distribuidores. El beneficio es que podrás estar en contacto continuo y al instante con todas las personas. Hacer diferentes campañas de promoción, noticias y reconocimientos a diferentes grupos o "nichos" de personas. Es un éxito total de la comunicación.

El auto respondedor que recomiendo es.... AWeber.... Lo he usado durante muchos años y es el más sencillo, completo y económico. Encuentra la información en: www.RedDeMercadeo.com

El propósito de este capítulo sobre las redes sociales fue darte las ideas básicas, ya probadas, para que puedas encontrar (siguiendo el consejo de tus líderes) la mejor manera que se adapte al tipo de negocio de Red que estás desarrollando. Mantente lo más que puedas al día sobre el tema de las redes sociales y el Internet porque está constantemente en rápida evolución.

Cómo Integrar estas Herramientas si Tienes Poca Experiencia

Ya existen escuelas tipo "universidad" y Clubes en el Internet que enseñan, te aceleran el conocimiento y el dominio de estas tecnologías.

He creado la "Universidad Club Profesionales en Red" donde mensualmente me reúno en Vivo con líderes de múltiples países y Compañías. Aquí ellos tienen la oportunidad de tener contacto directo conmigo y hacerme cualquier pregunta que quieran sobre cómo crecer sus Equipos de Red de Mercadeo. Esto les acelera el crecimiento de sus conocimientos y les ayudo a que mantengan su enfoque en la Duplicación y la creación de nuevos líderes. También les enseño a utilizar todas las estrategias de crecimiento y expansión en el Internet y en las redes sociales. Por un pago módico de matrícula y una membresía mensual, gozarás de muchos otros privilegios y sorpresas que siempre tengo. Me encanta la Universidad porque sé que aporto en gran manera al éxito de los Networkers. Puedes conocer más sobre los beneficios y unirte a la Universidad en: www.ClubProfesionalesEnRed.com

Qué Hacer Cuando No Tienes el Apoyo de Tu Patrocinador

Te pregunto, ¿en la Compañía en que estás, hay personas ganando buen dinero? Si tu respuesta es *"Sí"*, entonces eso es bueno, porque significa que la única variante para que tú ganes dinero o no ganes dinero, serás tú mismo. Ponte a pensar, ellos están en la misma Compañía, tienen los mismos productos y tienen el mismo plan de compensación. Entonces la variante eres tú, y esa es la mejor noticia. Ahora sabes que tu Patrocinador no es una variante. Es decir, que sólo tú tienes el control de lo que ocurrirá en tu negocio.

Cuando yo me di cuenta de eso me alegré muchísimo, porque me encanta tener el control de mis cosas. Desde ese momento eres libre y ahora no tienes que estar pendiente de lo que tu Patrocinador hace o no hace. No tienes que estar pendiente si te apoya o no te apoya. No tienes porqué reclamarle nada. Nadie tiene que dar excusas del porqué no está haciendo que su negocio le funcione, porque ese es el negocio de cada cual. Lo único que tú tienes que hacer es siempre darle gracias (en persona y en público) por haber pensado en ti y haberte puesto la oportunidad del negocio en tus manos.

La inmensa mayoría de los líderes fueron auspiciados por alguien que no es un líder. Lo que te quiero decir es que si quieres ser un líder, y tu patrocinador y tu línea de auspicio te apoyan, ¡Fantástico! y si no te apoyan, ¡Fantástico Igual! Ya sabes que tu negocio comienza de ti hacia adelante; y como te mencioné al principio, tu meta es conseguir tus 3 a 6 líderes. Debes programarte y pensar que ser un líder y tener éxito dependerá en la mayor parte de ti.

Pregúntate: "*¿Qué es lo que me gustaría que mi línea ascendente hiciera que yo no estoy dispuesto a hacer?*" La respuesta es obvia. Debes hacer el trabajo por ti mismo. Sé que puede parecer difícil, pero vamos a analizarlo desde el punto de vista de la duplicación. Si erróneamente crees que tu línea ascendente es necesaria para que puedas desarrollar a otra persona como un líder, entonces eso significa que tú también tendrás que tomar como responsabilidad el tener que motivar a los Distribuidores que no están motivados y que tú también tengas que hacer el trabajo por ellos. Por eso te digo que ser un líder financieramente exitoso dependerá sólo de ti.

Hay muchísimas ocasiones donde personas crecen su Red más rápido que su Patrocinador. Si ese es tu caso, te recomiendo que no cometas el error que muchos otros han cometido, hablar negativo o des-edificar a su Patrocinador.

Si uno des-edifica a su Patrocinador y dice algo como, *"mi Patrocinador no me apoya, es lento, hace poco, no está comprometido, está distraído, tiene mente de empleado, no me ayuda, no me gusta como trabaja, yo sé más que él, está perdido, etc."*, eso no te ayudará porque esos comentarios te alejan de tu Patrocinador. Cuando tu grupo escucha esos comentarios negativos, es uno mismo quien más pierde. Porque quien habla negativo se debilita. Quien habla negativo es percibido como el verdadero problemático. Quien habla negativo, es perjudicial para el éxito del Equipo. Quien habla negativo no podrá construir una gran Red. Quien habla negativo necesita aprender a controlar su comportamiento y dedicarle tiempo intensivo a su desarrollo personal.

Si tu Patrocinador no te apoya o ya no está, tú eres más inteligente y dirás algo como, *"mi Patrocinador estuvo un tiempo conmigo ayudándome y gracias a él he crecido más rápido que él"*. O tal vez, *"me ayudó a desarrollarme y ahora está dividiendo su tiempo para poder desarrollar también a otros nuevos líderes"*, o tal vez *"mi Patrocinador está pasando por una situación personal y hay que darle su espacio, cuando regrese será un honor volver a trabajar junto con él"*. Un pensamiento o comentario así te ayudará mucho más, se duplicará positivamente en tu Red y elevarás tu imagen como un verdadero líder.

Yo también he tenido "líderes" en mi compañía que han hablado negativo de mí. ¡Je, je, je! Si supieran que cada vez que lo hacen ellos son los más que pierden. Porque cuando me toque a mí hablar en público, sus grupos no me escucharán y por eso se perderán la oportunidad de seguir aprendiendo y creciendo. Sin embargo, lo que hago es que los edifico en público y así no podrán hacerme daño a mi ni a mis grupos. ¡Je, je, je!

*"El que más edifica es más amado,
y el que critica,
siempre es rechazado"*
Roberto Pérez

Qué Hacer Cuando Alguien Abandona tu Grupo

En algún momento alguien, quien menos esperas, abandonará tu Red. Puede ser un familiar, un gran amigo, alguien en quien invertiste tiempo y dinero, alguien que creías que iba a ser el gran líder, o quizás un líder quien había traído muchas personas y movía miles o millones de dólares en productos. Cuando te ocurra (y te va a ocurrir) continúa adelante, no te detengas. Cuando alguien ha abandonado, he visto como Distribuidores lloran, patalean y entran en un estado de "SHOK" emocional. Les da depresión y creen que el mundo se va a terminar.

Es normal que las personas entren y salgan de la Red. De la misma forma las personas cambian de trabajo, cambian de pareja, cambian de religión, cambian de partido político, cambian de casa, de celular, cambian su pareja, cambian su visión, y la gente también cambia de negocio de Red. Entonces si esto es así, que no te tome por sorpresa. Simplemente, si ellos se quieren ir, que lo hagan. No trates de detener a las personas. No juegues ese juego. Si ellos quisieran permanecer lo harían. Mantén una buena relación con ellos. No hables negativo de ellos. No pelees. Si no peleas y dejas las puertas abiertas, tal vez luego regresan. Recuerda, contigo estarán las personas que se supone estén contigo. Sé que no es fácil de tragarse esta "pastilla", y entender que así ha sido, así es y así será. Siempre hay una lección que aprender. Esta es la mía. Cuando alguien se va de mi lado o de mi Red, yo me pregunto; *"¿Qué tengo que aprender para ser mejor oferta y para que en el futuro otros no se vayan"?* Esa filosofía me ayuda mucho porque me mantiene abierto a aprender y continuar mejorándome.

"Todo gran líder en Red de Mercadeo siente pasión por ver crecer y desarrollar a otros a su máximo potencial"
Juan Francisco de Martí
Networker Profesional

Qué Ocurre Cuando el Sistema no Funciona

Muchas veces escucharás personas que te dicen que el sistema no les funciona. Que llamaron a 5 personas y ninguno se inscribió. Que hicieron una presentación en su casa con 5 personas y ninguno se inscribió. Que usaron la presentación en video, o audio, o folleto y que las personas no se inscribieron. Que no te sorprenda porque a mí también me ha ocurrido.

Eso no significa que el sistema no funcione. El sistema está probado por años de experiencia. Lo que realmente ocurre en la inmensa mayoría de los casos, es que le diste la presentación a la persona equivocada. Cuando le das la presentación a una persona, puede ser que esa persona esté en su zona de comodidad, o que no está en la búsqueda de hacer algo diferente, o simplemente no es su momento de hacer un cambio para seguir mejorando. Si es así, entonces no hay nada más que puedas hacer por ellos. Ya hiciste tu trabajo, que fue mostrarles la oportunidad. La de ellos es "Tomarla o Dejarla Pasar". Así que, ¡Próximo!

Nuestro consejo es que continúes mejorando tus destrezas del negocio. También puedes volver a repasar el sistema de duplicación con tu línea de auspicio a ver si lo estás usando en la manera correcta. Busca otras personas, continúa haciendo citas y dando presentaciones hasta que llegue el próximo prospecto que esté listo como lo estás tú.

"Las Redes de Mercadeo son para todo el mundo, pero no todo el mundo es para Redes de Mercadeo"

Prepárate para ser Criticado por Algunos "Líderes" de tu Grupo

Según mis grupos seguían creciendo tenía que seguir dividiendo el tiempo entre más y más personas. Eso me causó tener menos tiempo para dedicarle a los Distribuidores originales que habían iniciado conmigo. Recuerdo que al principio de la Red hablábamos hasta varias horas al día. Según la Red fue creciendo, iba dividiendo mi tiempo entre más personas y por consecuencia hablaba menos con ellos. Aquí en Puerto Rico la Red comenzó a crecer. Tenía sobre 600 personas en poco más de tres meses. Lo mismo me ocurrió en Mexico, cuando en el primer mes de abiertas las operaciones de la Compañía ya teníamos más de 1,000 personas.

Lo que me ocurrió fue, que algunos comenzaron a reclamar y exigir mi tiempo y atención. Querían que les siguiera dedicando las mismas horas diarias en conversaciones. Eso no nos permitía desarrollar eficientemente otros nuevos líderes. Llegó el tiempo en que hablaban más de problemas, de sus cosas personales y eso des-aceleró el crecimiento de todos. El problema es que todo esto ocurre sin nadie darse cuenta. Los nefastos resultados se notan varios meses después y uno no puede relacionarlos con el pasado. Entonces comienzan los reclamos sin fundamentos.

Lo que hay que hacer es que cada uno debe concentrarse en crecer y duplicar la Red. Tenemos que entender la naturaleza de la duplicación. Por supuesto que uno debe mantener comunicación con los líderes, pero un líder debe aprender a continuar duplicándose.

Es por eso que debes duplicarte tu primero y cortar el cordón umbilical de tu Patrocinador cuanto antes, para que seas el ejemplo de tu grupo y ellos se dupliquen de ti. A ellos mismos les ocurrirá con sus grupos, así que adelántales ese detalle para que evites contratiempos si reclamaran tu atención.

Qué Hacer con los Problemas y las Distracciones

Siempre habrá problemas y nunca los podrás resolver todos. ¿Entonces qué se puede hacer? Lo que hay que hacer es crear nuevos líderes y enseñarles a *"manejar"* los problemas. Este en un principio de alto liderazgo.

Si tus líderes no aprenden a manejar los retos, los conflictos y los problemas, serán un dolor de cabeza para todos. Escucharás cosas como: *"el grupo no está creciendo, las reuniones no están organizadas, los productos no llegan a tiempo, servicio al cliente tarda mucho en contestar los teléfonos, la gente no se quiere conectar al sistema, deberían aumentar las comisiones y deberían pagarnos por esfuerzo y no por resultados, los requisitos son muy bajos o son muy altos, el gerente es un tarado, no tenemos oficina en nuestra ciudad, la tecnología está muy atrasada o adelantada, la Compañía hace muchos cambios, no abren los países que queremos, los productos están en unos países y en otros no, estoy perdiendo mi grupo y la Compañía es quien tiene la culpa".* En todos los países que he viajado los Distribuidores siempre me comparten las mismas quejas.

No podrás construir una Red si estás ocupado escuchando y resolviendo los problemas todo el tiempo. Tu misión es estar enfocado buscando los 3 a 6 líderes para desarrollarlos y capitalizar el plan de compensación.

Estar llamando a la Compañía porque los productos tardan en llegar, resolviendo malos entendidos entre Distribuidores, gente con alto ego, falta de reconocimiento, luchando contra la competencia, hablando mal de los líderes en la Compañía o gente cambiándose a otras Redes. Imagínate... ¿Cuánto tiempo invertirás tratando de resolver todo esto? Ufff... tendrás a diario largas e interminables llamadas con gente que te drenarán tu tiempo y energía.

El problema es que las personas piensan que para tener éxito todo debe ser perfecto. Servicio al cliente 100% perfecto, Distribuidores siguiendo 100% un Código de Honor, Ejecutivos 100% perfectos profesionales, líderes 100% dispuestos a ayudarte en todo momento, herramientas (videos, folletos, etc.) 100% perfectos, productos 100% perfectos, plan de compensación 100% perfecto, oficina virtual 100% perfecta, el clima 100% perfecto y los prospectos 100% listos en fila para inscribirse con el paquete mayor. Si esto no ocurre así, verás algunas personas creando una histeria colectiva. La mayoría de las personas creen que todos los problemas deben resolverse.

El detalle constante es que en todo negocio siempre hay personas involucradas. Las personas no somos perfectas y cometemos errores. Seguro que tú como líder ya te habías dado cuenta de eso, pero la gran mayoría de tus Distribuidores tal vez no. Un líder sabe que todos somos personas con virtudes y defectos. Muchos dan el máximo dentro de sus capacidades y su capacitación.

Creo que un líder no pierde su tiempo tratando de arreglar todo, sino mejor aprende a *manejar* los problemas. Si tratas de resolver todos los problemas, sabes que mañana volverán otros nuevos problemas y nunca terminarás. Recuerda que en todas las Compañías hay y habrá problemas. Si te cambias a otra Compañía creyendo que vas a evitar los problemas, te garantizo que también en la otra Compañía los tienen.

Mejor es concentrarte en desarrollar tu Equipo de 3 a 6 líderes. Líderes dispuestos a trabajar, dispuestos a aprender, dispuestos a seguir un sistema de duplicación, dispuestos a no quejarse, dispuestos a enfocarse en crear resultados positivos, líderes fieles, leales al Equipo y a ti; cuando los tengas, tu vida y la de ellos será mejor. Los ingresos de todos serán mejores. Eso es lo único que cuenta. Porque con 3 a 6 líderes que aprendan a manejar los problemas el negocio crecerá gigante. No dejes que las quejas, los chismes ni los problemas ocupen tu tiempo productivo.

"Comienza y mantén todas tus energías y pasión,
dirigidas como un rayo láser,
hacia todo lo que te propones lograr"

Los problemas son una distracción de tus metas. Imagínate si todo tu Equipo adoptara esa manera genuina de manejar los problemas, estarías creando verdaderos líderes con el conocimiento para manejar cualquier situación. Tendrías menos estrés, disfrutarías más tu negocio y un mejor estilo de vida. Ahora lo que ocurriría sería un BOOM... los ingresos de todos explotarían.

También cuidado con las distracciones. Imagínate que te llama un Distribuidor y te dice algo como: *"María abandonó nuestra Red y se fue a otra Compañía, ¿qué va a pasar?"* Ahora muchos comienzan a hablar de María. Tenemos que reconocer que eso es otra distracción.

Imagina que te llega la noticia que la Compañía hizo un cambio en el plan de compensación y te llama un Distribuidor diciendo algo como: *"Ayyy, ayyy... eliminaron el bono semanal y lo cambiaron a uno mensual, ¿qué está ocurriendo en la Compañía?"*

Imagina que te llama otro Distribuidor diciendo algo como: *"Acaban de descontinuar el producto estrella, o el nuevo sabor de la malteada no me gusta, despidieron al ejecutivo, el grupo de Juan ya no se reúne, mi líder no ha subido de rango hace un año, el ingreso de Juan se redujo a la mitad, la Compañía no avanza a abrir 100 países, las ventas cayeron este año, las acciones cayeron este trimestre, la reunión me queda lejos, aumentaron el precio de los boletos del evento, la persona que viene de orador no me agrada, abrieron un almacén, cerraron el almacén, el presidente se divorció o se casó"*... Todo esto mi amigo, son sólo distracciones.

Mejor vamos a hablar de cómo continuar creciendo nuestros negocios. Vamos a desearles mejor suerte a todos. Enfócate en los próximos prospectos. Enfócate en los nuevos Distribuidores. Enfócate en los próximos eventos. Enfócate en vender los boletos y tener muchos invitados nuevos. Enfócate en avanzar y estar más unidos. Hay que eliminar esas distracciones y regresar a las actividades básicas que brindan resultados.

Cuando alguien tenga un problema pídele que lo escriba y lo envíe por correo electrónico a la persona correspondiente. Luego de enviado, entonces échale una bendición y olvídate del asunto. Deja ese problema en manos de otra persona. Desconéctate del problema y sigue adelante.

*"O aprendes a matar las distracciones,
o las distracciones te matan a ti"*

Recuerda que tu trabajo es identificar y desarrollar tus 3 a 6 líderes, lo demás no tiene relevancia. No hay tiempo para desenfoques. Los verdaderos problemas están en la mente de los Distribuidores, quienes han creído que su éxito está fuera de su control.

Para quienes piensen que para tener éxito todo tiene que ser 100% perfecto les digo que no es así. Así que, ahora sabemos que el éxito está dentro de uno y de cómo uno elija continuar adelante. Los líderes más exitosos en tu Compañía también experimentan los mismos problemas y ellos siguen adelante. Tus metas y sueños son más valiosos que cualquier problema pasajero.

*"Aprende a reírte de tus problemas
y siempre tendrás de que reírte"*

Cómo Encontrar la Respuesta a Cualquier Pregunta Rápido

He visto como Distribuidores pierden su tiempo llamando a la persona equivocada para encontrar contestaciones a sus preguntas. Muchos llaman a su Patrocinador o a la línea de auspicio para quejarse sobre algo que la Compañía hizo o no hizo. Otros llaman a la Compañía a quejarse de su Patrocinador o de la línea de Auspicio. Esto no funciona porque hace perder el tiempo a ambos.

Antes de levantar el teléfono hay que pensar, "¿quién es la persona que mejor me puede ayudar o contestar la pregunta?" Mayormente las preguntas se dirigen en dos direcciones: a la Compañía o a tu línea de auspicio. Si la pregunta tiene que ver con las cosas que hizo o no hizo la Compañía, entonces llama a la Compañía y no a tu línea de auspicio.

Preguntas para la Compañía:

¿Por qué la orden está retrasada? ¿Cómo devuelvo un producto que me enviaron equivocado? ¿Por qué declinó el método de pago? ¿Cuándo es la próxima llamada corporativa? ¿Cuánto cuesta la taquilla de la Convención? ¿Por qué la página web no está funcionando? Si te fijas, sólo el servicio al cliente de la Compañía podrá contestar todas estas preguntas, pero nadie en tu línea de auspicio.

Preguntas para tu línea de auspicio:

Si la pregunta es relacionada sobre estrategias para desarrollar el negocio, entonces llama a tu Patrocinador o a la línea de auspicio. La forma correcta de hacer las preguntas para que te puedas duplicar es la siguiente:

- En vez de llamar a tu Patrocinador para preguntarle cuánto cuesta el producto, mejor le llamas y le preguntas: *¿Dónde puedo conseguir la lista de precios para conocer los precios de los productos?*

- En vez de preguntar, *¿Cómo funciona el producto o cómo uso los productos?* Pregunta: *¿Dónde puedo conseguir la información que me explique cómo funcionan los productos y cómo los puedo utilizar?*

De seguro que la Compañía tiene videos y herramientas que lo explican correctamente.

- *¿Cómo puedo prospectar y lograr una cita?*
  - El sistema de duplicación que utilizamos te da varios guiones y te explica cómo hacerlo magistralmente. ¡Verás que sencillo!

- *¿Qué herramienta uso para presentar el negocio o dar seguimiento?*
  - Nosotros seguimos el sistema que el Equipo recomienda. Mira, esta es la herramienta que usamos, la puedes comprar o imprimir de la página web. ¡Ven te ayudo a ordenarla!

- *¿Cómo se hace una reunión en una casa?*
  - Con gusto te contesto. Podemos hacer dos cosas. Puedes citar las personas a tu casa y yo les doy la presentación a tus prospectos reales y ves como yo lo hago. O te invito mañana a las 7:30 de la noche, habrá una reunión en casa de Juan, si gustas te puedo pasar a recoger para que veas cómo se hace una reunión en vivo y a todo color.

- *¿Cuánto cuesta la taquilla de nuestro evento y a qué hora comienza?*
  - Te voy a enviar el enlace de la página donde está publicado el evento para que puedas ver la agenda con la información más completa. ¿Te parece bien?

- *¿Cómo nos expandimos en otro país?*
  - Nuestro sistema de duplicación es tan sencillo que explica paso por paso cómo conseguir prospectos altamente calificados en otras ciudades o países. ¡Ven te enseño donde conseguirlo para que puedas tener toda la información completa!

"Las personas que van a construir el negocio se van a capacitar, los demás no lo harán"

Qué Hacer con las Personas Negativas

Te garantizo que te vas a encontrar con personas con energías negativas, criticonas, acusadoras y que crean dramas. Encontrarás mucho valor cuando te alejes de todo eso. ¿Entonces qué puedes hacer? Mientras algunos critican, acusan y crean dramas, tú te concentras en aportar.

Establece tus propios límites y no permitas que los negativos te desenfoquen o te saquen de tu camino. Mantente positivo. Si alguien te ataca hablando mal de ti, no respondas de la misma forma. No significa que debes mantenerte soportando y compartiendo con esa persona, pero tampoco pelees con ellos. Deja que tengan sus opiniones y deja que ellos hablen lo que quieran, pero tú no caigas al mismo nivel que ellos. No te conviertas en un criticón, o acusador, ni crees dramas como ellos. No trates de corregirlos. No trates de *"hacer que se sepa la verdad"*. Tampoco trates de hacer una campaña de *"guerra en su contra"*. No caigas en la trampa de estar contestando cada minúsculo, ridículo comentario negativo. Si alguien abandona tu Red, se pone a hablar tonterías y a acusar justa o injustamente, déjalos que brinquen y que lloren como hacen los chicos, pero tú no; porque si lo haces, tú caes en el drama. Sé la persona con la madurez emocional que se requiere para triunfar. Es mejor aprovechar tu tiempo para seguir construyendo tu Red.

El enfoque siempre continúa en identificar y desarrollar esos 3 a 6 líderes. Enfoca en las personas de tu grupo que quieren crecer. Enfoca tu esfuerzo en los positivos que quieren duplicarse. Enfoca tu energía en las personas que quieren ser líderes. Enfoca en las personas que te den sabiduría y energía. Enfoca en las personas como tú que quieren lograr sus sueños. Enfoca en desarrollarte tú. Enfoca en subir al siguiente rango en tu Compañía.

Transforma todos esos dramas y energías negativas en herramientas que te ayuden a crecer, mejorarte y aprender de sus errores. Así siempre saldrás victorioso. Ten bien claro la razón de *¿por qué?* lo estás haciendo. Porque esa es la gasolina que te va a mantener inspirado todas las mañanas cuando te levantas, y todos los días para seguir adelante y hacerlo realidad.

Un Networker Vive de Hablar en Público

Por más de 15 años estuve dando presentaciones frente a mi Equipo. Seguro que he dado sobre 3,000. El estar tanto tiempo y tantas veces hablando frente al público me hizo perder el miedo. También me hizo creer que ya era un experto.

Un día nos invitaron a tomar un taller (de cinco días) sobre el tema de "Cómo Hablar en Público y Manejar la Tarima". Yo le dije a mi esposa, *"¿para qué vamos a ir a gastar dinero en ese taller si ya nosotros somos unos expertos?"*. Aun así nos dimos la oportunidad y viajamos a los Estados Unidos. Invertimos sobre $5,000 dólares entre las dos entradas, pasajes, hotel, comidas, y también pagar a quien nos cuidara las tres niñas. Como ya habíamos hecho esa inversión, recuerdo que le dije a mi esposa, *"voy a asumir que no he aprendido nada en 15 años. Voy a dejar mi mente en blanco y me voy a dejar programar por este experto hablando en púbico"*.

Tan pronto comenzó el taller empecé a aprender muchas técnicas desconocidas para mí. Aprendí cómo se debe iniciar una plática con poder y capturar la atención del público, sin todavía haber pronunciado una sola palabra. Aprendí dónde debo acomodar mis manos para no distraer a las personas. Aprendí cómo cambiar y modular mi tono, volumen y articulación de voz para no dormir al público. Aprendí cómo usar el lenguaje corporal para que mi mensaje fuera creíble. Aprendí qué debo hacer para no perder la conexión con el público cuando uso "Power Point" o la pizarra. Aprendí cómo manejar y resolver los problemas desde la tarima sin que el público se dé cuenta o se distraiga. Aprendí a cómo mover los 5 sentimientos de las personas para sacar su adrenalina y mantenerlos despiertos por 12 horas corridas. Aprendí a contar historias que secuestren y cautiven el corazón de mi público. Aprendí cómo hacer un cierre emocional e inolvidable para que el público siempre recuerde la esencia del mensaje; y también aprendí que lo estuve haciendo mal por 15 años y lo mucho que me faltaba por aprender.

Aquella inversión cambió nuestra vida. También te digo que ha sido una de las mejores decisiones que he hecho en mi carrera como Networker Profesional. Gracias a ese taller y a muchos otros que he tenido la oportunidad de asistir para seguir aprendiendo, me han llevado a ser reconocido como el capacitador hispano en Redes de Mercadeo más solicitado en el mundo. Además de tener la bendición de ser constantemente contratado por grandes líderes y Compañías de Redes de Mercadeo para inspirar y multiplicar sus auspicios, enseñar sobre duplicación y aumentar sus volúmenes de ventas. Cómo sacar el máximo y hacer que las personas tomen acción masiva para desarrollar sus Redes. Me encanta enseñar cómo hacerlo. Eso es lo mismo que te deseo a ti.

Creo que es un regalo que toda persona merece aprender. No pierdas la oportunidad de capacitarte como un orador profesional, lo necesitarás y solamente entenderás lo que te digo, cuando te des la oportunidad de tomar un curso presencial sobre "Cómo Proyectarte al Hablar en Público y Ser un Orador de Clase Mundial".

Te regalaré varios videos tutoriales sobre estos tema en:

www.ExpertoHablandoEnPublico.com

"Todo gran Networker, en un gran orador"
Roberto Pérez

Dónde Invertir tus Primeras Ganancias

Muchas personas comienzan a ganar dinero y lo gastan en mejorar su estilo de vida. Lo gastan en lujos, vacaciones, arreglos en sus casas, entretenimiento, etc.

Debes garantizar que inviertes parte de esa ganancia en lo más importante, que es, mejorarte a ti mismo. Invierte todo lo que sea necesario para mejorar tus destrezas porque son las que te llevarán más rápido a crecer y desarrollar tu negocio. Lo que hará funcionar tu negocio eres tú junto con tu conocimiento.

Asegúrate que inviertes en tu desarrollo personal. Debes garantizar que tienes el dinero para la re-compra mensual de tus productos o servicios. Debes garantizar que compras las herramientas necesarias para duplicarte y para asistir a todos los eventos necesarios, inclusive viajar a la Convención.

Con tu ejemplo enseña a los Distribuidores de tu Equipo que toda persona necesita capacitación. Inclusive, si una persona trabaja volteando hamburguesas, tiene que aprender a cómo hacerlo bien.

Aprende a Contabilizar y Pagar los Impuestos

No soy contador, ni puedo dar consejos sobre este tema. Por mi experiencia te recomiendo que debes aprender a llevar tus gastos del negocio. Muchos Networkers ganan mucho dinero, pero no han tomado el tiempo para aprender a manejar el tema de los impuestos. Luego se han visto en situaciones con las oficinas del gobierno pagando multas, pagando abogados y durmiendo con estrés. Para poder disfrutar plenamente de las ventajas de Red de Mercadeo te recomiendo sacar un tiempo y reunirte con un contador que sepa sobre Redes de Mercadeo en tu país para que aproveches las ventajas contributivas que ofrece el tener un negocio desde el hogar.

Comienza un Plan de Crecimiento Personal y Toma Acción Determinada

Mientras te capacitas para emprender tu viaje al éxito mantente en un plan de crecimiento personal. Lo más lindo de esta Profesión no es sólo lo que logramos, sino la persona en la que nos convertimos en el proceso.

Menos del dos por ciento de las personas han leído un par de libros por cuenta propia después de haberse graduado de la universidad. Si haces una encuesta de cuántas personas han asistido por cuenta propia a algún taller o seminario, o han adquirido audios de desarrollo personal, te sorprenderías con el bajo resultado.

La mayoría de las personas celebran cuando han recibido su diploma o grado y dicen: *"¡Al fin esto se acabó! Terminé con mis estudios. ¡Ahora lo que necesito es conseguir un buen trabajo!"*. Estos pensamientos lo que hacen es llevar a las personas a donde está la mayor parte del promedio de las personas. Si tú realmente quieres emprender el viaje al éxito tienes que continuar aprendiendo y creciendo, y ¡pagar el precio del éxito!

Como dice un proverbio Irlandés: *"Tiene que procurar su propio crecimiento, sin importar cuán grande fue su padre"*. En otras palabras, nada de tu pasado te garantizará que seguirás creciendo hacia tu potencial en el futuro. Ni las posiciones alcanzadas, los logros obtenidos, la experiencia ganada, los premios recibidos, ni las fortunas adquiridas.

Construye la persona que quieres ser. Tenemos que re-programar nuestras mentes con pensamientos que estén de acuerdo con la prosperidad que deseamos.

Al trabajar dentro de Las 9 Leyes, recuerda, que si algo es hecho incorrectamente u omitido, tendrá un efecto negativo, porque los errores cometidos u omitidos también se duplicarán. Te hemos descrito las estrategias en un orden lógico. Verás que cada una te llevará de la mano para la próxima. Sólo déjate llevar. Cuando tengas una nueva idea o herramienta, cotéjala antes con Las 9 Leyes; si no está aquí seguramente desviará el proceso de duplicación. Recuerda que los líderes no nacen, los líderes se desarrollan y es un proceso que nunca termina porque todos los días aprendemos algo nuevo.

Te anticipo que escucharás personas decirte, *"oye mejor vamos a probar otras técnicas de duplicación para hacer crecer el negocio. Esto no funciona. Eso está obsoleto. Usamos otro sistema. Sigo a otro líder. Mi Compañía tiene un mejor sistema. Mi Equipo promueve otro sistema"*, *y cualquier otra idea.* Ya que tú has leído este libro completo les podrás preguntar, ¿si ellos leyeron este libro? Si su contestación es que no lo han leído, entonces recomienda que lo lean porque algo bueno van poder complementar y aplicar a lo que estén haciendo.

Para quienes dicen que la economía está mala les tengo un mensaje: ¿La economía de quién está mala? Un banco se puede ir a la bancarrota. La economía de un país puede estar en quiebra y casi todos a tu alrededor también. Pero, no es lo mismo cómo esté la economía de ellos vs. cómo esté la economía de uno.

Si la economía del gobierno está mala, eso no tiene nada que ver con la nuestra. Porque ningún gobierno se hace cargo de pagar nuestras deudas, ni nuestros compromisos financieros. Si es nuestra economía la que necesita ayuda, somos nosotros mismos los que creamos nuestra propia economía y tenemos que hacer algo al respecto. Si uno está inconforme con los resultados actuales, entonces hay que abrir la mente y mirar nuevas opciones.

Nuestro nivel de inteligencia no es lo que mide nuestra riqueza, es nuestro nivel de acción. Desafortunadamente gran parte de las personas educadas se quedan en la educación y no optan por la educa-acción. Esta acción que deben tomar recibe el nombre de emprendimiento.

El momento de tomar acción *es ahora*. No desperdicies el tiempo en viejos hábitos que no producen, no trates de re-inventar la rueda, porque lo que nosotros queremos es que tú tengas éxito. ¿Cuántas oportunidades como ésta crees que te van a llegar? ¡Trabaja en equipo porque en la unión está la fuerza!

Si deseas tener éxito a corto y largo plazo tienes que cultivar las buenas relaciones con las personas, empezando por ti mismo. Sé tú el líder que otros quieren seguir. Enfócate en tu premio, nunca lo pierdas de vista y agárrate de tus sueños como si tu vida dependiese de ello. Los que renuncian, fue porque no estuvieron dispuestos a pagar el precio del éxito, y a seguir luchando por hacer realidad sus sueños, junto a un Equipo que siempre ha estado dispuesto a darle la mano y ayudarle en el camino hacia el éxito. Sueña en grande y ve por lo que más quieres. Tú te lo mereces. Esta es la oportunidad de tu vida.

"Todos los que han llegado a donde están,
tuvieron que comenzar donde estaban"

Te preguntarás, ¿cómo vas a lograr todo esto? Te admito que cuando inicié sentía miedo, pero mi filosofía fue y es: *"con todo y miedo, lo haré"*.

La pregunta es, ¿y qué vas a hacer tú? Quedarte en la inacción no llevará a nadie a triunfar. No decidir, es decidir. Ganar comienza por empezar. No tomes consejos de personas que no han tenido resultados serios en Redes de Mercadeo. Toma consejos sólo de personas que han tenido éxito. Toma consejos de personas que tienen lo que tú quieres, que viven como tú quieres, personas que están teniendo éxito en Red de Mercadeo y te quieren ayudar a progresar; porque serán los únicos que te podrán dar un consejo sabio que te encamine a lograr lo que quieres.

Desarrollando tu negocio profesionalmente vas a poder ayudar a miles de personas en el mundo a ser mejores seres humanos y a mejorar la calidad de sus vidas. Es hora de que tomes el control de tu destino. No hay una mejor época que el presente para desarrollar las Redes de Mercadeo y ser financieramente exitoso.

"Cuando digas que vas a iniciar, el mundo te pondrá a prueba para saber si sólo lo vas a decir, o de verdad lo vas a hacer"

Hay personas buscando a gritos una oportunidad de cambiar sus vidas. Esas personas te están buscando a ti y lo que sucede es que aún no te han encontrado. Verás que vas a encontrar a esas personas o parejas que desean tener éxito a través de la oportunidad que les estás presentando.

Como ya te mencionamos, Red de Mercadeo es para todo el mundo, pero no todo el mundo es para Red de Mercadeo. No todo el mundo es doctor, o maestro, o ingeniero o dueño de un negocio. Hay muchas personas teniendo grandes éxitos financieros en esta profesión. Aun así hay personas que dicen: *"esos negocios no funcionan"*, pero es increíble que nunca me hayan dicho esta verdad: *"¡Lo que sucede es que yo no lo hice que funcionara para mí!"*

Debes sentirte como una persona *"a prueba de balas"*. Lo más fuerte con lo que te vas a enfrentar es con un "NO"; si crees que puedes vivir con eso... listo... seguirás vivo. Unos lo harán... otros no... ¿y qué?... ¡Sigue con el Próximo!

Cuando recibas tu primer "no", recuerda esto: ¡No te están diciendo "no" a ti, se están diciendo "no" a ellos mismos! Dicen "no" a no cambiar, a no querer algo mejor para sus vidas y prefieren quedarse igual como están y no salir de su zona de comodidad. Pero tú no. Tú has dicho que "Sí" a construir un mejor futuro para ti y los tuyos. Tú has dicho "Sí" a diseñar tu vida como tú la quieres, no como el jefe te diga que la puedes tener. Tu enfoque, acción, persistencia y pasión por lo que haces, te llevará a alcanzar tus metas y lograr la solución para tu libertad financiera.

Recuerda, hay sólo tres actividades que te producen ingresos: reclutar nuevos socios, vender productos y desarrollar nuevos líderes. Pero, es muy importante que te mantengas haciendo las actividades que te van a llevar a producir esos ingresos: prospectar, dar presentaciones y reclutar a nuevos Distribuidores.

Nuestro mundo necesita de más personas con visión y que amen lo que hacen. Los miedos, la depresión, la falta de fe, los problemas financieros y el desánimo se han ido proliferando en la sociedad, y muchos han dejado de soñar y lo que tienen son pesadillas. Los problemas sociales, las guerras, las diferencias ideológicas, religiosas, los problemas de salud y el fanatismo amenazan a todos.

Este mundo necesita de líderes con visión y con el coraje de ayudar a transformar a otras personas para inspirarlos a lograr un mejor mañana. Conviértete en un Profesional en Red de Mercadeo y con tu visión unida a la del Equipo y a la de todos los integrantes de tu grupo estarás haciendo la diferencia una persona a la vez.

Mediante este Sistema de Capacitación, "MULTINIVEL ~ Cómo Prospectar y Duplicar MASIVAMENTE con Las 9 Leyes", y todos los demás componentes de tu Sistema, unidos a la oportunidad que tu compañía te ofrece, estarás impactando vidas en las finanzas y creando líderes para mejorar nuestra sociedad. Te podrás expandir alrededor de todo el mundo y no querrás ser un espectador.

A través de sumar tu visión a la de tu Equipo te estarás convirtiendo en mejor padre y madre; en un líder con el conocimiento de poder dirigir a nuestras familias hacia un mejor mañana. Nuestros hijos nos están observando y nosotros somos sus modelos de líderes para el futuro. Serás la persona responsable por comenzar a actuar para forjarte la vida de tus sueños. Tienes todo el conocimiento, el talento, los recursos personales, el Sistema y el Equipo que requieres para empezar ahora y hacer que este negocio sea exitoso para ti.

Esto es mucho más que buenos productos o servicios, dinero, lujos, casas, autos, viajes, botes, helicópteros, etc. Esto se trata del futuro que juntos en Equipo pueden crear para cada Distribuidor. Lo único que hará que el mundo cambie es que el cambio comience en nosotros mismos, para poder ser instrumento para el beneficio de los demás. No sirve de nada hacer mucho dinero si no vas a compartirlo. No vale la pena ser el muerto más rico del cementerio.

Lo que necesitas para ser exitoso es tener una gran visión y unirla a la del Equipo; poner acción, soñar en grande y deseo de triunfar sirviendo a los demás.

El deseo pierde su valor si no le damos un sentido de urgencia. Todo lo que realmente deseamos en la vida requiere esfuerzo, compromiso y dedicación para poder obtenerlo. ¡Sabemos que lo puedes hacer! ¡Tú sabes que lo puedes hacer! ¡Entonces hazlo! Será muy divertido. Por los sueños que quieres realizar, ¡sabemos que vale la pena!

Te hemos presentado los principios universales y las leyes esenciales requeridas para convertir tus sueños en realidad. A nosotros nos han dado resultado, por lo que también podrán darte resultados a ti. Hasta aquí llega la información, la motivación, la inspiración y ahora es donde comienzas tú.

Imagínate que estamos parados frente a ti, tocamos tus dos hombros y te decimos: "¡Adelante, que tú puedes! No permitas que las circunstancias que te rodean, ni las limitaciones de los demás te detengan de lograr lo que quieres. ¡Adelante, y vamos juntos a hacer lo que sea necesario para triunfar!"

¡Recuerda disfrutar todo el viaje y te damos la bienvenida al Mundo de los Emprendedores Profesionales en Red!

Cuenta siempre con nuestro apoyo.
Te deseamos salud y mucho éxito en tu camino,
Kerensa y Roberto

Productos para Acelerar tu Conocimiento

Los 17 Audios Millonarios del Multinivel

Este es la más completa capacitación para desarrollar líderes que sepan administrar y duplicar el crecimiento de una Red.

Aquí aprenderás:
- Cuáles son las bases para crear la duplicación masiva.
- Cuál es el proceso de atraer prospectos calificados a tu Red.
- Cómo crear eventos donde tu grupo capture la visión.
- Cómo controlar el sistema de duplicación para un crecimiento constante.
- Cuales son las dinámicas emocionales que interfieren las decisiones de tus prospectos.
- Estrategias para mantenerse productivo en el negocio.
- Diferentes culturas que hay que desarrollar en toda red.
- Bonos y... ¡Mucho más!

www.RedDeMercadeo.com

El Código de Honor para Redes de Mercadeo

Todos los más exitosos Networkers se rigen por un Código de Honor. Estos códigos les dan el enfoque y la forma correcta de guiar sus negocios. Una vez conocidos todos sabrán lo que tienen que hacer cuando la tentación y la presión negativa aumente.

Aquí aprenderás:

- Cómo crear el Código para sacar lo mejor de todos.
- Las 21 ideas que debes conocer para armar tu Código.
- Cuáles características indispensables deben tener las personas para poder crear el Código.
- Tres prioridades de un Equipo para mantener el enfoque.
- Qué Hacer paso por paso cuando alguien viole el Código para corregirlo y que no se desaliente.
- Qué debes hacer cuando eres tú quien violó el Código.
- Cómo evitar las confrontaciones que derrumban la Red.
- Qué hacer para que tu Equipo acepte y confronte los desafíos.
- Y mucho, mucho más...

www.RedDeMercadeo.com

Plan de Arranque Explosivo de 30 a 90 Días

- Una guía paso por paso para iniciar con éxito en tus primeros días.

- Conoce un sistema probado y sencillo para lanzar o relanzar tu negocio.

- Una vez lo domines, podrás capacitar tu grupo para que ellos también tengan un crecimiento inmediato. Lograr resultados medibles y generes ingresos rápidos.

Cómo Convertirte en una Celebridad en Multinivel

En esta serie de audios aprenderás:

- Cómo atraer personas por tu imagen.
- Cuales son las ventajas de ser considerado una celebridad.
- Cuáles son los pasos que debes hacer para convertirte en una Celebridad.
- Qué estrategias específicas debe seguir cualquier aspirante a convertirse en celebridad.
- Qué errores debes evitar.
- Qué estrategias puedes usar para diferenciarte de los demás Networkers.
- Qué haces para generar confianza en los Prospectos y Networkers para atraerlos a ti.

www.RedDeMercadeo.com

UNIVERSIDAD Club Profesionales en Red
con Roberto Pérez

Beneficios principales que recibirás mensualmente en la Universidad CLUB Profesionales En Red:

1. Dos Clases Tipo Tele-Seminarios en VIVO al Mes Conmigo (de dos horas cada una) en nuestra sala de conferencias, con temas específicos de capacitación, estrategias y técnicas junto con los demás compañeros emprendedores del Club de múltiples países. Estos Tele-Seminarios serán los Miércoles.
2. Tienes derecho a hacerme en vivo, cualquier que te ayude a construir tu Red pregunta. Mi estilo es hablar sin reservas y "sin tapujos", porque lo que quiero es ayudarte a Duplicar tus ingresos.
3. Recibirás cuatro Audios todos los meses. Serán los dos Audios de las transmisión en VIVO, más DOS Audios adicionales (los mejores archivos) de nuestros pasados tele-seminarios con información de primera calidad.
4. Descuentos super exclusivos sólo para Socios en la entrada de mis eventos presenciales y productos.

Matricúlate y Descarga AHORA las primeras 7 lecciones para atraer Prospectos MASIVAMENTE.

Visita ahora:
www.ClubProfesionalesEnRed.com
y ¡Matricúlate¡

Otros Temas Específicos

**Consigue éstos y más temas en:
www.RedDeMercadeo.com**

Made in the USA
San Bernardino, CA
11 June 2020